钓鱼岛问题文献集　主编 张　生

"中研院"藏档

殷昭鲁 刘　奕 屈胜飞 编

南京大学出版社

"十二五"国家重点图书出版规划项目
国家社科基金2015年度重大项目"《钓鱼岛问题文献集》及钓鱼岛问题研究"
中国南海研究协同创新中心
南京大学人文基金
江苏省2013年度哲学社会科学研究重大项目"钓鱼岛问题文献集"

钓鱼岛问题文献集

顾　　问　茅家琦　张宪文
学术指导　张海鹏　步　平　李国强

编纂委员会
主　　编　张　生
副 主 编　殷昭鲁　董为民　奚庆庆　王卫星
编译者　　张　生　南京大学教授
　　　　　姜良芹　南京大学教授
　　　　　叶　琳　南京大学教授
　　　　　郑先武　南京大学教授
　　　　　荣维木　中国社会科学院研究员
　　　　　王希亮　黑龙江省社会科学院研究员
　　　　　舒建中　南京大学副教授
　　　　　郑安光　南京大学副教授
　　　　　雷国山　南京大学副教授
　　　　　李　斌　南京大学讲师
　　　　　翟意安　南京大学讲师
　　　　　王　静　南京大学讲师
　　　　　蔡丹丹　南京大学讲师
　　　　　王睿恒　南京大学讲师
　　　　　于　磊　南京大学讲师
　　　　　杨　骏　南京大学博士生
　　　　　刘　奕　南京大学博士生

徐一鸣　南京大学博士生
陈海懿　南京大学博士生
蔡志鹏　南京大学硕士生
刘　宁　南京大学硕士生
张梓晗　南京大学硕士生
顾　晓　南京大学硕士生
仇梦影　南京大学硕士生
殷昭鲁　鲁东大学讲师
王卫星　江苏省社会科学院研究员
罗萃萃　南京航空航天大学副教授
董为民　江苏省社会科学院助理研究员
奚庆庆　安徽师范大学副教授
郭昭昭　江苏科技大学副教授
屈胜飞　浙江工业大学讲师
窦玉玉　安徽师范大学讲师
张丽华　安徽师范大学讲师
张玲玲　央广幸福购物（北京）有限公司

"东亚地中海"视野中的钓鱼岛问题的产生
（代序）

所谓"地中海"，通常是指北非和欧洲、西亚之间的那一片海洋。在世界古代历史中，曾经是埃及、希腊、波斯、马其顿、罗马、迦太基等群雄逐鹿的舞台；近代以来，海权愈形重要，尼德兰、西班牙、英国、法国、奥斯曼土耳其帝国、意大利、德国乃至俄罗斯，围绕地中海的控制权，演出了世界近代史的一幕幕大剧。

虽然，法国历史学家布罗代尔（Fernand Braudel）引用前人的话说"新大陆至今没有发现一个内海，堪与紧靠欧、亚、非三洲的地中海相媲美"[①]，但考"mediterranean"的原意，是"几乎被陆地包围的（海洋）"之意。欧亚非之间的地中海，固然符合此意；其他被陆地包围的海洋，虽然早被命为他名，却也符合地中海的基本定义。围绕此种海洋的历史斗争，比之欧亚非之间的地中海，其实突破了西哲的视野，堪称不遑多让。典型的有美洲的加勒比海，以及东亚主要由东海、黄海构成的一片海洋。

本书之意，正是要将东海和黄海，及其附属各海峡通道和边缘内海，称为"东亚地中海"，以此来观照钓鱼岛问题的产生。

一

古代东亚的世界，由于中国文明的早熟和宏大，其霸权的争夺，主要在广袤的大陆及其深处进行。但东吴对东南沿海的征伐和管制，以及远征辽东的

[①] 费尔南·布罗代尔著，唐家龙等译：《地中海与菲利普二世时代的地中海世界》第1卷，商务印书馆2014年版，扉页。

设想①,说明华夏文明并非自隔于海洋。只不过,由于周边各文明尚处于发轫状态,来自古中国的船舰畅行无忌,相互之间尚未就海洋的控制产生激烈的冲突。

唐朝崛起以后,屡征高句丽不果,产生了从朝鲜半岛南侧开辟第二战场的实际需要。新罗统一朝鲜半岛的雄心与之产生了交集,乃有唐军从山东出海,与新罗击溃百济之举。百济残余势力向日本求援,日军横渡大海,与百济残余联手,于是演出唐——新罗联军对日本——百济联军的四国大战。

东亚地中海第一次沸腾。论战争的形态,中日两国均是跨海两栖作战;论战争的规模和惨烈程度,比之同时期欧亚非之间的地中海,有过之无不及。公元663年8月,白江口会战发生,操控较大战船的唐军水师将数量远超自身的日军围歼。② 会战胜利后,唐军南北对进,倾覆立国700余年的高句丽,势力伸展至朝鲜半岛北部、中部。

但就东亚地中海而言,其意义更为深远:大尺度地看,此后数百年间,虽程度有别,东亚国际关系的主导权被中国各政权掌握,中日韩之间以贸易和文化交流为主要诉求,并与朝贡、藩属制度结合,演进出漫长的东亚地中海和平时代。"遣唐使"和鉴真东渡可以作为这一和平时期的标志。

蒙古崛起后,两次对日本用兵。1274年其进军线路为朝鲜——对马岛——壹岐岛——九州,1281年其进军路线为朝鲜——九州、宁波——九州。战争以日本胜利告终,日本虽无力反攻至东亚大陆,但已部分修正了西强东弱的守势。朱明鼎革以后,朱元璋曾有远征日本的打算而归于悻悻,倭寇却自东而西骚扰中国沿海百多年。《筹海图编》正是在此背景下将钓鱼屿、赤屿、黄毛山等首次列入边防镇山。③

明朝初年郑和远洋舰队的绝对优势,没有用来进行东亚地中海秩序的"再确立";明朝末年,两件大事的发生,却改写了东亚地中海由中国主导的格局。一是万历朝的援朝战争。1591年、1597年,日本动员十万以上规模的军队两

---

① [晋]陈寿撰,[宋]裴松之注,《三国志》第47卷《吴书二·吴主传第二》,中华书局1959年版。

② 参见韩昇:《白江之战前唐朝与新罗、日本关系的演变》,《中国史研究》2005年第1期,第43—66页。

③ [明]胡宗宪撰:《筹海图编》第1卷《沿海山沙图·福七、福八》,影印《文渊阁四库全书》第584册,台北:台湾商务印书馆1986年版,第14页。

次侵入朝鲜，明朝虽已至其末年，仍果断介入，战争虽以保住朝鲜结局，而日本立于主动进攻的态势已经显然。二是1609年的萨摩藩侵入琉球，逼迫已经在明初向中国朝贡的琉球国同时向其朝贡。日本在北路、南路同时挑战东亚地中海秩序，是白江口会战确立东亚前民族国家时代国际关系框架以来，真正的千年变局。

二

琉球自明初在中国可信典籍中出现①，这样，东亚地中海的东南西北四面均有了政权。中日朝琉四国势力范围犬牙交错，而中国在清初统一台湾（西班牙、荷兰已先后短期试图殖民之）和日本对琉球的隐形控制，使得两大国在东亚地中海南路发生冲突的几率大增。

对于地中海（此处泛指）控制权的争夺，大体上有两种模式。一是欧亚非之间地中海模式，强权之间零和博弈，用战争的方式，以彻底战胜对方为目标，古代世界的罗马、近代的英国，均采此种路径。二是加勒比海模式，19世纪下半叶，英国本与奉行"门罗主义"的美国"利益始终不可调和"，在加勒比海"直接对抗"，但感于加勒比海是美国利益的"关键因素"，乃改而默许美国海军占据优势②，这是近代意义上的绥靖。

1874年，日本借口琉球难民被害事件出兵台湾，实际上是采取了上述第一种模式解决东亚地中海问题的肇端。琉球被吞并，乃至废藩置县，改变了东亚地中海南路的相对平衡格局，钓鱼岛群岛已被逼近——但在此前后，钓鱼岛

---

① 成书于明永乐元年（1403年）《顺风相送》载："太武放洋，用甲寅针七更船取乌坵。用甲寅并甲卯针正南东墙开洋。用乙辰取小琉球头。又用乙辰取木山。北风东涌开洋，用甲卯取彭家山。用甲卯及单卯取钓鱼屿。南风东涌放洋，用乙辰针取小琉球头，至彭家花瓶屿在内。正南风梅花开洋，用乙辰取小琉球。用单乙取钓鱼屿南边。用卯针取赤坎屿。用艮针取枯美山。南风用单辰四更，看好风单甲十一更取古巴山，即马齿山，是麻山赤屿。用甲卯针取琉球国为妙"。这是目前所见最早记载钓鱼屿、赤屿等钓鱼岛群岛名称的史籍，也是中琉交往的见证。本处《顺风相送》使用牛津大学波德林图书馆（Bodleian Library）所藏版本，南京大学何志明博士搜集。句读见向达《两种海道针经》，中华书局1982年版。
② 艾尔弗雷德·塞耶·马汉著，李少彦等译：《海权对历史的影响：1660—1783年；附亚洲问题》，海洋出版社2013年版，第529—530页。

均被日本政府视为日本之外——1873年4月13日,日本外务省发给琉球藩国旗,要求"高悬于久米、宫古、石垣、入表、与那国五岛官署",以防"外国卒取之虞"。其中明确了琉球与外国的界线。① 在中日关于琉球的交涉中,日本驻清国公使馆向中方提交了关于冲绳西南边界宫古群岛、八重山群岛的所有岛屿名称,其中并无钓鱼岛群岛任何一个岛屿。② 1880年,美国前总统格兰特(Ulysses Grant)调停中日"球案"争端后,"三分琉球"未成定议,中日在东亚地中海南路进入暴风雨前的宁静状态。日本采取低调、隐瞒的办法,对钓鱼岛进行窥伺,寻机吞并。

1885年10月30日,冲绳县官员石泽兵吾等登上钓鱼岛进行考察。③ 同年11月24日,冲绳县令西村舍三致函内务卿山县有朋等,提出在钓鱼岛设立国家标志"未必与清国全无关系"。④ 12月5日,山县有朋向太政大臣三条实美提出内部报告,决定"目前勿要设置国家标志"。⑤ 这一官方认识,到1894年4月14日,日本内务省县治局回复冲绳知事关于在久场岛、鱼钓岛设置管辖标桩的请示报告时,仍在坚持。⑥ 1894年12月27,内务大臣野村靖鉴于"今昔情况不同",乃向外务卿陆奥宗光提出重新审议冲绳县关于在久场岛、鱼钓岛设置管辖标桩的请示。⑦ 随后,钓鱼岛群岛被裹挟在台湾"附属各岛屿"

---

① 村田忠禧著,韦平和等译:《日中领土争端的起源——从历史档案看钓鱼岛问题》,社会科学文献出版社2013年版,第162页。
② 《宫古、八重山二岛考》(光绪六年九月四日,1880年10月7日),台北,"中研院"近代史研究所档案馆藏,外交部门档案·总理各国事务衙门,01/34/009/01/009
③ 「魚釣嶋他二嶋巡視調査の概略」(明治18年11月4日)、JACAR(アジア歴史資料センター)Ref. B03041152300(第18画像目から)、帝国版図関係雑件(外務省外交史料館)
④ 村田忠禧:《日中领土争端的起源——从历史档案看钓鱼岛问题》,第171页。
⑤ 「秘第一二八号ノ内」(明治18年12月5日)、JACAR(アジア歴史資料センター)Ref. A03022910000(第2画像目から)、公文別録・内務省・明治十五年~明治十八年 第四巻(国立公文書館)
⑥ 「甲69号 内務省秘別第34号」(明治27年4月14日)、JACAR(アジア歴史資料センター)Ref. B03041152300(第47画像目から)、帝国版図関係雑件(外務省外交史料館)
⑦ 「秘別133号 久場島魚釣島ヘ所轄標杭建設之義上申」(明治27年12月15日)、JACAR(アジア歴史資料センター)Ref. B03041152300(第44画像目から)、帝国版図関係雑件(外務省外交史料館)

中,被日本逐步"窃取"。

野村靖所谓"今昔情况不同",指的是甲午战争的发生和中国在东亚地中海北侧朝鲜、东北战场上的溃败之势。通过战争,日本不仅将中国从中日共同强力影响下的朝鲜驱逐出去,且占据台湾、澎湖,势力伸展至清朝"龙兴之地"的辽东。白江口会战形成的东亚地中海秩序余绪已经荡然无存,东亚地中海四面四国相对平衡的局面,简化为中国仅在西侧保留残缺不全的主权——德国强占胶州湾后,列强掀起在中国划分势力范围的狂潮;庚子事变和日俄战争的结果,更使得日本沿东亚地中海北侧,部署其陆海军力量至中国首都。"在地中海的范围内,陆路和海路必然相依为命"。[1] 陆路和海路连续战胜中国,使得日本在东亚地中海形成对中国的绝对优势。

1300年,东亚地中海秩序逆转,钓鱼岛从无主到有主的内涵也发生了逆转。马汉所谓"海权包括凭借海洋或者通过海洋能够使一个民族成为伟大民族的一切东西"[2],在这里得到很好的诠释。

三

格兰特调停中日"球案"时曾指出:姑且先不论中日之是非,中日之争,实不可须臾忘记环伺在侧的欧洲列强[3]。那时的美国,刚刚从南北内战的硝烟中走来,尚未自省亦为列强之一。但富有启发的是,中日争夺东亚地中海主导权前后,列强就已经是东亚地中海的既存因素。东亚地中海的秩序因此不单单是中日的双边博弈。而在博弈模型中,多边博弈总是不稳定的。

马戛尔尼(George Macartney)使华只是序曲,英国在19世纪初成为东亚海洋的主角之一,并曾就小笠原群岛等东亚众多岛屿的归属,与日、美产生交涉。英国海图对钓鱼岛群岛的定位,后来被日本详加考证。[4]

---

[1] 费尔南·布罗代尔:《地中海与菲利普二世时代的地中海世界》第2卷,第931页。
[2] 艾尔弗雷德·塞耶·马汉:《海权对历史的影响:1660—1783年:附亚洲问题》,《出版说明》。
[3] 《七续纪论辨琉球事》,《申报》,光绪六年三月十八日,1880年4月26日,第4版。
[4] 「久米赤島・久場島・魚釣島ノ三島取調書」(明治18年9月21日)、JACAR(アジア歴史資料センター)Ref. B03041152300(第8画像目から)、帝国版図関係雑件(外務省外交史料館)

美国佩里(Matthew Perry)"黑舰队"在19世纪50年代打开日本幕府大门之前,对《中山传信录》等进行了详细研究,钓鱼岛群岛固在其记述中,而且使用了中国福建话发音的命名。顺便应当提及的是,佩里日本签约的同时,也与琉球国单独签约(签署日期用公元和咸丰纪年),说明他把琉球国当成一个独立的国家。

俄罗斯、法国也在19世纪50年代前后不同程度地活跃于东亚地中海。

甲午战争,日本"以国运相赌",其意在与中国争夺东亚主导权,客观结果却是几乎所有欧美强国以前所未有的强度进入东亚地中海世界。日本虽赢得了对中国的优势,却更深地被列强所牵制。其中,俄罗斯、英国、美国的影响最大。

大尺度地看,在对马海峡击败沙皇俄国海军,是日本清理东亚地中海北侧威胁的重大胜利,库页岛南部和南千岛群岛落入日本控制。但俄罗斯并未远遁,其在勘察加半岛、库页岛北部、滨海省和中国东北北部的存在,始终让日本主导的东亚地中海秩序如芒刺在背,通过出兵西伯利亚、扶植伪满洲国、在诺门坎和张鼓峰挑起争端,以及一系列的双边条约,日本也只能做到局势粗安。而东亚地中海的内涵隐隐有向北扩展至日本海、乃至鄂霍次克海的态势。因为"俄国从北扩张的对立面将主要表现在向位于北纬30°和40°之间宽广的分界地带以南的扩张中"。[①] 事实上,二战结束前后,美国预筹战后东亚海洋安排时,就将以上海域和库页岛、千岛群岛等岛屿视为苏联的势力范围,并将其与自己准备占据小笠原群岛、琉球群岛关联起来,显然认为其中的内在逻辑一致。[②]

在日本主张大东群岛、小笠原群岛等东亚洋中岛屿主权的过程中,英国采取了许可或默认态度。日本占据台湾,视福建为其势力范围,直接面对香港、上海等英国具有重大利益的据点,也未被视为重大威胁。其与日本1902年结成的英日同盟,是日本战胜俄罗斯波罗的海舰队的重要因素。但是,一战后日本获得德属太平洋诸岛,这与英国在西太平洋的利益产生重叠,成为英日之间

[①] 艾尔弗雷德·塞耶·马汉:《海权对历史的影响:1660—1783年:附亚洲问题》,第466页。

[②] *Liuchiu Islands (Ryukyu)*,(14 April 1943),冲绳县公文书馆藏,米国收集文书·Liuchius (Ryukyus) (Japan),059/00673/00011/002。

产生矛盾与冲突的根源。1922年《九国公约》取代英日同盟,使得日本失去了维护其东亚地中海秩序的得力盟友。九一八事变后,日本对英国远东利益的排挤更呈现出由北向南渐次推进的规律。攻占香港、马来亚、新加坡,是日本对英国长期积累的西太平洋海权的终结,并使得东亚地中海的内涵扩张至南海一线。

虽然由于后来的历史和今天的现实,美国在中国往往被视为列强的一员,实际上在佩里时代,英美的竞争性甚强。格兰特的提醒,毋宁说是一种有别于欧洲老牌殖民帝国的"善意";他甚至颇具眼光地提出:日本占据琉球,如扼中国贸易之咽喉[①]——这与战后美国对琉球群岛战略位置的看法一致[②]——深具战略意义。

美西战争,使得"重返亚洲"的美国在东亚地中海南侧得到菲律宾这个立足点,被马汉(Alfred Thayer Mahan)誉为"美国在空间范围上跨度最广的一次扩张"[③],但美国在东亚地中海的西侧,要求的是延续门罗主义的"门户开放"和"机会均等"。早有论者指出,美国的这一政策,客观上使得中国在19世纪末免于被列强瓜分。[④] 而对日本来说,美国逐步扩大的存在和影响,使其在战胜中国后仍不能完全掌控东亚地中海。马汉指出:"为确保在最大程度上施行门户开放政策,我们需要明显的实力,不仅要保持在中国本土的实力,而且要保持海上交通线的实力,尤其是最短航线的实力"。[⑤] 美国对西太平洋海权的坚持,决定了美日双方矛盾的持久存在。日本起初对美国兼并夏威夷就有意见,而在20世纪30年代英国不断后撤其东亚防御线之后,美国成为日本东亚地中海制海权的主要威胁,日本对美国因素的排拒,演成太平洋战争,并使得钓鱼岛问题的"制造"权最终落入美国手中。

[①] 《七续纪论辨琉球事》,《申报》,光绪六年三月十八日,1880年4月26日,第4版。
[②] U. S. Policy toward Japan, Top Secret, National Security Council Report, May 17, 1951, *Digital National Security Archive*(以下简称 *DNSA*), PD00141.
[③] 艾尔弗雷德·塞耶·马汉:《海权对历史的影响:1660—1783年:附亚洲问题》,第460页。
[④] 张玉法:《中华民国史稿》修订版,台北:联经出版事业有限公司2010年版,第33页。
[⑤] 艾尔弗雷德·塞耶·马汉:《海权对历史的影响:1660—1783年:附亚洲问题》,第527页。

四

本来，开罗会议期间，美国总统罗斯福曾询问蒋介石中国是否想要琉球，但蒋介石提议"可由国际机构委托中美共管"，理由是"一安美国之心，二以琉球在甲午以前已属日本，三以此区由美国共管比归我专有为妥也"。①

德黑兰会议期间，美苏就东亚地中海及其周边的处置，曾有预案，并涉及到琉球：

> ……罗斯福总统回忆道，斯大林熟知琉球群岛的历史，完全同意琉球群岛的主权属于中国，因此应当归还给中国……②

宋子文、孙科、钱端升③以及王正廷、王宠惠④等人对琉球态度与蒋不一，当时《中央日报》、《申报》等媒体亦认为中国应领有琉球，但蒋的意见在当时决定了琉球不为中国所有的事实。蒋介石的考虑不能说没有现实因素的作用，但海权在其知识结构中显然非常欠缺，东亚地中海的战略重要性不为蒋介石所认知，是美国得以制造钓鱼岛问题的重要背景。

在所有的地中海世界中，对立者的可能行动方向是考虑战略安排的主要因素，东亚地中海亦然。战争结束以后，美国在给中国战场美军司令的电文中重申了《波茨坦宣言》的第八条："开罗宣言的条款必须执行，日本的主权必须

---

① 高素兰编注：《蒋中正"总统"档案：事略稿本》(55)，台北："国史馆"2011年版，第472页。

② Minutes of a Meeting of the Pacific War Council, *Foreign Relations of the United States*(以下简称 *FRUS*), Diplomatic Papers, The Conferences at Cairo and Tehran, 1943, United States Government Printing Office, Washington; 1961. pp. 868 - 870.

③ *Chinese opinion*, (8 December 1943)，沖縄県公文書館蔵，米国収集文書・Territorial Problem-Japan; Government Saghalien, Kuriles, Bonins, Liuchius, Formosa, Mandates, 059/00673/00011/001.

④ 《王正廷谈话盟国应长期管束日本至消灭侵略意念为止》，《申报》，1947年6月5日，第2版；《王宠惠谈对日和约 侵略状态应消除 对外贸易不能纵其倾销》，《申报》，1947年8月15日，第1版。

仅限于本州、北海道、九州、四国及由我们所决定的一些小岛屿。"①但苏联在东亚地中海的存在和影响成为美国东亚政策的主要针对因素,对日处理,已不是四大国共同决定。美国认为,"中国、苏联、英国和琉球人强烈反对将琉球群岛交还日本",也认知到"对苏联而言,可以选择的是琉球独立或是将琉球交予共产党领导的中国。苏联更倾向于后者"。但美国自身的战略地位是最重要的考量因素。

> 承认中国的领土要求包含着巨大的风险。中国控制琉球群岛可能会拒绝美国继续使用基地,并且共产党最终打败国民党可能会给予苏联进入琉球群岛的机会。这样的发展不仅会给日本带来苏联入侵的威胁,而且会限制美国在太平洋地区的战略军事地位。②

1948年,美国国家安全委员会向美国总统、国务卿等提出"对日政策建议":"美国欲长期保留冲绳岛屿上的设施,以及位于北纬29度以南的琉球群岛、南鸟岛和孀妇岩以南的南方诸岛上的参谋长联席会议视为必要的其他设施。"③麦克阿瑟指出:"该群岛对我国西太平洋边界的防御至关重要,其控制权必须掌握在美国手中。……我认为如果美国不能控制此处,日后可能给美军带来毁灭性打击。"④1950年10月4日,参谋长联席会议未等与国务院协商一致,直接批准了给远东美军的命令,决定由美国政府负责北纬29度以南琉球群岛的民政管理。"该地区的美国政府称作'琉球群岛美国民政府'"。命令美军远东司令为琉球群岛总督,"总督保留以下权力:a. 有权否决、禁止或搁置执行上述政府(指琉球群岛的中央、省和市级政府——引者)制定的任何法律、法令或法规;b. 有权命令上述政府执行任何其本人认为恰当的法律、法令

---

① Memorandum by the State-War-Navy Coordinating Subcommittee for the Far East, *FRUS*, 1946, Vol. Ⅷ, The Far East, United States Government Printing Office, Washington:1971. pp. 174 - 176.

② *The Ryukyu Islands and Their Significance*,(24 May 1948),沖縄県公文書館藏,米国收集文書·Central Intelligence Agency,319/00082A/00023/002。

③ Report, NSC 13/2, to the President Oct. 7, 1948, *Declassified Documents Reference System* (以下简称 *DDRS*),CK3100347865.

④ General of the Army Douglas MacArthur to the Secretary of State, *FRUS*, 1947, Vol. Ⅵ, The Far East, United States Government Printing Office, Washington:1972. pp. 512 - 515.

或法规;c. 总督下达的命令未得到执行,或因安全所需时,有权在全岛或部分范围内恢复最高权力"。① 美国虽在战时反复宣称没有领土野心,但出于冷战的战略需要,在东亚地中海中深深地扎下根来。

根据1951年9月8日签订的《旧金山和平条约》（中华人民共和国中央人民政府公开宣言不予承认）,美国琉球民政府副总督奥格登（David A. D. Ogden）1953年12月25日发布了题为《琉球群岛地理边界》（Geographic Boundaries of the Ryukyu Islands）的"民政府第27号令",确定琉球地理边界为下列各点连线：

北纬28度,东经124.4度；
北纬24度,东经122度；
北纬24度,东经133度；
北纬27度,东经131.5度；
北纬27度,东经128.18度；
北纬28度,东经128.18度。②

上述各点的内涵,把钓鱼岛划进了琉球群岛的范围。正如基辛格1971年与美国驻日大使商量对钓鱼岛问题口径的电话记录所显示的,美国明知钓鱼岛主权争议是中日两国之事,美国对其没有主权,但"1951年我们从日本手中接过冲绳主权时,把这些岛屿作为冲绳领土的一部分也纳入其中了"。③ 钓鱼岛被裹挟到"琉球"这个概念中,被美日私相授受,是美国"制造"出钓鱼岛问题的真相。

在美国对琉球愈发加紧控制的同时,随着朝鲜战争的爆发和冷战愈演愈烈,美国眼中的日本角色迅速发生转变,其重要性日益突出。1951年美国国家安全委员会的《对日政策声明》（1960年再次讨论）称,"从整体战略的角度

---

① Memorandum Approved by the Joint Chiefs of Staff, *FRUS*, 1950, Vol. VI, East Asia and The Pacific, United States Government Printing Office, Washington: 1976. pp. 1313–1319.

② *Civil Administration Proclamation NO. 27*, (25 December 1953),沖縄県公文書館蔵,米国収集文書・Ryukyus, Command, Proclamations, Nos. 1–35, 059/03069/00004/002.

③ Ryukyu Islands, Classification Unknown, Memorandum of Telephone Conversation, June 07, 1971, *DNSA*, KA05887.

而言,日本是世界四大工业大国之一,如果日本的工业实力被共产主义国家所利用,则全球的力量对比将发生重大改变"。① 1961年,《美国对日政策纲领》进一步宣示了美国对日政策基调为:

1. 重新将日本建成亚洲的主要大国。

2. 使日本与美国结成大致同盟,并使日本势力和影响的发挥大致符合美国和自由世界的利益。②

这使得以美国总统、国务院为代表的力量顶着美国军方的异议③,对日本"归还"琉球(日方更倾向于使用"冲绳"这一割断历史的名词,而"冲绳县"和被日本强行废藩置县的古琉球国,以及美国战后设定的"琉球群岛美国民政府"的管辖范围并不一致)的呼声给予了积极回应。④ 扶持日本作为抵制共产主义的桥头堡,成为美国远东政策的基石,"归还"琉球,既是美国对日政策的自然发展,也是其对日本长期追随"自由世界"的犒赏。

值得注意的是,旧金山和约签订之后,在日本渲染的所谓左派和共产党利用琉球问题,可能对"自由世界"不利的压力下,美国承认日本对于琉球有所谓"剩余主权"。⑤ 但美国在琉球的所谓"民政府"有行政、立法、司法权,剥除了行政、立法、司法权的"剩余主权"实际上只是言辞上的温慰。1951年6月美国国务卿杜勒斯(John Dulles)的顾问在备忘录中坦率地表示,美国事实上获

---

① U. S. Policy toward Japan, Top Secret, National Security Council Report, May 17, 1951, *DNSA*, PD00141.

② Guidelines of U. S. Policy toward Japan, Secret, Policy Paper, c. May 3, 1961, *DNSA*, JU00098.

③ 美国军方异议见 Memorandum by the Secretary of State to the Ambassador at Large (Jessup), *FRUS*, 1950, Vol. VI, East Asia and The Pacific, United States Government Printing Office, Washington:1976. pp. 1278 - 1282.

④ Reversion of the Bonin and Ryukyu Islands Issue, Secret, Memorandum, c. October 1967, *DNSA*, JU00766.

⑤ Background information and recommendations with respect to Japanese demands that the U. S. return administrative control of the Ryukyu Islands over to them. Dec 30, 1968, *DDRS*, CK3100681400.

得了琉球群岛的主权。① 美国宣称对中国固有领土拥有"主权"自属无稽,但这也说明日本在20多年中对琉球的"主权"并不是"毫无争议"的。等到1972年"归还"时,美方又用了"管辖权""行政权"等不同的名词,而不是"主权",说明美国注意到了琉球问题的复杂性。

由于海峡两岸坚决反对将钓鱼岛及其附属岛屿裹挟在琉球群岛中"归还"日本,美国在"制造"钓鱼岛问题时,发明了一段似是而非、玩弄文字的说法:"我们坚持,将这些岛屿的管辖权归还日本,既不增加亦不减少此岛屿为美国接管前日本所拥有的对该岛的合法权利,亦不减少其他所有权要求国所拥有的业已存在的权利,因为这些权利早于我们与琉球群岛之关系"。② "国务院发言人布瑞(Charles Bray)在一篇声明中指出,美国只是把对琉球的行政权交还给日本,因之,有关钓鱼台的主权问题,乃是有待中华民国与日本来谋求解决的事"。③ 美国言说的对象和内容是错误的,但钓鱼岛及其附属群岛的主权存在争议,却是其反复明确的事实。

余 论

在早期的中、日、琉球、英、美各种文献中,钓鱼岛及其附属岛屿都是"边缘性的存在"。在中日主权争议的今天,它却成为东亚地中海的"中心"——不仅牵动美、中、日这三个国民生产总值占据世界前三的国家,也牵动整个东亚乃至世界局势。妥善处理钓鱼岛问题,具有世界性意义。

马汉曾经设定:"可能为了人类的福祉,中国人和中国的领土,在实现种族大团结之前应当经历一段时间的政治分裂,如同法国大革命之前的德国一

---

① Memorandum by The Consultant to the Secretary (Dulles), *FRUS*, 1951, Vol. VI, Asia and The Pacific(in two parts)Part1, General Editor: Fredrick Aandahl, United States Government Printing Office, Washington:1977. pp. 1152-1153.

② Briefing Papers for Mr. Kissinger's Trip to Japan, Includes Papers Entitled "Removal of U. S. Aircraft from Naha Air Base" and "Senkakus", Secret, Memorandum, April 6, 1972, *DNSA*, JU01523.

③ 《美国务院声明指出 对钓鱼台主权 有待中日解决》,台北《中央日报》,1971年6月19日,第1版。

样。"①马汉的设定没有任何学理支撑,但确实,台海两岸的政治分裂给了所有居间利用钓鱼岛问题的势力,特别是美国以机会。1971年4月12日,美日私相授受琉球甚嚣尘上之际,台湾当局"外交部长"周书楷前往华盛顿拜会美国总统尼克松,提出钓鱼岛问题会在海外华人间产生重大影响,可能造成运动。尼克松顾左右而言他,将话题转移到联合国问题的重要性上,尼克松说:"只要我在这里,您便在白宫中有一位朋友,而您不该做任何使他难堪的事。中国人应该看看其中微妙。你们帮助我们,我们也会帮助你们。"②其时,台湾当局正为联合国席位问题焦虑,尼克松"点中"其软肋,使其话语权急剧削弱。果然,在随后与基辛格的会谈中,周书楷主动提出第二年的联合国大会问题,而且他"希望'另一边'(即中国共产党)能被排除在大会之外"。③ 事实上,中华人民共和国中央人民政府对钓鱼岛及其附属岛屿主张主权和行动,一直遭到台湾当局掣肘。钓鱼岛问题,因此必然与台湾问题的处理联系在一起,这极大地增加了解决钓鱼岛问题的复杂性和难度。这是其一。

其二,被人为故意作为琉球一部分而"归还"的钓鱼岛及其附属岛屿的主权归属问题,在美国有意识、有目的的操弄下,几乎在中日争议的第一天起就进入复杂状态。中国固有领土被私自转让,自然必须反对。1971年12月30日,中华人民共和国外交部严正声明:"绝对不能容忍""美、日两国政府公然把钓鱼岛等岛屿划入'归还区域'"。同时,善意提示日方勿被居间利用:"中国政府和中国人民一贯支持日本人民为粉碎'归还'冲绳的骗局,要求无条件地、全面地收复冲绳而进行的英勇斗争,并强烈反对美、日反动派拿中国领土钓鱼岛等岛屿作交易和借此挑拨中、日两国人民的友好关系。"④可以说,态度十分具有建设性。

---

① 艾尔弗雷德·塞耶·马汉:《海权对历史的影响:1660—1783年:附亚洲问题》,第482页。

② Memorandum of Conversation, *Foreign Relations of the United States*, 1969-1976, Volume XVII, China, 1969-1972, Document 113, p. 292. 下文所引20世纪70年代以后的美国外交关系文件(*FRUS*),来源与来自威斯康辛大学的上文不同,文件来源是http://history.state.gov/. 特此说明。

③ Memorandum of Conversation, *Foreign Relations of the United States*, 1969-1976, Volume XVII, China, 1969-1972, Document 114, p. 294

④ 《中华人民共和国外交部声明》(1971年12月30日),《人民日报》,1971年12月31日,第1版。

日本自居与美国是盟友关系，可以在钓鱼岛问题上得到美方的充分背书。但其实，没有得到完全的满足——虽然日本一直希望援引美方的表态主张权利，将其设定为"没有争议"，但1972年8月，美国政府内部指示，对日本应当清楚表示："尽管美国政府的媒体指导已进行了部分修改以符合日本政府的要求，这丝毫不意味着我们改变了美国在尖阁诸岛争端问题上保持中立的基本立场。"① 更有甚者，1974年1月，已任美国国务卿的基辛格在讨论南沙群岛问题时，为"教会日本人敬畏"，讨论了将中华人民共和国"引导"到钓鱼岛问题的可能性。② 这样看，实际上是"系铃人"角色的美国，并不准备担当"解铃人"的作用——促使中日两国长期在东亚地中海保持内在紧张，更符合美国作为"渔翁"的利益。

对美国利用钓鱼岛问题牵制中日，中国洞若观火，其长期坚持的"搁置争议，共同开发"这一创新国际法的、充满善意的政策，目的就是使钓鱼岛这一东亚地中海热点冷却下来、走上政治解决的轨道。但其善意，为日本政府所轻忽。日本政府如何为了日本人民的长远福祉而改弦更张、放弃短视思维，不沉溺于被操纵利用的饮鸩止渴，对钓鱼岛问题的政治解决至关重要。

其三，马汉还说，"富强起来的中国对我们和它自己都会带来更严重的危险"。③ 这一断言充斥着"文明冲突论"的火药味和深深的种族歧视，他论证说，"因为我们届时必须拱手相送的物质财富会使中国富强起来，但是中国对这些物质财富的利用毫无控制，因为它对这种在很大程度上支配了我们的政治和社会行为的思想道德力量缺乏清楚的理解，更不用说完全接受。"马汉以美国价值观作为美国接受中国复兴的前提条件，是今天美国操纵钓鱼岛问题深远的运思基础。

但是，正如布罗代尔总结欧亚非地中海历史所指出的："历史的普遍的、强

---

① Issues and Talking Points: Bilateral Issues, Secret, Briefing Paper, August 1972, *DNSA*, JU01582.

② Minutes of the Secretary of State's Staff Meeting, *Foreign Relations of the United States*, 1969 - 1976, Volume E - 12, Documents On East and Southeast Asia, 1973 - 1976, Document 327, p. 3.

③ 艾尔弗雷德·塞耶·马汉:《海权对历史的影响:1660—1783年:附亚洲问题》，第522页。

大的、敌对的潮流比环境、人、谋算和计划等更为重要、更有影响"。① 中国的复兴是操盘者无法"谋算"的历史潮流和趋势,然而,这一潮流并不是"敌对的",2012年,习近平更指出:"太平洋够大,足以容下中美两国(The vast Pacific Ocean has ample space for China and the United States")"②,充满前瞻性和想象张力的说法,相比于那些把钓鱼岛作为"遏制"中国的东亚地中海前哨阵地的"敌对的"计划,更着眼于"人类的福祉"。中国所主张的"新型大国关系",摈弃了传统的地中海模式,扬弃了加勒比海模式,内含了一种可能导向和平之海、繁荣之海的新地中海模式,值得东亚地中海所有当事者深思。

张生
2016 年 5 月

---

① 费尔南·布罗代尔:《地中海与菲利普二世时代的地中海世界》第 2 卷,第 955 页。
② 来自人民网,http://www.people.com.cn/GB/32306/33232/17111739.html,2012 年 02 月 14 日。

出版凡例

一、本文献集按文献来源分为中文之部、日文之部、西文之部三个大的序列。每个序列中按专题分册出版，一个专题一册或多册。

二、文献集所选资料，原文中的人名、地名、别字、错字及不规范用字，为尊重历史和文献原貌，均原文照录。因此而影响读者判断、引用之处，用"译者按"或"编者按"在原文后标出。因原文献漫漶不清而缺字处，用"□"标识。

三、日文原文献中用明治、大正、昭和等天皇年号的，不改为公元纪年。台湾方面文献在原文中涉及政治人物头衔和机构名称的，按相关规定处理；其资料原文用民国纪年的，不加改动。

四、所选史料均在起始处说明来源，或在文后标注其档案号、文件号。

五、日本人名从西文文献译出者，保留其西文拼法，以便核对；其余外国人名，均在某专题或文件中第一次出现时标注其西文拼法。

六、西文文献经过前人编辑而加注释者，用"原编辑者注"保留在页下。

七、原资料中有对中国人民或中国政府横加诬蔑之处，或基于立场表达其看法之处，为存资料之真，不加改动或特别说明，请读者加以鉴别。

本册说明

近年来，中日钓鱼岛问题争端频仍，并且随着国际局势的变化日趋复杂。钓鱼岛问题，应放在中日关系的大背景下，放在琉球问题、台湾问题整体演变的过程来看待，置于历史与现实结合起来的角度去分析，从源头上寻觅日本窥伺钓鱼岛及其附属岛屿的行径的原因。为此，本册主要搜集了台湾"中央研究院"所藏有关史料，希冀能为揭示钓鱼岛问题的历史源流提供帮助。

本册其他内容主要有三个部分，分别是台湾"中央研究院"所藏"外交"部档案、"立法院"档案和"中央社"档案。台湾"中央研究院"近代史研究所藏"外交"部门档案，从时间和内容来看，大致分为两个时期的文献。

一为19世纪后期，中国与日本及西方相关国家就琉球问题的交涉的档案。[1] 这是日本利用清廷孱弱，将琉球吞并，并开始制造钓鱼岛问题的时期。

二为20世纪40年代至70年代，第二次世界大战结束前后，在美国的主导下，战胜的盟国处理日本侵占他国领土等问题。日本战争期间通过武力侵占的他国领土大都归还原主，然而，琉球等地未能及时妥善处置，给未来的争端埋下了隐患。国民政府外交部门档案可以帮助还原美国主导的处置过程，以及国民政府在其中所进行的外交努力。这部分档案可以分为三个主题：首先是战后初期到国民党政权败退台湾前，政府内部、外交人员、社会人员就琉球问题进行的讨论情况。这部分档案中，如1946年盟军总司令部所颁布的《日本领土划分备忘录》就明确明示"日本国土系以四个主岛（北海道、本州岛、

---

[1] 这部分档案起自清道光年间，彼时英法等西方国家已通过鸦片战争打开了中国的闭关大门，其侵略范围已到达琉球国境内。而日本当时正处于明治维新时期，扩张野心初露，其于1871年开始实行吞并琉球计划，并于1879年，改琉球为冲绳县，正式吞并琉球国，期间更是借口琉球难民被害事件出兵台湾，拉开了侵略中国的序幕。这部分档案正是当时清政府总理衙门与英、法等国交涉，令其撤离琉球，琉球国使臣求助清廷抗日以及清廷与日本交涉琉球事件的相关电文。

四国、九州岛)及其邻接之约一千个小岛——含对马岛及北纬三十度以北之琉球(南西)群岛(不含口岛)构成,不含:A. 竹岛、济州岛;B. 北纬三十度以南之琉球(南西)(含口岛)、伊豆南方小笠原火山(硫磺)群岛以及一切其他外围之太平洋岛屿(包括大东群岛、冲鸟岛、南鸟岛、中鸟岛)C. 千岛群岛、哈活马齿群岛(包括水晶、勇留、秋永留、志发、多乐群岛)及伊丹岛(色丹岛)。"可以说对战后的日本领土范围进行了界定。其次为奄美群岛归还资料。奄美群岛的归还是日本索回琉球的第一步,更重要的是奄美归还以后,美国琉球民政长官擅自对琉球疆界进行了新的"界定",把本属于中国的钓鱼岛及其附属岛屿也非法无理地裹挟进去,可以说埋下了今日中日钓鱼岛问题的祸根。第三为战后驻琉美军指定琉球无人岛为战略轰炸演习基地档案。该部分档案是国民党政权败退台湾后首次面对钓鱼岛纷扰的事件。

台湾"中央研究院"所藏"立法院"档案为近几年钓鱼岛问题再次引发争端以来,台湾当局的"立法院"有关日本对钓鱼岛问题各种举动的讨论及应对举措院会记录。

台湾"中央研究院"所藏"中央社"档案则为20世纪90年代至今,台湾"中央通讯社"所报道的有关钓鱼岛问题的资讯。主要内容是中国大陆、日本及中国台湾当局等有关钓鱼岛的新闻及声明等。

编　者

2016 年 5 月

目 录

"东亚地中海"视野中的钓鱼岛问题的产生（代序） ……… 1

出版凡例 ………………………………………………………… 1

本册说明 ………………………………………………………… 1

一、"中央研究院"藏"外交部"档案 ……………………… 1

（一）清末相关交涉档案 ………………………………… 1

1. 接准琉球国王密咨关涉佛兰西夷务 ……………………… 1
2. 藩司接准琉球国王密咨关涉夷务现咨两广督臣相机妥为劝谕 … 4
3. 接据琉球国来文密咨两广总督查办 ……………………… 6
4. 琉球难夷 …………………………………………………… 8
5. 照会嘆咈二夷酋撤退琉球驻夷并勿再令兵船驶往琉球海面 … 9
6. 命徐广缙开导嘆酋将咱噜呤撤离琉球 …………………… 10
7. 琉球使臣请代为转饬嘆夷咱噜呤撤离琉球 ……………… 11
8. 命叶名琛等晓谕咪船勿停留琉球 ………………………… 12
9. 琉球国王请谕知嘆酋勿令夷民居留该国 ………………… 13
10. 准闽督咨咈夷逗留琉球请就近分别劝谕各国嗣后船只勿再驶往并将嘞咘唨等迅速拨船接回又附给法国照会一件闽省原奏片一件 … 15
11. 台湾土番生啖琉球难民日本国欲向中国议论由 ………… 17
12. 函述台湾土番生啖琉球难民由 …………………………… 20
13. 函述新闻纸内有台湾土民生啖琉球难民由 ……………… 23
14. 函述牡丹社生番残杀琉球人一案该国备银酬谢民人杨友旺又闻日本使藉案来饶舌由 …………………………………… 24

15. 函复生番残害琉球一案及日本使臣等情由 ………………… 25
16. 咨据台湾府禀详述生番杀害琉球难民详细情形由 ………… 26
17. 中日北京专约 …………………………………………………… 28
18. 出使日本国大臣何如璋等致总理衙门函 ……………………… 32
19. 探悉球王离国抵东京情形 ……………………………………… 33
20. 日本各参议皆树党相争与将来朝局大有关系；琉球案件请指示以便办理；朝鲜年来稍觉奋发自新谅将来终可收效 ……………………………………………………… 35
21. 函述球案情形 …………………………………………………… 36
22. 函述宍户使回国议论球案情形 ………………………………… 38
23. 琉球乞援救復国不宜轻易发端；朝鲜乱事日本大概不至要求过甚；日本拟设釜山电线中国亦宜设电线通朝鲜 ……………………………………………………… 42
24. 琉球案 …………………………………………………………… 50
25. 琉球案 …………………………………………………………… 55
26. 琉球案 …………………………………………………………… 57
27. 琉球案 …………………………………………………………… 59
28. 日本国驻清公使馆：宫古、八重山二岛考 …………………… 60
29. 函陈办理琉球三策并朝鲜借洋债一事外务复文甚为取巧抄录呈送由 …………………………………………………… 62

（二）盟国对日基本政策相关档案 …………………………… 74

1. 对投降后日本之基本政策 ……………………………………… 74
2. 莫斯科外长会议公报 …………………………………………… 81
3. 远东委员会对日基本政策 ……………………………………… 86
4. 中华民国驻美利坚合众国大使馆代电 ………………………… 87
5. 对日和约——领土问题 ………………………………………… 88
6. 日本疆域问题——盟总指令之研究 …………………………… 89
7. 关于解决日本领土问题之意见 ………………………………… 93
8. 举国抗议菲律宾对琉球台湾荒谬言论 ………………………… 95
9. 日本领土处理办法研究 ………………………………………… 101
10. 旧日本领土 …………………………………………………… 106

（三）中韩大陆礁层重叠 ………………………………………… 107

1. "经济部"致"外交部" ……………………………………… 107

2. "经济部"致"外交部" ················· 108
3. "中华民国外交部"声明 ················· 109
（四）台湾当局与琉球革命同志会关系档案 ················· 110
1. "北美司"收文（0299号） ················· 110
2. "北美司"报告 ················· 111
3. "北美司"收文（0537号） ················· 112
4. "北美司"报告 ················· 113
5. 中常会谷秘书长呈"总统"阅批《琉球之现状及我应采态度之研究》报告节录 ················· 115

二、"中央研究院"藏"立法院"档案 ················· 116
1. "院会"纪录 ················· 116
2. "院会"记录 ················· 118
3. "院会"纪录 ················· 120
4. "院会"记录 ················· 124
5. "院会"纪录 ················· 125
6. "院会"纪录 ················· 127
7. "院会"纪录 ················· 128
8. 维护钓鱼台及南海主权应有之作为口头报告 ················· 131
9. 有关中国大陆新版护照纳入台湾、南海、钓鱼台争议之"政府"因应作为报告 ················· 133
10. 钓鱼台情势发展与台日关系之进展，"政府"各单位因应措施 ················· 136
11. 钓鱼台列屿最新情势与台日关系之进展 ················· 138

三、"中央研究院"藏"中央社"档案 ················· 147
1. 相关部门将协助宜县勘查钓鱼台 ················· 147
2. 我渔船赴钓鱼台捕鱼未受日方干扰 ················· 148
3. 我国领海主权以地图明示 ················· 149
4. 钱复表示"政府"重视钓鱼台领土主权 ················· 150
5. 宜兰县府等要求海军扩大护渔 ················· 151

3

6. 李"总统"指与日和平协调解决钓鱼台争议 ………………………… 152
7. 钓鱼台纠纷请国际法庭仲裁是无解问题 ………………………… 153
8. 宜县府指钓鱼台被占可申请国际法庭仲裁 ……………………… 155
9. 台省渔民盼"政府"早日与日方签署渔业协议 …………………… 156
10. 宜兰县长建议"中央"对钓鱼台纷争慎重行事 …………………… 158
11. "国民大会"通过钓鱼台主权案送请"政府"参考 ………………… 159
12. 傅昆成吁"政府"采具体行动伸张钓鱼台主权 …………………… 160
13. "中华民国保钓联盟筹备会"成立誓言保钓 ……………………… 161
14. 省文献会考据钓鱼台岛主权为"我国"所有 ……………………… 163
15. 郑美兰支持"政府"处理钓鱼台问题四原则 ……………………… 164
16. 保钓民气可用涉及海权战略宜严正以对 ………………………… 165
17. 钓鱼台群岛地主未准许日本青年社建灯塔 ……………………… 167
18. 林丰正明向"立院"项目报告钓鱼台问题 ………………………… 168
19. 香港保钓行动会同台湾保钓会今晚出海 ………………………… 169
20. 港台保钓活动国际媒体重视采访人数众多 ……………………… 170
21. 香港立法局议员何俊仁吁两岸重视保钓 ………………………… 171
22. 港台澳保钓行动船只首次逼近钓鱼台沿海 ……………………… 172
23. "中华民国保钓会"将技术性拆除钓鱼台灯塔 …………………… 174
24. 新闻分析:钓鱼台风云的日本观点 ……………………………… 175
25. 马起华教授发表钓鱼台属于"中华民国"论文 …………………… 177
26. 保钓行动传出成功登陆钓鱼台插上"国旗" ……………………… 178
27. 宋楚瑜表示省府支持民间各项保钓作法 ………………………… 179
28. 马英九指"政府"仍在与日本谈判钓鱼台争议 …………………… 180
29. 马英九说钓鱼台是台湾领土任何国民不能放弃 ………………… 181
30. 李登辉指钓鱼台属日本国民党团说真是见到鬼 ………………… 182
31. "内政部"强调钓鱼台列屿主权属于"中华民国"所有 …………… 183
32. 李登辉指钓鱼台属日游揆说尊重个人言论自由 ………………… 184
33. "外交部":民间租借钓鱼台有困难 ……………………………… 185
34. 游揆:"台日"及中共应和平理性共同开发钓鱼台 ……………… 186
35. 日外务省要求台湾取消钓鱼台地籍登记 ………………………… 187
36. "外交部"盼以理性和平态度解决钓鱼台问题 …………………… 188

37. 钓鱼台主权争议 宜县府:尊重"中央"决定 ⋯⋯⋯⋯⋯⋯⋯⋯⋯ 189
38. 马英九:与日只谈渔权不谈钓鱼台主权失策 ⋯⋯⋯⋯⋯ 190
39. 宣示主权 王金平:路线和李登辉根本不同 ⋯⋯⋯⋯⋯⋯ 191
40. 马英九吁陈"总统"宣示钓鱼台是"中华民国"领土 ⋯⋯ 192
41. 马英九:先巩固钓鱼台主权 再谈渔权 ⋯⋯⋯⋯⋯⋯⋯⋯ 193
42. 保钓人士钓鱼台附近海域施放汽球宣示主权 ⋯⋯⋯⋯ 194
43. "总统府"声明坚持钓鱼台主权 对日严正抗议 ⋯⋯⋯⋯ 195
44. "外交部":坚定拥有钓鱼台主权 ⋯⋯⋯⋯⋯⋯⋯⋯⋯⋯⋯ 196

附录:近代相关条约和声明 ⋯⋯⋯⋯⋯⋯⋯⋯⋯⋯⋯⋯⋯⋯ 197

1. 《北京专条》 ⋯⋯⋯⋯⋯⋯⋯⋯⋯⋯⋯⋯⋯⋯⋯⋯⋯⋯⋯⋯ 197
2. 《马关新约》 ⋯⋯⋯⋯⋯⋯⋯⋯⋯⋯⋯⋯⋯⋯⋯⋯⋯⋯⋯⋯ 199
3. 《中美英三国开罗宣言》 ⋯⋯⋯⋯⋯⋯⋯⋯⋯⋯⋯⋯⋯⋯ 203
4. 《苏美英三国关于日本的协定》(《雅尔塔协定》) ⋯⋯ 204
5. 《中美英三国促令日本投降之波茨坦公告》 ⋯⋯⋯⋯ 205
6. 《日皇裕仁宣告投降敕书》 ⋯⋯⋯⋯⋯⋯⋯⋯⋯⋯⋯⋯⋯ 207
7. 《日本投降书》 ⋯⋯⋯⋯⋯⋯⋯⋯⋯⋯⋯⋯⋯⋯⋯⋯⋯⋯ 208
8. 《对日和约》 ⋯⋯⋯⋯⋯⋯⋯⋯⋯⋯⋯⋯⋯⋯⋯⋯⋯⋯⋯⋯ 210
9. 《美日安全条约》 ⋯⋯⋯⋯⋯⋯⋯⋯⋯⋯⋯⋯⋯⋯⋯⋯⋯ 221
10. 《"中日"和平条约》 ⋯⋯⋯⋯⋯⋯⋯⋯⋯⋯⋯⋯⋯⋯⋯⋯ 223
11. 《日本和美利坚合众国共同合作和安全条约》 ⋯⋯⋯ 227
12. 《共同合作和安全条约所附的协议记录》 ⋯⋯⋯⋯⋯⋯ 230
13. 《中华人民共和国外交部关于日美签订军事同盟条约的声明》 ⋯⋯⋯⋯⋯⋯⋯⋯⋯⋯⋯⋯⋯⋯⋯⋯⋯⋯⋯⋯⋯⋯⋯⋯⋯⋯⋯⋯⋯⋯⋯⋯⋯⋯ 232
14. 《日本国与美利坚合众国关于琉球诸岛及大东诸岛的协定》 ⋯⋯ 233
15. 《中华人民共和国政府日本国政府联合声明》 ⋯⋯⋯ 244
16. 《中华人民共和国和日本国和平友好条约》 ⋯⋯⋯⋯ 246

索引 ⋯⋯⋯⋯⋯⋯⋯⋯⋯⋯⋯⋯⋯⋯⋯⋯⋯⋯⋯⋯⋯⋯⋯⋯⋯⋯ 248

一、"中央研究院"藏"外交部"档案

（一）清末相关交涉档案

1. 接准琉球国王密咨关涉佛兰西夷务

道光二十四年十一月十三日（公元1844年12月22日）

  丙子闽浙总督刘韵珂、福建巡抚刘鸿翱奏，窃照琉球王尚育遣正使耳目官毛嘉荣、副使议大夫郑元伟等，恭进本年例贡，业已航海抵闽，现经臣等专弁齐折奏报，并委员伴送该贡使等起程赴京在案。兹据福建藩司徐继畬详据该贡使毛嘉荣等禀称："荣等奉命恭进贡典来闽，已于到省后将国王发给咨文各件缴送崴办，惟国王又另给咨文一角，内系机密要件，着荣等亲自赍投，兹特亲身投送，恳由内署查阅办理。"免发经胥以免传播等情，并据呈缴琉球国王咨文一角，该同当即拆阅，内称：本年三月间，该国那霸洋面来有海船一只，查询语不通，惟船内通事系中国人，据称该船系咈囒哂战船，船上总兵名嚟尔烈略璞朗，由广东澳门至彼购买食物，该国王当时给与物件。旋据嚟尔烈略璞朗启称，咈囒哂国因向与中国通好，故特令各战船总兵至中国邻近诸国求和往来贸易，惟伊不能久住，若月后尚有大总统兵都督大船或各战船前来，宜向彼示覆，兹特留执事嚟尔加助、通事粤五思旦在此等情。该国王当以琉球土瘠地薄，物产不多，不能广与他国交通，饬令具文固辞，讵该总兵不肯听从，强留执事通事在国，开船而去。随又据执事嚟尔加助以唼国见琉球居中国、日本之间，久欲取之，咈国欲阻其谋，惟有二计，一则格外保护，一则先自取之而格外保护，尤咈国所愿，乞该国王早为之计。并据通事粤五以咈国载船东来，花费无限，若深知其意，则有吉无凶，否则祸福难料等情，先后具禀该国王，以伊国蒙皇上覆载之恩，思世膺王爵永享太平，若交通咈国为其保护，有负天朝之存恤，且察该两人之言，虽云阻人谋，实则图己利，不可苟马从之。堕其阴谋，复令固辞，而该执事复以伊系传天主教之人，咈国因在澳闻西土之人欲取琉球疆土，故来传授前教救生灵于涂炭，乞准传天主教于该国各地方，以绝将来凶险等情。续禀该国王复以伊国叠沾圣朝之化，天主教不可传，习向其辞却，乃该国执事仍以传教为言，窃查咈国人等无故入境，初欲结好贸易，次求格外保护，后要传天主教，言词反复靡常不可测度，日后若有大总兵到国，不知如何骚扰。现饬官役尽心筹画，俟大总兵到国，使率彼二人回国，合先咨请转详督抚等情具详前来。臣等伏查琉球为天朝属国，称臣奉贡，最为恭顺，此次咈嘲哂兵船突入其境，以通和传教为词，该国王以素受中国丕冒之恩，再三辞却，更见其始终恪守臣节，我皇上为华夷共主，该国王既将此事源委备咨藩司，恳请转详，自不容置之不谕不议，惟臣等就该国来文细加查覈。当咈嘲哂兵船初到该国之时，止称购买食物，即总兵嚟尔烈咯璞朗向该国王具启，亦只称因该国与中国邻近，前来求和，别无他语。其后所称格外保护并求传天主教等语，皆系执事嚟尔加助等之语，察其语意，既称嗼国欲将该国吞灭，复称咈国欲先将该国吞灭，皆系恫喝虚词，其意似专在传授天主教，又通事粤五思旦，据该国王称，系中国人民蹑其姓名，又不与中国人相同，究竟前往者是否系咈嘲哂之船，抑或另有假冒。现在闽省并无别国船只，无从察辨。查该国使臣喇嘭呢现正在粤省与钦差大臣两广督臣耆英等议通商事宜，无难一询，即明合无。仰恳皇上天恩勅下，该大臣就近先向喇嘭呢查询，以辨虚实，如喇嘭呢复到往琉球者，实系该国兵船，并由该大臣体察情形，设法开导谕令喇嘭呢将留彼之执事咻尔咖助等接回，使蕞尔小邦无虞惊扰，以仰副圣主忧恤外臣之至意。

谕军机大臣等刘韵珂等奏，接准琉球国王密咨关涉咈嘲哂夷务一折，咈夷通商条约现经耆英等定议，降旨准行琉球，所见该夷战船在本年三月，自系章程未定之先，现已谕知耆英妥为查办矣。该国王恪守臣节，即将此事源委详晰咨明，实堪嘉尚。着该督等遇使，即将现在代为奏请查办之语，先行咨复该国统。俟耆英查明奏到后，再行谕知该督等遵照办理，又谕前据耆英奏咈嘲哂夷使到粤陈请各款，有中国所属之琉球等国，准予据守，亦有裨益之语，该督等设法劝谕逐款言明所有妄议各情，均即不复提起。旋据议定通商条约，业已照议准行矣。本日据刘韵珂等奏，接准琉球国王密咨，称本年三月间，有咈嘲哂战船一只，驶至该国洋面，该船总兵称由广东澳门至彼数月后，尚有大总兵都督大船或各战船前来并强留执事通商事各一人，开船而去，日后若有大总兵到国,不知如何骚扰等语。琉球国所见咈夷战船在本年三月间,自系在条约未定之先,现在该国通商事宜既经定议,不应再至天朝属国别生事端,究竟前项兵船是否实系咈夷所遣,其所称大总兵等大船曾否续赴琉球洋面,所留之通事执事等人此时已否归国,着耆英密加察访,设法劝导,务令该夷使恪遵成约,彼此相安,其办理情形即着该都督迅速复奏原折,钞给阅看。

(全宗:总理各国事务衙门,册名:筹办夷务始末,馆藏号:01-01-010-02-006)

2. 藩司接准琉球国王密咨关涉夷务现咨两广督臣相机妥为劝谕

道光二十六年十一月十九日（公元 1846 年 12 月 27 日）

　　十一月庚子闽浙总督刘韵珂、福建巡抚郑祖琛奏，窃照琉球国王尚育遣正使耳目官向元模、副使正议大夫梁必达等，恭进本年例贡，业已航海抵闽，现经臣等另折奏报，并委员伴送该贡使等起程赴京。兹据福建藩司徐继畲详据琉球国正使王舅毛增光、副使正议大夫梁学孔等称："本年国王遣向元模等恭进贡品来闽，另给文二角，饬令光等附搭贡船亲赍投送，又上年该国接贡船只内渡，亦有咨文二角交给呈投，兹查前船尚未到闽，想系遭风漂泊他处，合将光等所带底稿照录一份，同奉给咨文一并缴送察办等情。"该司随将该使臣等录呈稿底二件先行查阅，均系道光廿五年八月初四日所发，一称咈囒哂国前留该国之执事呦咏咖呦、通事粤五思旦二人，至今未见撤回，一称嘆咭唎国战船于道光廿三年并廿五年五、七等月四次驶至该国量地探水，并有福州领事李太郭送给留闽通事魏学贤文凭一纸，内称嘆国战船往来毋庸惧怕等语，该国王因嘆夷存心难测，恐日后再来滋事，咨请转详办理各国情。该司又将咨文二角逐一折阅，一系道光廿六年八月十四日所发，内称本年四月初五日有嘆咭唎船一支到来，带有医士伯德令携眷上岸，逗留不去，现在该国设局疗病，又四月初七、五月十二等，有咈囒哂国总兵擸蓝黎峩、元帅瑟西尔分坐三船先后驶至。据瑟西尔启称，欲与该国结好以做生意，该国王辞以国小民贫，不能与他国结好交易，瑟西尔将原留该国之执事呦咏咖呦等带回，留伯多禄一人在彼居住。闰五月十八日，咈国又有色玩尔坐船一只，驶至该国大岭村洋面遭风搁礁，经该国王发料修补，旋与擸蓝等三船先后开行。七月廿五日，黎峩之船又来，带有瑟西尔启称，伯多禄孤居不便，再留哑噪嚂陪伴同居。该国王婉词不允，愁虑无计，咨请转详具题，使嘆国接取伯德令归国，咈国接取伯多禄等回国，并罢其结好交易之心，以期永久相安。又一件系道光廿六年九月初二日所拨，内称本年八月廿四日，嘆国水师提督郭季伦坐驾兵船三只到来，欲与该国王面会，该国王辞之，欲令将伯德令带回，据称非其所知，不便带回，随于廿七、廿九等日先后开去。曾问同事云，伯德令系耶吗你国人，但与嘆国人往来不绝，久为淹留恐滋国家之患。并据该使臣毛增光等于验贡后，在该藩司处呈递密禀，缕述前情，并称咈国留住之人，动辄殴辱该国民人，该国王日夜忧心，嘱该使臣等密禀藩司转详，各等情具详前来。臣等伏查道光廿四年秋间，琉球国王因咈囒哂兵船驶至该国，强留执事呦咻咖呦、通事粤五思旦二人在彼居住，并讽以结好传教，该国王坚辞不允，备咨藩司，恳请转详，臣刘韵珂会同前抚臣刘鸿翱奏蒙谕旨敕文钦差大臣耆英妥为查办，当即行司转咨该国王，知照嗣准耆英以现接咈酋喇哼呢照会，此事系嘞哂咀所办，嘞哂咀因呦咻咖呦等本系兵船带往，俟兵船到东洋时，顺便接回等因咨覆在案。兹接该国王来文，咈夷瑟西尔虽于本年五月乘坐兵船驶至该国，将前留执事呦咻咖呦等一并撤回，第又另易伯多禄、哑嗅噷二人在彼居住，并仍讽以结好通商，其意殊难揣测。且唛咭唎船只自廿二年以后，屡至该国探水量地，并令伯德令携带眷口逗留该国，设局行医，更不知意欲何为，究竟咈唛两国果否欲与该国结好通商，抑欲广传其教或竟心怀叵测。现虽不克悉其底蕴，第念琉球于外洋诸国中臣服天朝，最为恭顺，且该国本属蕞尔荒岛，著名贫瘠，其国中衣食所需，率皆仰资他国，该国王所称不能与咈唛两各国结好通商，不特恪守臣节，兼系实在情形。乃咈唛两国兵船连年驶往，并各指使国人侨寓琉球，逗留不去，致令该国王惊疑危惧，呼吁频仍。臣等又何敢壅于上闻，致负我皇上忧恤外藩，怀柔远人之至意，惟现在闽省并无咈国人船，唛国虽有领事寄寓省垣，而该领事止管福建贸易，别事非其所司，此时臣等即向该领事设法劝导，该领事亦必以事非专主，婉言推却，于事仍属无济。自应仍咨两广督臣，向咈唛两酋设法劝谕，俾琉球得免惊扰，以示体恤。

谕军机大臣等刘韵珂等奏藩司，接准琉球国王密咨关涉夷务，现咨两广督臣相机妥为劝谕一折，前年秋间，咈囒哂兵船驶至琉球强留执事呦咻咖呦等在彼居住，曾降旨令耆英妥为查办，本年五月已据该酋将前留执事呦咻咖呦等一并撤回，又另易伯多禄、哑嗅噷二人在彼居住，并仍讽以结好通商，其意殊难揣测，且唛咭唎船只自廿三年以后，屡至该国探水量地，并令伯德令携眷逗留该国，设局行医，更不知意欲何为。惟念琉球臣服天朝最为恭顺，且素称贫瘠，咈唛二国不值与之结好通商，况该二国既与天朝和好，即不应扰我属国，着耆英等奉此旨即向咈唛各酋曲加劝导，晓以成约之不可违，谕以小利之无可取，务使各将兵船及侨寓人等悉数撤去，以免惊疑而不符定约，是为至要。原折着钞给阅看。

（全宗：总理各国事务衙门，册名：筹办夷务始末，馆藏号：01－01－010－06－003）

3. 接据琉球国来文密咨两广总督查办

道光二十九年十一月七日（公元 1849 年 10 月 21 日）

庚子浙闽总督刘韵珂奏，据藩司陈庆偕详称，据琉球国使臣向统积等禀，缴该国中山王世子尚泰密咨一件，内开窃查撤回嘆夷帕嚧吟一案，前蒙转详具奏，一面移咨钦差大臣查办，道光廿九年正月廿日，有哑咪唎驾船二只到来，内有嘆人克拉克等二名。据称，克拉克等坐船共廿一人，正月十七日驶到琉球属岛姑米山搁礁，时遇哑船驶过，克等附搭而来，余留原船，近日必有遣船接回随遣员役加意照料。廿一日，该二船再到姑米山，将火长二名、水手四名仍留原船看守货物，余搭二船回去，二月十三日，果有嘆国水师都司玛迪逊坐船一只，到姑米山接取该火长等，并搬载货物转到那霸洋面，当经饬官恳接帕嚧吟并眷属人等同回不允，惟带通事刘友于一名于十六日回去。三月十七日，闰四月初一两日，又有哑国船主祈连、嘆国水师提督舍顿领船二只，先后而来，复经饬官恳接帕嚧吟等回国，而祁连辞非同国之人，舍顿辞以有事他行，至三月廿一闰四月初六两日，开洋回去。查西土船只往来接踵，尚无接回帕嚧吟者，至于帕嚧吟亦辞说，奉医回国，自己不得主，意既奉差到此，非奉官谕，不便回去，于客岁十一月十二日生下女儿，今计其逗留经历四年之久，屡致骚扰，忧虑至深，未知何日得以安谧。兹值进贡之便，合就咨请转详督抚查办等情，由司具详前来查此案前，据琉球国中山王世子尚泰以嘆夷留在该国之帕嚧吟及帕嚧吟所带之眷属人等，逗留未回等情，于道光廿八年十月十九日密咨藩司，据情转详，当经臣密咨钦差大臣两广督臣徐广缙照会嘆酋哎嘛，将留住琉球之帕嚧吟等迅速撤回，一面附折具奏，嗣于廿九年四月初三初四等日，先后接准徐广缙，咨会以该督前赴虎门查办夷务，面晤嘆酋哎嘛，明白开导。二月初七日，接据照复内称，帕嚧吟一案，想本国船只向不在琉球湾泊，所有捕鱼本船遇无食物即到该岛，一得辄去，料本船住琉球两年，断无缘故，已离是岛，殊属定然。二月廿日后，哎嘛来文据称，嘆船在琉球搁浅，现由上海调船前往帮助该船，若不得除石，则接回水手各等语转咨到闽，当即转行藩司，备咨琉球国王世子知照在案。兹据前情，臣等伏查嘆夷帕嚧吟等，系道光廿六年四月间，前往琉球，计今已历四载，惟该夷到彼之后，并未别滋事端，夷酋哎嘛亦无不允撤回之语，但其节次照复,总属含混支吾,其文内所称嘆船在琉球搁浅一节核之。琉球国王世子此次来文,即系本年正月间在姑米山搁礁之船,该船货物及水手人等,既经该夷于二月间前往接取,何以彼时不将帕嚈呤等一并撤回?仅令通事刘友于一人附载回国,追后舍顿兵船到彼,亦不将帕嚈呤载回,是其意在逗留可以概见。现在帕嚈呤等既称,非奉官谕不便回去,若得哎嚁一言,该夷断难推托,前该王世子因帕嚈呤等日久未回,复备咨藩司,恳为详办,未便置之不议,自当仍由臣等咨会徐广缙再向嘆酋哎嚁相机开导,设法谕催,务将帕嚈呤等赶紧撤回,以恤藩封而免惊扰。

谕军机大臣等刘韵珂等奏接,据琉球国来文密咨两广总督查办等语,嘆夷帕嚈呤等前往琉球已历四载,仍未撤回,经该国恳请转饬查办,并据称,如得嘆酋哎嚁一言,该夷断难推托,着徐广缙即查照该督等所奏,再向哎嚁相机开导设法婉谕,能将帕嚈呤等赶紧撤回,方足以恤藩封而免惊扰。

(全宗:总理各国事务衙门,册名:筹办夷务始末,馆藏号:01-01-010-09-016)

4. 琉球难夷

道光二十六年一月十八日（公元 1846 年 2 月 13 日）

道光廿六年正月十八日　浙江巡抚梁宝常奏　抚恤琉球国遭风难夷

浙江巡抚臣梁宝常跪奏，为抚恤琉球国遭风难夷，循例恭折具奏，仰祈圣鉴事。窃据永嘉县知县赵汝和详报，道光廿四年十月廿九日，准温中营，救护琉球国遭风夷船一支，内有夷人十七名，粟米马匹及零星物件。经该县会营驰往查勘，该夷船篷浆桅舵等件，俱已断损破坏，船内并无违禁物件，夷人十七名，均各蓄发梳髻，言语不通。有舵工何光名一名，系福建晋江县人，只有一夷，能写汉字。询据禀称，琉球国难夷，世丕显等十七名，共十七人，于上年四月间，运送该国米石马只，到中山王进贡。六月十五日，过风损坏船只，于六月廿二日，漂至宁波象山县地方。蒙给口粮，修整船只，发给护照，派拨舵工何光名护送。九月廿二日赴福州海防厅交替，不料于十月廿九日，至坎门洋面，又遭狂风，以致船身破损，幸遇官船，带进温港。现有夷人九名患病，求拨医调治，将杠具船只添换修整，护送过闽等语。并呈象山县护照一纸，验有印信，其为该国遭风难夷无疑。经该县设馆安顿，给发口粮，优加抚恤，并将病夷拨医调治痊愈。一面购料雇匠，将原船修整，以便送闽遣归等情。随查该难夷世丕显等十七名，人船前在象山县，遭风漂收抚恤，业将船只修理完固，制备棉衣等项，于上年九月廿二日起程赴闽，由司转造货物清册，经臣题奏在案。兹该难夷船只，复在温港遭风，经批司查办去后，兹据藩司存与核明例案，详请具奏前来。

臣查该难夷世丕显等，于上年六月在洋遭风，漂至象山县境，当经照例抚恤。讵起程赴闽遣归，复在温港遭风漂泊，情殊可悯。自应饬县妥为安顿，加意抚恤。一面循照旧章，将原船修整完固，造具花名物件清册，派拨兵船，护送至福建省城，附便归国，以仰副圣主怀柔远人至意。

除咨明闻省督抚臣查照，并将起程日期另疏题报外，理合恭折具奏，伏乞皇上圣鉴谨奏。

道光廿六年正月十八日奉硃批，知道了，钦此。

（全宗：总理各国事务衙门，册名：道咸筹办夷务始末补遗，馆藏号：01-01-011-02-066）

5. 照会咉唎二夷酋撤退琉球驻夷并勿再令兵船驶往琉球海面

道光二十六年十二月二十日（公元1847年2月5日）

道光廿六年十二月廿日　两广总督耆英片　照会咉唎二夷酋撤退琉球驻夷并勿再令兵船驶往琉球海面

再臣等接准闽浙督臣刘韵珂来咨，据藩司转据琉球国王咨称，道光廿四年秋间，该国王因唎𠯿哂兵船驶至，强留执事吥吷咖呦，通事粤五思旦二人，在彼居住，咨司详奏。蒙旨饬交臣耆英查办。兹唎夷嗍哂呼，于本年五月乘坐兵船驶至，该国将前留执事吥吷咖呦等一并撤回，又另易伯哆㖿、哑㗅嚧二人在彼居住。仍讽以结好通商。又咉咭唎船只，自廿三年以后，屡至该国探水量地，并令帕嚧呤携带眷口，逗留该国，设局行医。该国王婉辞不允，愁虑无计等情，密咨查照。如果唎酋尚在粤东，就近查访情形，相机向唎咉两酋设法劝谕，俾免惊扰等情，并钞录该国王各咨文飞咨前来。臣等查唎夷强留执事吥吷咖呦等二人在琉球居住，前经臣耆英讯明唎酋喇嘪呢，并据来文称，系兵头嗍哂呼所为，俟兵船到东洋时顺便接回等语。乃嗍哂呼将吥吷咖呦等接回，复另易帕哆㖿等二人在彼居住，仍讽以结好通商，实属情同鬼蜮。至咉夷前往该国洋面探水量地，或因测探砂礁，以便商船遭风抛泊起见。然何以屡次驶往，并留帕嚧呤携眷在彼设局行医，其居心亦殊难悬揣。

查唎酋喇嘪呢早经回国，嗍哂呼亦离粤省，由臣等备文交给在粤唎𠯿哂夷目，转给该兵头嗍哂呼，谕令将帕哆㖿等即行撤回。并勿再令兵船驶往琉球洋面，致兹惊扰，并咨复闽浙督臣，转饬藩司密饬琉球使臣，将唎咉两夷所留之人妥为安顿，防范约束国人勿与交接，俾各夷无可希冀，免生事端。俟接有复文，再行相机办理外，所有臣等接准闽省来咨办理缘由，理合附片陈明，伏乞圣鉴。谨奏。

道光廿六年十二月廿日奉硃批，钦此。

（全宗：总理各国事务衙门，册名：道咸筹办夷务始末补遗，馆藏号：01-01-011-03-015）

6. 命徐广缙开导唉酋将帕噘呤撤离琉球

咸丰元年一月二十五日（公元 1851 年 2 月 25 日）

军机大臣　字寄

　　钦差大臣两广总督徐，咸丰元年正月廿五日，奉上谕，据礼部奏称，琉球国使臣在部呈递禀函，复以唉夷在彼逗留，恳求开导撤回等语。此事前已屡次降旨，谕饬该大臣向哎酋设法开导，饬令撤回。兹复据该国禀称，不惟帕噘呤尚未撤去，且屡有唉夷船只到彼，恶言惊吓，来去靡常，以致该国日夕忧虑。琉球国臣服天朝，最称恭顺，况该王世子年幼初立，属令使臣到京具禀，岂能置之不问。着徐广缙仍遵前旨，再向哎嘞相机开导，谕令迅将帕噘呤并其妻子人等，一律撤回，以免惊扰，而恤藩封。琉球使臣原禀，着抄给阅看，将此谕令知之。钦此。

　　遵旨寄信前来。

　　（全宗：总理各国事务衙门，册名：英吉利案，馆藏号：01－02－001－03－005）

7. 琉球使臣请代为转饬喊夷咆哩吟撤离琉球

咸丰二年十二月九日（公元1853年1月17日）

咸丰二年十二月初九日，季芝昌、王懿德奏喊咭唎夷人久羁琉球，经该国王世子遣使来闽，求为请谕。查此案先于道光廿六年十月、廿七年九月、廿八年十月，咸丰元年九月，据琉球国王尚育及该国王世子尚泰，四次备咨藩司，转详查办，均经各前督抚，臣据情其奏，并节次咨请。

钦差大臣两广督臣就近向喊咭唎夷酋哎嘞劝谕撤回，嗣于咸丰二年五月初七日，准两广督臣徐广缙，抚臣叶名琛会同咨覆。前据喊国夷酋哎嘞来文，以该酋业经回国，所有公使事务，移交驻粤领事夷目咆哩接办，询之该夷，据称公使专办五口通商贸易事宜，其余国中之事不能干预。今喊夷咆哩等逗留琉球，应系该国王自行办理之事，伊不能管理等语。转咨到闽，经臣季芝昌檄饬藩司，咨行琉球国王世子查照各在案。兹据前情，臣等伏查琉球一国，势甚贫弱，与喊咭唎等国向无交涉事件，乃自喊咭唎夷人咆哩吟于道光廿六年四月间携带眷属前赴该国寄寓以后，至今七载，屡有兵船驶往滋扰，甚至直入王宫，肆行无忌，现复劝其皆教多方恐吓，意在必行。无怪该国王世子惊疑危惧，踞踏不安，该国仰沐天朝雨露，纳贡称臣，最为恭顺，今以喊咭唎夷人逗留不去，不惮险阻，遣使航海来闽告急，臣等如或以咆哩吟等在彼七载，不过虚词恫喝，无甚伎俩可施，即不为之上达，是该使臣徒劳跋涉，恐该国王世子疑虑更深，非所以仰体我皇上忧恤外藩有加无已之至意。

惟查向来内地查办喊咭唎国一切夷务，均系咨会。钦差大臣照会在粤夷酋转饬各夷遵照，现在驻粤之喊夷领事咆哩，虽前经两广督臣徐广缙等咨明专办五口通商之事，但该领事系为哎嘞接办该国公使事务，与各口领事不同，如不谕令经理，则此外更无可谕之人。臣等公同筹酌，自应仍咨两广督，臣查看情形，就近向该夷目咆哩相机开导，谕令将咆哩吟迅速撤回，以示怀柔而杜他衅，谨将琉球国王世子来咨，录呈御览。

谨奏奉硃批，另有旨，钦此。

（全宗：总理各国事务衙门，册名：英吉利案，馆藏号：01-02-001-03-029）

8. 命叶名琛等晓谕咪船勿停留琉球

咸丰四年四月二十日(公元 1854 年 5 月 17 日)

军机大臣　字寄

　　两广总督叶、广东巡抚柏,咸丰四年四月廿一日,奉上谕,许乃钊奏陈上海夷情等语。据吴健彰等所禀,有咪唎坚夷酋,因逆匪扰据沪城,海口商务亏损,该酋欲往镇江等处,察看贼情,并欲整顿商务,如督抚不准会晤,便缮具奏章,赍往天津投递等语。夷情叵测,当此贼氛不靖,难保不萌觊伺之心,已谕令怡良明白开导,并援照成案,令赴广东,听候钦差大臣查办。叶名琛于该夷到粤后,务当晓以大义,于抚慰外夷之中,仍当坚持定约,万不可听其别有干求,致生枝节。又据王懿德奏,接琉球国王世子来咨,以哶夷久羁该国,并勾引咪唎坚兵船到国,索取物件,并起厂收煤,强留该国夷众及中国人,与咱噷呤同居,多方骚扰等。哶夷羁留该国有年,迭经叶名琛劝谕在粤夷酋咨办,现尚在彼逗留,又有咪唎坚夷人勾引汉奸,藉端滋扰,若不谕令撤回,非所以示怀柔,着叶名琛即向该夷领事剀切晓谕,俾令将现在琉球滋事之船全行回国,勿致别生事端。将此由六百里加紧谕令知之,钦此。遵旨寄信前来。

　　(全宗:总理各国事务衙门,册名:英吉利案,馆藏号:01-02-001-04-009)

9. 琉球国王请谕知嘆酋勿令夷民居留该国

咸丰七年一月八日（公元 1857 年 2 月 2 日）

　　咸丰七年正月初八日，王懿德、庆端奏，窃臣等接据署福建布政使事监法道崇福详称，琉球国中山王世子尚泰咨开，查道光廿六年唎嚩哂国遣咱哆哠等二人到国淹留，种种滋扰，当经遣使咨请查办撤回。至廿八年，该国拨船接取所留唎夷回籍在案，迄于咸丰五年正月间，该国又遣嘫嚹、𠺕𠷎啰等二名，通事华人叶桂郎一名，到国佔住。嗣于九月廿七日有该国钦差全权大臣水师提督吽哊唶，坐驾兵船，率领属船二只，一齐到来。于十月十二日遣官在那移霸公馆相会，该提督带领兵役把馆围住，既而入座，将文书一道交官长展看，该官看讫，即向提督云："文内木料菜水暨舟引导、救难拯溺、卜地葬死、藏煤炭、借船只等类，犹属可允，至于借地借屋，不论暂住久留，听其自便等事，实系国禁，难以应允，祈为体谅。"该提督变色云："所开文书，乃系国王之命，必须领诺。"该官婉词云："敝国叨列天朝屏藩，世膺王爵，凡有国家大事，必请命天朝，方得遵行，乞赐宽日。"该提督大喝一声，左右兵役拔剑突入，执官将斩，该官自料守节就死，势必波及于国，暂为应允。呜呼！小邦被唎夷侵凌，其辱难以言尽。至十九日，该提督带同属船二只，连舻开去，现今所留唎夷嘫嚹等，藉他势力，擅自择地佔住，以为久留之计，倘不及蚤撤回，深恐日后唎船藉端生事。而国至颠连，至于留嘆夷唄呎噉，因染病症，携带眷属，搭船回去，然其临行之时，将书籍器具等件，封置寓所，尚未带去，若再来淹留，仍恐为祸不小。当经召集众官会议，众谓唎夷之强暴无忌，国家之倾危不远，倘不使所留唎夷及早回去，洎恐根深蒂固，难以摇动，至于嘆夷事同一律，宜应哀请天朝救援。伏惟敝国僻处海隅，城池不固，营兵无备，屡遭西夷凶暴，无力可防，非仗天朝德威，别无他策。统祈转详，据情题请皇猷勑谕钦差大臣两广总督，妥为查办。一面饬谕唎酋，迅拨船只，接取所留嘫嚹等回籍；一面饬谕嘆酋，停止遣人再留之举，则国家安静，宗社保全，举国皆戴皇恩。兹际贡船入闽，理合咨请等因，由司转详前来，查该唎夷嘫嚹等，日久淹留琉球，肆意凌扰，迄今不撤回国，已难测其居心。上年九月间，复有唎夷吽哊唶到球，强议借地借屋等事，凌辱该国夷官，迫胁允从，现在嘫嚹等擅自择地佔住，以为久留之计，其嘆夷前留在球之唄呎噉，复因患病回国，仍将书籍器具封置寓所，豫为病痊再来，以及换人接替地步。遂致该国王世子危懼惊疑，殷殷吁恳，既准咨请查办前来，飞咨钦差大臣两广督臣叶名琛，查看情形，相机开导，劝谕啡酋，迅拨船只，接回本国，嘆酋勿再遣人淹留球地，以免别生他衅，而示怀柔，并俟广东省查覆到日，即饬司备移琉球国王世子查照。

谨奏奉，硃批，览奏俱悉。钦此。

（全宗：总理各国事务衙门，册名：英吉利案，馆藏号：01-02-002-02-031）

10. 准闽督咨哖夷逗留琉球请就近分别劝谕各国嗣后船只勿再驶往并将嘞咶咽等迅速拨船接回又附给法国照会一件闽省原奏片一件

咸丰十一年七月二十六日（公元1861年8月31日）

钦命总理各国事务衙门清档

  传教士咶咽、咱哟嘞在琉球居住案

  咸丰十一年七月廿六日，江苏巡抚文称，案准闽浙总督咨称，咸丰十一年四月廿一日，在延平军营，附片具奏哖夷逗留琉球现经转咨劝令撤回一片，除俟奉到硃批另录咨明，并先抄片札饬福藩司查照抄片内事理移行遵办。仍俟江省咨覆到日，再行饬知，由司俻移琉球国王世子查照遵办，并移省会总局司道查照，暨咨两广督查照外，抄片咨请查照抄片内事理。希即就近分别劝谕各国使臣，谕令嗣后船只勿再驶往琉球，并将咱哟嘞、咶咽等迅速拨船接回，以敦和好。仍祈移覆，以便行司俻移琉球国王世子查照等因，查喃嘞船只既已开去，未便再给照会，所有现办照会法国大臣原文，并闽省原奏，相应抄录咨呈总理衙门，谨请查照，一体照会法国大臣，速饬接回。

  附给法国布使照会

  为照会事，案贵国马尔谷、许烈二人在琉球居住，经前钦差大臣何接据福建省来文，当即照会贵国公使，将吗咻哈、咶咽迅速接回，旋准贵国公使将吗咻哈接回，具见谊敦和好，欣佩之至。现接闽浙督部堂来文，据琉球国王世子文称，咶咽与复派之咱哟嘞仍住在彼，咨报到本署大臣，准此。查咶咽等在彼无可办之事，似应一并接回，相应照会贵大臣，烦请查照，希饬将咶咽、咱哟嘞二人一并接回，以符前案，而省旅用。仍祈将接回日期示复可也，须至照会者。

  附闽省原奏。

  再奴才等接据福建布政使裕铎称，准琉球国中山王世子尚泰咨开，喃嘞国夷船驶来琉球并哖夷逗留未回案，蒙转详奏咨妥为查办，感激无涯。今该喃夷船只未见再来，而前有言未必不来，至哖夷吗咻哈、咶咽等仍旧逗留，于咸丰十年九月十三日，有喰船一只到来，接取吗咻哈一名，即将哖夷咱哟嘞留国，翌日开洋而去。现今咱哟嘞与咶咽同居一室，未见回去，请乞转详分别查办，一则勿再驶往，一则拨船接回，兹际进贡入闽，俯咨查照等情。由司转详前来，奴才等伏查咸丰十年二月间，曾据琉球国王世子以喃囒国公使驾坐火轮船一只，于九年五月廿九日驶到琉球国，欲与琉球通商交易，当即答以寔难应允，该公使云，俟日后再来办理。即于六月初八日开船回去，并以哶国吗咪唦、咿唥等迄今逗留未回去等情，咨经福建藩司转详查办，即经奴才等移咨前钦差大臣两江督臣何查照。分别劝谕各该国，嗣后船只勿再驶往，并令哶国将吗咪唦、咿唥等迅速接回，当将等办缘由附片会奏，钦奉硃批："知道了，钦此。"恭录转行钦遵在案，兹哶国虽将吗咪唦一名接回，复派咱啲嘞与咿唥同住，现尚逗留琉球，既据该国王世子咨请藩司转详前来，自应照案准予查办。除飞咨署理钦差大臣办理各口通商事务江苏抚臣薛焕查照，分别劝令喃国船只勿再驶往琉球，并令哶国将咱啲嘞、咿唥迅速接回，以敦和好。仍俟薛焕咨覆到日，再行饬司俯移琉球国王世子知照，并移咨两广督臣查照外，奴才等谨合词附片具奏。

九月九日，给法国照会内称，本衙门据江苏巡抚薛咨呈内称，现在贵国人咿唥、咱啲嘞在琉球国居住，该国王世子移咨福建藩司，请由中国照会归大臣，速将咿唥、咱啲嘞二名接回贵国等因前来。本爵查琉球系我朝属国，该国地小，素称恭顺，今贵国咿唥、咱啲嘞在琉球居住，固系为传教起见，谅知并无他意，惟该国王世子既不愿咿唥等在该国久住，若不接回，似非贵国恤邻邦之至意。

（全宗：总理各国事务衙门，册名：法传教士在琉球居住案，馆藏号：01-12-147-01-001）

11. 台湾土番生啖琉球难民日本国欲向中国议论由

同治十二年三月二十七日（公元1873年4月23日）

三月十七日，北洋通商大臣李鸿章文称，据苏松太道沈秉成密禀，近阅新闻纸屡言台湾土民生啖琉球难民，日本欲向中国理论，兹将新闻纸汇录一折，恭呈宪鉴。此番副岛到沪，却未提及前事或到津开谈亦未可定。闻台湾熟番系归中国官管辖，尚有一种生番不隶中国版图，道光年间前任闽浙督院刘（编者按：当指闽浙总督刘韵珂）曾议开辟设官管教，旋经部议未准，如果生啖琉球难民事属情真，必系生番所为，查办殊多棘手，理合密禀附陈。又琉球难民被台湾人生啖一事，职道嘱陈令福勋与井田让闲谈时探问，据云此事外务省却曾议论如何办法，并未得悉，将来副岛换约事竣或向中国商办亦不可知等语。井田让及高尾恭治并李仙得三人，于十六晚坐山东轮船赴津，其派往广东之副领事林道三亦于十六日坐英公司轮船赴香港，刻下留沪者仍系品川忠道及神代延长，两人合并附陈等情到本大臣据此项。又据大沽口委员禀报日本公使于三月廿三日到口，廿四日搭小米轮船赴津，除俟晤副岛后，有无辩论情形，随时咨达外相，应抄折咨明，为此合咨贵衙门，请烦查核施行。

照录清折。

照录苏松太道摘录翻译新闻纸。

计开。

三月初四日。

《横滨新报》：现日本与中国为台湾土民生啖琉球难民一案，殊有关涉，日本之通商大臣名梭依支麻业于前礼拜三早乘立乳干兵船，并带干拔两支特赴中国，意欲专请中国朝廷惩办台湾土民，因琉球遭难水手上岸被土民擒杀生啖其肉。按琉球海屿向属日本萨峒马诸侯，今萨峒马派之人势甚强悍，闻知此事，痛恨切齿，立欲报复并起兵赴萨峒马诸侯，力请曰：中国若不自行惩办，则请与师前往攻伐云云。

初五日。

昨日所印日本新报云，日本兵船将到中国理论台湾土民案件，恰好其船昨日抵沪，计干拔二只，一名黎约左干停泊与辖摩士英兵船相近，一名诸巴干停泊与法国公司船相近,所有要办公事尚未提及。

十三日。

近来观日本国举动,使俺洋人急欲知琉球国事情,即如日本为琉球难民被台湾生番宰食,特遣使臣至中国,欲请查办,此事殊令人可疑。按琉球之责,成中国与日本似含混难以辨别,何也台湾之中国官不能约束属民究与日本何涉,必欲向中国理论,旁观者能无疑乎？本馆留心此事,亦欲观将来如何了结之处,鄙见以中国尽可推开日本,不与干涉,指明琉球国自数百年来凡过嗣王即位,皆由中国朝廷特派钦差前往封王,是琉球为中国附庸,凡事无须外人干预,明矣。然日本必执一说曰,琉球海岛将近二百年前,被萨峒马诸侯破城降服,嗣后凡日本新主即位及琉球更易新王,该国王必遣使至江户京城禀报朝贺,是琉球为日本所属,倚以为主,明矣。查琉球与日本关涉一节,近来砂多洋人曾在香港广闻局将其详细说明,砂多一向讲求日本故事,每每传至外国新闻馆登报,所论确有可凭。据称琉球国于四五百年前,始与外国往来,至与日本来往,系在洋一千四百五十一年间,其时琉球某员自运铜钱一千串进贡日本,日本昔原少铸铜钱,所用之中国永乐钱系以沙金至中国找换,故琉球以铜钱进贡大为喜悦领受,自是琉球人始至日本贸易云云。复查一千八百六十六年之广闻局书籍内有维廉士(即美国驻京公使之忝暨)所著一篇论文及琉球与中国关系云,琉球国王赛多者于前明洪武初即进贡中国,至洋一千四百年即永乐年间中国始定例派使臣至琉球国封王。由此观之,琉球王受中国勅封较之进贡日本,已在前五十年。此后二百年间,琉球大臣名查纳者,欲要中国恩典,因力劝其国王不要与日本往来,甚至萨峒马派人至琉球询问,使者且被斥辱,于是萨峒马诸侯请国王下令兴师问罪,此事据砂多所言,系在一千六百九年间,破其要城,掳其国王觧回日本之格歌西麻。自此琉球降服萨峒马,非特历代新主即位遣使至江户京城禀报,且蒙受封。事虽如此,而中国之贡款,琉球仍不敢缺。以上维廉士所著一篇,系在同治四年琉球贡使进京时所著,而砂多之说,系因去年琉球使臣曾到日本京城朝贺美格多登位所著。以本馆论之,中国要推却日本之请,其理甚足。然究其实,琉球明系二百五十年前为日本攻服,已受日本节制,若论琉球与中国关涉,不过徒有虚名,彼盖念中国上国天子前蒙教化尊之敬之而已。惟琉球贡使至中国,叩首行礼,皇上受之,其带来贡礼则另有别礼物转送,万一此后贡礼不来,不知中国能遣使赴琉球责问否？果尔在琉球不过少一处通商,余亦无损。总而言之,中国只有一策可以推却,日本如云琉球属日本亦属中国,台湾土番得罪琉球,日本不必过问,中国自当保护。上谕一面着福建督抚如何严行惩办,该省督抚一面奏复如何严办,通体以严办空言传布就可了事,否则若听日本所请,彼定要究问底细,中国如何办法。似此不认真办,无以使土番畏惧,要认真办非重兵糜饷不能了结,鄙见如此,阅新闻者未谂河汉斯言否耶?

(全宗:总理各国事务衙门,册名:立约、修约、换约,馆藏号:01－21－052－02－028)

12. 函述台湾土番生啖琉球难民由

南洋通商大臣李宗羲
同治十二年三月三十日（公元1873年4月26日）

三月三十日南洋通商大臣李宗羲函称，上海沈道来禀近阅新闻纸屡言台湾土民生啖琉球难民，日本欲向中国理论，兹将新闻汇录一折呈览。此次副岛到沪却未提及闻台湾有一种生番不隶中国版图。道光年间闽浙督院曾议开辟设官管教，部议未准。如生啖琉球难民实系生番所为，则查办殊多棘手。又禀此事已嘱陈令福勋与井田让闲谈时探问。据云此事外务省却曾议论，至如何办法并未得悉。将来副岛换约事竣，或向中国商办亦未可知各等情。查台湾生番伤害琉球难民，事所或有，何以日本代为商办？然新闻纸既有是言，或副岛于换约后顺便一提亦属意中之事。兹将该道所送新闻一折录呈即希赐览，肃此。

照录清折。
谨将江海关沈道译送新闻纸照录谨呈钧鉴。
三月初四日。
《横滨新报》：现日本与中国为台湾土民生啖琉球难民一案，殊有关涉。日本之通商大臣名梭依支麻业于前礼拜三早乘立乳干兵船，并带干拨两支特赴中国意欲专请中国朝廷惩办台湾土民。因琉球遭难水手上岸被土民擒杀生啖其肉。按琉球海屿向属日本萨峒马诸侯，今萨峒马派之人势甚强悍，闻知此事痛恨切齿，立欲报复，并起兵赴萨峒马，诸侯力请曰：中国若不自行惩办则请与师前往攻伐云云。

初五日。
昨日所印《日本新报》云，日本兵船将到中国理论台湾土民案件，恰好其船昨日抵沪。计干拨二支，一名黎约左干停泊与辖摩士英兵船相近，一名诸已干停泊与法国公司船相近，所有要办公事尚未提及。

十三日。
近来观日本国举动，使俺洋人急欲知琉球国事情，即如日本为琉球难民被台湾土番宰食，特遣使臣至中国欲请查办此事，殊令人可疑。按琉球之责，成中国与日本含混难以辨别,何也?台湾之中国官不能约束属民,究与日本何涉?必与向中国理论旁观者能无疑乎?本馆留心此事亦欲观将来如何了结之处。鄙见以为中国尽可推开日本不与干涉,指明琉球国自数百年来,凡遇嗣王即位,皆由中国朝廷特派钦差前往封王,是琉球为中国附庸,凡事无须外人干预,明矣。然日本必执一说,曰琉球海岛将近二百年前被萨峒马诸侯破城降服,嗣后凡日本新主即位及琉球更易新王,该国王必遣使至江户京城禀报朝贺,是琉球为日本所属倚以为王明矣。查琉球与日本关涉一节,近来砂多洋人曾在香港广闻局将其详细说明。砂多一向讲求日本故事,每每传至外国新闻馆登报,所论确有可凭。据称琉球国于四五百年前始与外国往来,至与日本国来往系在洋一千四百五十一年间,其时琉球某员运铜钱一千串进贡日本,日本昔原少铸铜钱,所用之中国永乐钱系以沙金至中国找换,故琉球以铜钱进贡大为喜悦领受,自是琉球人始至日本贸易云云。复查一千八百六十六年之广闻局书籍内有维廉士(即美国驻京公使之参赞)所著一篇论及琉球与中国关系云,琉球国王赛多者于前明洪武初即进贡中国,至洋一千四百年即永乐年间,中国始定例派使臣至琉球国封王。由此观之,琉球王受中国勅封较之进贡日本已在前五十年,此后二百年间,琉球大臣名查纳者欲要中国恩典因力劝其国王不要与日本往来,甚至萨峒马派人至琉球询问使者且被斥辱,于是萨峒马诸侯请国王下令兴师问罪。此事据砂多所言,系在一千六百九年间,破其要城,掳其国王,鲜回日本之格哥西麻。自此琉球降复萨峒马,非特历代新王即位遣使至江户京城禀报且蒙受封事。虽如此而中国之贡款琉球仍不敢缺,以上维廉士所著一篇,系在同治四年琉球贡使进京时所著,而砂多之说系因去年琉球使臣曾到日本京城朝贺美格多登位所著。以本馆论之,中国要推却日本之请,其理甚足。然究其实,琉球明系二百五十年前为日本攻服,已受日本节制,若论琉球与中国关涉不过徒有虚名。彼盖念中国上国天子前蒙教化尊之敬之而已。惟琉球贡使至中国叩首行礼。

皇上受之其带来贡礼,则另有别礼物转送。万一此后贡礼不来,不如中国能遣使赴琉球责问否?果尔在琉球不过少一处通商,余亦无损。总而言之,中国只有一策可以推却日本,如云琉球属日本亦属中国,台湾土番得罪琉球日本不必过问,中国自当保护。

上谕一面着福建(督抚)如何严行惩办该省(督抚),亦一面奏覆如何严办,通体以严办空言传布就可了事。否则若听日本所请,彼定要究问底细,中国如何办法似此不认真办无以使土番畏惧,要认真办非重兵縻饷不能了结。鄙见如此,阅新闻者未念河汉斯言否耶?

（全宗：总理各国事务衙门,册名：立约、修约、换约,馆藏号：01-21-052-02-033）

13. 函述新闻纸内有台湾土民生啖琉球难民由

同治十二年三月三十日（公元 1873 年 4 月 26 日）

三月三十日，上海道沈秉成函称，惟阅上海新闻纸屡言台湾土民烹食琉球难民，日本欲向中国理论，副岛在沪并未提及一语，当经密嘱陈令福勋与总领事井田让闲谈时探问。据称此事外务省却曾议论究竟如何办法，并未得悉。将来副岛换约事竣或向中国商办亦未可定等语。闻台湾熟番系由中国官管束，尚有一种生番不隶中国版图，道光年间，前任闽浙督院刘曾议开辟辟设官管教，旋经部议，未准。如果烹害琉球难民事属情真，必系生番所为，查办恐多棘手，谨将新闻纸录呈台览，顺请，勋安。

清折详见三月三十日南洋通商大臣李宗羲函。

（全宗：总理各国事务衙门，册名：立约、修约、换约，馆藏号：01－21－052－02－036）

14. 函述牡丹社生番残杀琉球人一案该国备银酬谢民人杨友旺又闻日本使藉案来饶舌由

同治十二年五月五日（公元1873年5月29日）

五月初五日，闽浙总督李鹤年函称，琉球民人岛袋等六十九人于同治十年十月廿九日，由该国太平山岛驾船往中山府纳贡遇飓船覆，淹毙三人，尚余六十六人凫水登山，误入台湾凤山县属牡丹社生番地界，被杀五十四人。惟岛袋等十二人经保力社民人杨友旺救出，送交台湾县护送至省，每名给银四两附搭回国。经星岩将军奏奉谕旨，着该督抚饬令该镇道等认真查办以示怀柔等因，钦此，续据琉球贡使向德裕等称，奉该国王面谕，岛袋等十二人蒙恩救出，现已回国，曷胜感激，谨备银三百元，请转给杨友旺等以为酬劳等因到闽。现据署台湾道夏献纶详称，牡丹社生番戕杀琉球人一案，已遵旨派委前台防同知游熙等前往查办等情。鹤年等查生番围杀琉球难民，情殊可恶，自应认真查办以警凶顽。惟琉球国王感激怀柔之德，甚至奉银酬谢，其必不别生枝节可想而知。现闻日本使臣将借琉民被害一案，向贵署饶舌未知确否，用敢先叙原委奉达，以备杜其藉口，恭肃敬请，勋安。

（全宗：总理各国事务衙门，册名：立约、修约、换约，馆藏号：01-21-052-02-048）

15. 函复生番残害琉球一案及日本使臣等情由

同治十二年五月十二日（公元 1873 年 6 月 6 日）

五月十二日，致闽浙总督李鹤年函称，三月初五日寄去（闽建）字（八七）十（八七）号密函，谅已达览，兹于五月初五日接到公函，阅悉牡丹社生番戕杀琉球难民之案，现闻日本使臣欲借此来署饶舌，细译原委，备详种切，查此案前据南洋大臣译送洋人新闻纸内曾有此说，所言该使臣不干己事，欲借端饶舌多生枝节等情，与来函所述大致相同，刻下该使换约事毕，由津到京尚有求觐未遂，各事想诡谲多端，一时未获思逞，俟其稍露端倪再行折办，并函达阁下，专此布覆，顺颂勋祉。

同日致福建巡抚王凯泰函同上。

（全宗：总理各国事务衙门，册名：立约、修约、换约，馆藏号：01 - 21 - 052 - 02 - 050）

16. 咨据台湾府禀详述生番杀害琉球难民详细情形由

同治十二年六月二十九日（公元 1873 年 7 月 23 日）

六月廿九日北洋通商大臣李鸿章文称，同治十二年六月廿六日接据福建台湾府周懋琦六月初五日由轮船转递禀称，五月廿三日接奉廿三日赐，复仰蒙垂询生番杀害琉球难民一案。缘同治十年十一月间有琉球国大平山民岛袋等遭风漂至台湾山后，误入生番牡丹社被杀弃尸者五十四人，尚余十二人逃至保力庄，经粤人杨友旺等收留得生。时该县令孙继祖访闻其事，即派丁役提送到县，妥为安抚，一面照例通报。即蒙院宪据情入奏，并札饬镇道府，转饬该县查办。旋将岛袋等十二人交该国贡船，带回。该难民回国后，寄番银三百元酬谢救护之杨友旺等，由该国使臣附寄到闽缴由福防同知，申解前来，当即由府发交该县转给，承领在案，此琉球难民遭风一案先后办理之情形也。嗣阅新闻纸有日本人欲因此事报复之说，查琵球世守外藩，极为恭顺，此次该国商民招风漂至后山被戕五十四人之多，不能诿诸界外不为查办，然与日本固不相涉也，况被难之人方且感恩酬谢，而日本忽有执词报复之举，殊非恒情所有。懋琦再四揣度查有前驻厦门美国领事李让礼曾屡次来台，亲入内山交结生番头目，并送以各种礼物，意极叵测，后闻李让礼为日本所用，授为参赞大臣，新闻纸所称理壇地或其改名，此事或即李让礼从中挑唆，欲借端生事，未可知也。本年四月闻又有日本人孔龙者，闻为此事而来，在台北之沪口登陆，直至南路并不停留，经回厦门，行踪极为飘忽，不见有所动作，但闻有七八月再来之说，不知确否。惟此案本奉有认真查办，批旨该县日久办无头绪。本年夏，道到任后，复委令前台防同知游熙前赴凤山，会同营县设法办理，讵生番各社因其总头目卓杞笃自受洋人礼物并照像之后不久，兄弟二人皆暴疾身亡，番人谓其物为不祥，又疑其有厌禳邪术，各怀愤恨，有此后遇洋人必杀之说。因之各社戒严，并向通往来之汉人亦不能入社游。丞等查办月余，无从措手，此续经委员查办未能得手之情形也。懋琦伏查后山，现尚未归官。经理生番岩居穴处，形同鸟兽，不识不知，性复嗜杀，约束固属为难，焚剿又属无味，惟后山一带地土旷阔，亘古未经开辟，林木参天密无隙缝，是为外人所垂涎。近年熟番庄社已有教士前往设堂行教，惟尚未能迳入生番之中，其以渐诱惑并动以利，皆所不免。此事是为台地隐患。现与领事商明,游历商民不可轻至该处,至地方官无从保护,额领事已允许照内填明。然该社在后山卑南觅界,距凤山县辖境几百数十里旱路尚难通行,惟有督同厅县随时防范,免致续生事端而已。日昨又有日本人利八等四名招风到后山,经查办前案委员会县迅速遣人由海道前往,将其救获护到县,幸未被戕,现谕令留县妥为抚恤,俟有轮船到旗后,搭送赴省交领事设法搭载回国。至琉球人前被生番戕害弃尸于野,则有之生啖其肉,则并无其事也。此外,台地通商事件近颇平顺,足纾廑注所有琉球招风难民被牡丹社生番戕害叠次查办情形,肃陈钧鉴等情到本大臣,据此查前据苏松太道沈秉成禀称,近阅新闻纸屡言,台湾生番生啖琉球难民,日本欲向中国理论等情,当于三月廿五日转咨贵衙门查核,并一面函致台湾府密速查复去后,兹据前情相应密咨,为此合咨贵衙门,谨请查核。

（全宗：总理各国事务衙门，册名：立约、修约、换约，馆藏号：01-21-052-02-064）

17. 中日北京专约

同治十三年九月二十二日（公元：1874年10月31日）

同治条约第廿二。

十三年，日本明治七年即西历一千八百七十四年，中日北京专约。

总理衙门奏台湾一案与日本议定条款折。

专约三条。

总理衙门奏台湾一案与日本议定条款折，同治十三年九月廿二日。

奏为日本国兵扰台湾番社一案。谨将近日辩论情形并与该国使臣议定结案条款，恭折具陈仰祈圣鉴事。臣等于本月初十日具奏，日本国续派使臣来京与臣等屡次晤论台湾番社用兵一事，未有端倪将大概情形密陈一折钦奏。

硃批：知道了，钦此。查日本使臣大久保利通自九日初二日呈递照会执意狡辩，谓数日间如无办法即欲回国。经臣等照覆驳辩，并因该使臣照会中有两便办法等语。另函告以如真欲求两便办法，自可详细熟商。去后旋经该使臣函订日期面议，至期臣等与之会晤欲由中国开议。臣等以该使臣照会有两便办法应由该国先说，两便办法彼此推迫至再至三，该使臣不觉真情流露，谓日本初意本以生番为无主野蛮，要一意办到底。因中国指为属地欲行自办，日本若照前办去非和好之道，拟将本国兵撤回由中国自行办理。惟日本国民心兵心难以压服，必须得有名目方可退兵，该国于此事费尽财力，欲台番偿给，台番无此力量。中国如何？今日本兵不致空手而回等语。先是日本中将西乡从道在台与藩司潘霨面议，即有索偿费用之说。自该国驻京使臣柳原前光到京，臣等屡与剀切开论。该使臣亦有使日本不致徒劳之请，虽未明言意亦犹是。迨闻日本续派大久保利通前来，各新闻纸每以该使臣此来必欲索兵费四百万两方能退兵，否则以兵扰中国各海口，或径攻天津等词，无稽游谈不可枚举。臣等惟期理折力争从不稍与迁就，至大久保利通到津时，曾经美副领事毕德格向李鸿章密陈，该使臣来意甚不平和，必须由中国先给照会，准与查办将该国所谓属民被害之处量加抚恤，随后再相机开导。经李鸿章录述毕德格所议密致臣等备酌，至该使臣到京则以中国政教施于番境者若何为问。千回百折至此乃吐出真款。臣等当以兵费一层关系体制，万万无此办法，与两便之说亦毫不相符。该使臣则谓非此不能告其本国退兵。旋又问中国所谓两便办法若何，遂告以中国敦念和好只能不责日本此举不是，该国兵退之后由中国自行查办其被害之人酌量抚恤。该使臣仍执兵费为词，臣等亦即决绝驳之。越日函询晤期，则复以该使臣所拟办法有碍难之处并与定期再议。该使臣届期来署面加晓谕，始据称中国碍难之处已经会意，而于抚恤必欲问明数目。臣等告以必须日本退兵方为查办，又恐其误会以抚恤代兵费之名，当告以中国实在只能办到抚恤，并非以此代兵费之名。复将前议中国自行查办各节撮要示之，谓只能就此结案。该使臣请于此外给予另单叙入抚恤银数，要求甚坚，并订于一二日内示知确音而去。臣等不知该使臣所欲若何，因令该国书记官郑永宁来署问话，诘问实情。及该书记来署不待评诘，即谓该使臣之意须索洋银五百万元。至少亦非银二百万两不能再减，当经驳覆如前。该使臣于十五日赴臣衙门相晤，仍切切于允给银数而所言皆指费用，殆已觑破抚恤二字之不能取盈矣。臣等严切回复。该使臣临行谓议无成绪即欲回国，仍归到台番为无主野蛮，日本一意要办到底。臣等仍谓台番是中国地方应由中国自主，彼此不合而散。自大久保利通到京以来该国驻京使臣柳原前光于议台事则同在座中旁参其说，遇议台事不合则必于次日呈递照会，或来署面谕专以觐见为辞。此次大久保利通议谕不合之次日，该使臣复诣臣衙门以不准请觐为拒绝来使即欲与大久保利通一同回国。嗣又据两使臣各递照会皆作决裂之辞，其意由前之说为日本永踞台番境地张本，由后之说为日后称兵有名扰我海口张本。臣等一切听之任其去留。诚以该国贪狡无厌，其欲万不能偿。虽就抚恤办理而为数过多，是无兵费之名而有兵费之实，亦无从通融迁就也。是役也，沈葆桢以联外交为要义，李鸿章于法国使臣热福理由津来京亦经面加抚论。该使臣有愿从中调停之说，上海道沈秉成呈寄沪上官绅所上刍言，亦以邀请各国使臣评论曲直为计。而英国使臣威妥玛尤于此事始终关说，意欲居间。臣等亦曾将与日本来往文信通行抄录照会各国使臣，与之委蛇虚与，在若离若即之间。即使各使臣欲为调停，亦系彼国所求而非出自中国之意。十六、十七等日，日本两使臣已悻悻然作登车之计。威妥玛来臣衙门初亦关切，继为恫喝之词，并谓日本所欲二百万两数并不多，非此不能了局。臣等一以镇静处之，直至威妥玛辞去时，坚欲问中国允给之数。臣等权衡利害轻重，揆其情势迫切，若不稍与转机不独日本铤而走险事在意中。在我武备未有把握，随在堪虞，且令威妥玛无颜而去转足坚彼之援，益我之敌。遂告以中国既允抚恤只能实办抚恤，即使加优数不能逾十万两,该国于此事轻举妄动,现时无以回国自亦实在苦情,中国不乘人之急,再允该国在番社所有修道建房等件留为中国之用,给银四十万两共不得逾五十万两之数,愿否听之。威妥玛旋至该使臣寓所议论许久,复称抚恤等费数目日本使臣业经应允,嗣经议立结案办法三条,另立付银凭单一纸。该使臣欲付银后退兵,臣等则必须退兵后付银,往返相持。又经威妥玛居间,始得议就。言明先付抚恤银十万两,其余修道建房等件银四十万两定于十一月十二日,即日本国十二月廿日日本兵全数退回,中国银两全数付给。并声明该国兵如不全退,中国银两亦不全给。奏明后彼此画押各执一纸凭单,于本月廿一日定议。伏查此案实由日本背盟兴师,如果各海疆武备均有足恃,事无待于论辩,势无虞乎决裂。今则明知彼之理曲而苦于我之备虚,自台事起屡经购买铁甲船尚无成局,沈葆桢所谓兵端未开宜防而未宜阻。李鸿章谓闽省设防非必欲与用武亦皆为统筹,目前大局不能不姑示羁縻。且就日本一面设想,自该国言江藤新平之乱虽就招抚而乱民众多无可安插,新闻纸中屡谓该国欲将此项人众安置台番境内,是以该使臣每以兵民难服为词,此中实有难言之隐。今如一无所得措置良难,若此辈留存中国边境,患亦不可胜言然。如该使臣原意要求各情,或有关国体,或其名则非而其实则是,亦不能因此通融,致有莫追之悔。既经英国使臣威妥玛从中说合,而所给抚恤银数尚能就我范围不得不就此定议完案,而在我自强之计益不可一日缓矣。所有臣等议办台事情形谨缮折密陈,并将结案办法三条及凭单一件抄录恭陈

御览。是否有当,伏乞
皇上圣鉴训示。谨奏
  同治十三年九月廿二日奉
硃批:依议。钦此。

中日北京专条
大清钦命总理各国事务 理藩院右侍郎成
         工部尚书崇
         户部尚书董
         军机大臣协办大学士吏部尚书宝
         和硕恭亲王
         军机大臣大学士管理工部事务文

吏部尚书毛
　　军机大臣兵部尚书沈
　　头品顶戴兵部左侍郎崇
　　三品顶戴通政使司副使夏
大日本全权办理大臣参议兼内务卿大久保

为会议条款互立办法文据事。照得各国人民有应保护不致受害之处,应由各国自行设法保全,如在何国有事应由何国自行查办。兹以台湾生番曾将日本国属民等妄为加害,日本国本意惟该番是问,遂遣兵往彼向该生番等诘责。今与中国议明退兵并善后办法开列三条于后：

一、日本国此次所办原为保民义举起见中国不指以为不是。

二、前次所有遇害难民之家,中国定给抚恤银两。日本所有在该处修道建房等件,中国愿留自用,先行议定筹备银两别有议办之据。

三、所有此事两国一切来往公文,彼此撤回注销,永为罢论。至于该处生番中国自宜设法妥为约束,以期永保航客不能再受凶害。

同治十三年九月廿二日

明治七年十月三十一日

(全宗：总理各国事务衙门,册名：中日北京条约,馆藏号：01－21－063－05－002)

18. 出使日本国大臣何如璋等致总理衙门函

光绪七年九月六日（公元 1881 年 10 月 28 日）

九月初六日。出使日本国大臣何如璋等函称，本月初八日肃呈第一百四十号函，当邀垂鉴。十六日奉到堂宪本字第五十八号赐谕，又奉到中俄新约一件。敬谨一一读尽。日本国皇北巡，于本日回銮。开拓使官物一事，闻俟国主归后，再行决议。现在萨长肥各参议皆树党相争，将来胜负所在，朝局当或有变迁。据所传闻，均谓此案大有关系云。琉球一案，经详前函，是否有当，敬候指示办理。朝鲜外交利害，前洪英植归国时，谓当归告政府，详陈一切。计洪英植此时到国未久，其政府能否乐从，俟有来函即当驰达。如果美国总兵官书斐路一时尚无必去之意，朝鲜年来举动稍觉奋发自新。俟其闻见日开，谅将来终可收效。前次日人在九浦扰骚一案，续闻东莱府拿九浦土人共十五名，分别责罚。日本小民亦由领事责伤彼此均已了案矣。另承钞示曾大臣往来电信二件读悉，谨当密存，不敢露浅。肃此，敬乞代回堂宪察核为祷。敬请，勋安。

（全宗：总理各国事务衙门，册名：朝鲜档，馆藏号：01-25-006-01-011）

19. 探悉球王离国抵东京情形

北洋大臣

光绪五年五月十日（公元1879年6月29日）

钦命总理各国事务衙门　　　　是字一百廿五　号

北洋大臣文一件　探悉球王离国抵东京情形由

二品顶戴顺天府正堂周

军机大臣户部左堂王

头品顶戴都察院左都御史崇

军机大臣户部正堂景

军机大臣大学士管理吏部事务宝

和硕恭亲王

军机大臣协办大学士兵部□堂沈

户部正堂董

吏部右堂成

兵部左堂郭

二品顶戴太仆寺正堂夏

光绪五年五月初十日

钦差大臣办理□□□□□□□□□□□□□□□□□□□□□□□等为

咨会事。五月初六日，据江海关道刘瑞芬禀称，顷接租界委员陈令福勋禀称日本已派兵舶逼胁琉球王离国。四月中旬行抵日本苦卑地方（似即兵库），深夜始行登岸，侨寓旅馆。次日黎明迁居相近之苏华耶马茶亭。廿一日乘轮船前赴横滨。此行仅带琉人百名，刻下当至东京，且沿途防闲极为严密，除随侍外，余人概禁窥伺。球王登舱面四周均蔽以帐，不容人见等情。据此除再饬探续后情形另报外，理合禀请查核等情。到本大臣据此相应咨会贵衙门。请烦查照，须至咨者

右　　咨

钦命总理各国事务衙门

光绪五年五月初八日

（全宗：总理各国事务衙门，册名：琉球档，馆藏号：01-34-009-01-001）

20. 日本各参议皆树党相争与将来朝局大有关系；
琉球案件请指示以便办理；
朝鲜年来稍觉奋发自新谅将来终可收效

出使日本国大臣何如璋等

光绪七年九月六日（公元 1881 年 10 月 28 日）

九月初六日，出使日本国大臣何如璋等函称：本月初八日肃呈第一百四十号函，当邀垂鉴。十六日奉到堂宪本字第五十八号赐谕，又奉到中俄新约一件，敬谨一一读悉。日本国皇北巡，于本日回銮，开拓使官物一事，闻俟国主归后，再行决议。现在萨长肥各参议皆树党相争，将来胜负所在，朝局当或有变迁。据所传闻，均谓此案大有关系云。琉球一案，经详前函，是否有当，敬候指示办理。朝鲜外交利害，前洪英植归国时，谓当归告政府，详陈一切。计洪英植此时到国未久，其政府能否乐促，俟有来函即当驰达。如果美国总兵官书斐路一时尚无必去之意，朝鲜年来举动稍觉奋发自新，俟其闻见日开，谅将来终可收效。前次日人在九浦扰骚一案，续闻东莱府拿九浦土人共十五名，分别责罚。日本小民亦由领事责饬彼此均已了案矣。另承钞示曾大臣往来电信二件读悉，谨当密存，不敢露浅。肃此，敬乞代回堂宪察核为祷。敬请，勋安。

（全宗：总理各国事务衙门，册名：朝鲜档，馆藏号：01 - 34 - 009 - 01 - 011）

21. 函述球案情形

出使日本大臣何如璋；出使日本大臣张斯桂
光绪七年二月十八日（公元1881年3月17日）

钦命总理各国事务衙门薄字　二百三十一号
出使日本大臣（何张）致总办信一件　函述球案情形
礼部右侍郎崇
都察院左都御史麟
军机大臣户部正堂景
军机大臣大学士管理兵部事务左
和硕恭亲王
军机大臣大学士管理吏部事务宝
前吏部正堂毛
军机大臣兵部正堂李
军机大臣户部左堂王
二品顶戴宗人府丞堂夏
光绪七年二月十八日

敬启者。本月初十日肃呈第一百十五号缄当邀垂鉴伊犁一案，屡见泰西来电知既妥结，惟未闻其详。近闻帖克斯川一带还我，删除西汉通商，废去松花江行船，而再加偿款四百万鲁布。此案得如此结局，犹足张国体而弥戎心，欣慰之至。俄船之来太平洋者，闻饬令铁甲名米宁、巡罗船名止者、名来斯波尼斯克共三号编入地中海兵队，不日启程，其余未闻。四国之命殆将久驻太平洋一带也。中国因此事调兵设险，军威较壮，似仍当设法筹饷以□其后，今日形势不能闭关，即不能解甲势有必然也。日本近悉中俄之事既了，甚为心怯。新闻纸皆言中国既集兵力，恐将并力东向，闾巷传说更滋惊惧。宫本书记计二月间乃能抵京，此人在外务为四等官（外务卿之次为大辅，大辅之次为少辅，少辅之次乃书记官也）。外务官员中彼稍通汉学，寻常交涉之事多派彼来与参赞商议。此次彼抵京后不知作何议论。唯从前台湾一役遣大久保利通来华官为参议兼内务卿，盖彼国特予重权使决和战者。宫本官小不足胜决议和战之任，必系仍申前议，抑或别有主意和盘托出也。宍户归而宫本来，其情虚可想，宍户之催归，无非百端要挟冀我允从耳。

钧属曾不挽留彼亦出其不意，是以又派人来。待其到日接谈之际，自可见其至隐现。又闻在京之井上毅暂留烟台等处不归，宍户所有来文皆系井上毅主稿，此间亦有议具过激者。查宍户来文无理取闹多不近情，彼谓议论球案不知何衙门。查泰西通例外务与他国商议多有经国会经内阁而后定者，即（如璋）与日本议球案先在外务，后谓由内务主持，后又谓由太政官（即如我之内阁）主持。今宍户为外务公使，而井上毅即太政之书记官也。彼身蹈之而持以责人，诚为无理。又况彼此所议犹未画押盖印者乎。日本自派金刚舰后，未闻别有举动。彼国米价贵而楮币轻，甚恐有事。惟自去年来凡百官省皆力行节俭，独养兵一节以有事未能裁减。前见其陆军卿大山岩告谕陆军之文，谓必俟中俄中东两事结局之后乃能减兵。彼于球案意欲速了，盖其国势然也。余俟续探，随时驰报，肃此，布臆。

敬乞

代回

正月十一日申刻寄呈电报钞请

查核

又探悉金刚号先往上海，次到烟台，船中有外务书记宫本小一将由烟台陆路上京，想因由使归国派来续议球案，十一日报

又正月十四日申刻寄电并钞呈　查核

金刚号来专送宫本，此间知中俄事了，朝野殊为惊惧。余如常十四日报

堂宪察核是祷。敬请

勋安（何如璋张斯桂）谨启（正月十七日第一百十六号）

（全宗：总理各国事务衙门，册名：琉球档，馆藏号：01-34-009-01-002）

22. 函述宍户使回国议论球案情形

出使日本大臣何如璋

光绪七年三月二十三日（公元1881年4月21日）

钦命总理各国事务衙门　夙　字三百五十三号
出使日本大臣何致总办信一件　函述宍户使回国议论球案情形
礼部右堂崇
都察院左都御史麟
军机大臣户部正堂景
军机大臣大学士管理兵部事务左
和硕恭亲王
军机大臣大学士管理吏部事务宝
前吏部正堂毛
军机大臣兵部正堂李
军机大臣户部左堂王
二品顶戴宗人府丞堂夏
光绪七年三月廿三日

敬启者上月三十日肃陈第一百廿一号函当邀
垂鉴。此间近日别无动静，惟有一新刻名自由新闻者内称球案久无闻项，友人传说近有海陆军将官某上书政府谓可以一战，而大臣岩仓具视及参议大隈重信、伊藤博文皆以府库空虚坚执主战不利之说，驳斥不听云云。未审果有此事否也。本月初一日奉到堂宪本字五十二号赐谕，并钞单二件敬谨读悉，外有文书二函承命一交宍户公使，一交外务省。查钧署前次照覆宍使之文，内云一俟奉有谕旨，如何办理自当即行照会。现已钦奉上谕，恭录知照原系正办。惟宍户今日既离北京，即非公使。彼自回国覆命后，不复到外务办事，眷属近亦东归。顷者外间传闻谓将改任东京府知事，是宍户使职经已解任，田边太一所云宍户不能再办此事，亦属实情。所奉大文，彼既不能接收，自可无庸交去。至转达外务之文，日本外务之事系卿一人专政，现外务卿井上馨病假赴东海道,一时亦尚未交。(如璋)伏查各国通行常例,邻交诸事原归外务,然至于争地争城事关军国,则必须枢府之平章议院之公议,不必专与外务关涉也。琉球一案,彼国办法系由内阁指挥,故宍户商办此案有太政书记官从中主持。自去年六月宍户奉命以来,彼此商议皆专属使臣不关外务,今行文外务恐其以不与此事藉口推辞,以狡赖无耻之人承要盟不遂之后,设竟却而不受抑或受而不答,恐于事体殊不好看。又查地球诸国交邻通义,凡所商议未经画押盖印,即不算为定约。宍户之将归也,多方催迫,谓我欺诳不过,趁中俄事亟乘机要盟,借辞鼓弄耳。及至悻悻而去,我不挽留,彼族详叙始末作为论说,终不敢以废约为言,即东西新闻纸议论此事亦并无一人以弃盟见责。良以未经画押盖印故也。当时钧署照会宍使有俟。奉谕旨即行知照之文。乃彼于旬日之间迫不能待,言辞悖慢无礼已甚,是弃好败盟,曲固在彼,而我犹含容善待,所以宽假之者至矣。今又复俯就与商,将虑长其狂傲之心、嚣凌之气,非惟无益且惧有损。要之彼国自宍户辞归,宫本罢遣,内情惊惧、外论纷纭。政府诸君尚无定议,即彼欲弥缝妥结,急切亦碍难转湾。现在彼国公议,有责井上毅以躁妄者,亦有责宍户玑以冒昧者,并有谓彼国无礼应遣员以谢中国者(此论上海《字林报》曾经译录二月廿一日《申报》《新报》备载之)。揆其近情自不如稍假以时徐观其后,如彼竟续遣行人复申前议,则吾得乘机以利导借势而转圜,操纵在吾,事极稳便。若仍执迷不悟,则此时交此文书亦复无补于事实。此所以展转寻思未敢遽交也。为今之计可否暂由此间徐徐探察,俟与彼国当事从容言及,告以钧署主意实在和好,讽以彼使举动未免轻浮,复将预筹办法略露梗概,如彼此确有可商而后行文外务,属其遣使设法议结,似乎不触不背较合事机。如彼此实无可商,则一面慎固封疆益修兵事持之,稍久彼以逼近之隣不能不备,而以贫瘠至极势难久支,此事专命使臣与之辩论,不允则以撤使罢市相持,彼内怵祸乱、外惧兵衅,自当俯首贴耳就我范围。如或不然,则暂将此案置之勿提,彼于内地通商深所注意我既肯与通融,俟其求商修约之时出而抵制以此易彼,球案不结商务终不议行,彼亦终当自求转圜就商妥结。日本与俄人交还桦太洲一事,历十余年载而后成盟。外交情形往往有此,既已今日事处至难,似不如持坚忍之志,待可乘之机而筹万全之策也。(如璋)又念自此案初起,既历三年,始则我问之外务,继则彼商之总署,交涉常情各有是非,即不免各有驳诘。兹之所奉则为上谕恭绎旨意自系己国预定办法然,若遽宣示外务是执不可移易之铁案以商,未必得之事情国体极尊,天语至重。斯又不能不慎重而三思也。(如璋)才识本浅,更事未多熟,念此事旁皇累日,顾以一日身在局中,苟有所疑而不言是为废职。

谨将此间近日情状觍缕渎陈伏冀察度熟筹、详为措注,外交之事不厌求详,愚虑所及恐未必当。务求堂宪训示遵行,除宍户一函可毋庸再交外,其外务一文现外务卿井上馨告假出京,须四月中方能归京,如应即交,一俟奉到钧谕再行办理未为迟晚。肃此敬乞

代回

堂宪察核是祷。即请勋安(何如璋张斯桂)谨启(三月初七日第一百廿二号)

再启者。朝鲜外交一事其委员归国之后,尚无信来。惟近闻仁川开港,及公使驻京二事,均既允许日本。其国中议论亦分两党:一曰大院君党,即前太师李裕元,意在守旧;一曰判书党,即今宰相李最应,意在改进。初与花房公使商议开仁川港,国中怨谤沸腾大张,檄文谓苟许开港,则不如大开汉城,任日本劫掠,而政府坚执定见,将异议大员惩办,议论稍息。杂许于廿个月后开港,复设一外务衙门即以李最应为长官,以前使日本之金宏集专理通商。看此事机转圜或当不远,其尚无回音或系办事迟缓之故也。朝鲜亦有遣使来倭之说,前经钧署奏奉谕旨变通旧制。此间事更好办,有机可乘者当随时察度,函请办理也。此肃再乞

代回

堂宪察核为祷。再请

勋安(如璋斯桂)谨又启

照录覆何星使函稿

子峨仁弟馆文阁下,连接闰月间及四月初七日数次惠函具聆。壹是松田到球一切举动,肆行无忌。外务覆文竟称我琉球藩、我内政。若与中国无干,非仅意存延宕,观其事事不留余地。将来鸱张狼顾、得步进步,自在意中。此次球事全系萨人主持,彼国上下多不谓然,必待我坚与相持,或其异议,诸臣可出而定策,通商诸国可出而排解。宍户与总署议论亦一味推卸权力有限,固系实情。然适有此事,即奉使命岂得谓毫无秉承尊议所拟各条。如拣职分较崇之大臣专为球案颁发国书,径与其国主理论较为得劲。惟必须预定撤使罢市之一着,乃可以放手为之,否则收手不易。大员中又鲜能当此任者,或恐未必能行邀请美国互助一层,有约可援自系题中正义。适美前首领格兰忒过津入

都游历,闻其声望为欧美各洲所钦服,日人供张延请十分敬重。与之接谈数次,诚笃老练,似可从中调处,因即密致总署于会晤时殷殷属托。格君出京时,敝处又告以原委,谆请调停。格君与(鄙人)气谊相投、意甚亲厚,慨然应允。适彼因金山华人过多,欲求中国妥为设法,复密许通融以坚其志。兹格君前赴日本,又商令驻津美领事德呢随往会商平安大臣,格君并无推诿国会之意。盖其在位八年主持大计,回国后国人仍必推戴复任,若果能持公论,或不待行文美国国会。濒行时以执事在东,孤立无助,属其推诚照应提挈。望即谒晤密商一切,或将此案本末缘起摘要译呈,并密属在东京之琉球世子官员等乘间禀求。伊必召令进见,仍祈与平安公使加意联络,妥商办理。惟格前首领虽雅意相助,究系局外之人,日本君臣能否听从尚不可知,将来如何收场? 想长才茝画操纵进止,必有权衡,总署亦必有裁示也。副岛种臣出任师傅,素有肝胆,如能弥缝匡救或亦转圜之一助。副岛素性刚明,虽勤驾促行,似尚未可轻动,尽力争执则不可少。附抄致总署函稿一件,美前首领与敝处问答节略一件,总署与美前首领宍户公使问答节略一件,希即詧核。此函交德领事带上较速,德君人甚笃厚,可为穿针引线,幸留意焉。专泐密复,敬颂勋祉不具。

四月廿五日发

(全宗:总理各国事务衙门,册名:琉球档,馆藏号:01-34-009-01-003)

23. 琉球乞援救復国不宜轻易发端；朝鲜乱事日本大概不至要求过甚；日本拟设釜山电线中国亦宜设电线通朝鲜

出使日本国大臣黎庶昌

光绪八年八月五日（公元1882年9月16日）

八月初五日，出使日本国大臣黎庶昌函称：七月初二日肃上昌字第十四号函，谅邀均察，十一日接奉本字六十七号钧函并咨文一件，谨已诵悉。顷接北洋张制军电报敬悉。传相于十二日由籍启程，企慰之甚。琉球一案，本月初八夜球官马兼才等复来求见，呈递节略，总不外乎乞为援救复国立君。南岛枯瘠，不能立国，势不可行。闻韩日有事，中朝出兵，望乘此机会与球事并办等语。庶昌只以好言慰之而去，又据称法司官毛凤来在京哀诉，蒙为奏闻有饬总理衙门及出使大臣妥速办理之论，未准明文，不知其言果有因否？此间情况，琉案直无可与谈，若非于台湾增练水军一支，以图进取，则彼初无畏惧之意。美使杨君之论，亦可以备参酌，第此事未宜自我轻易发端。若从杨君之意，出而调停，自旁建议，则行不行固属无伤，然窃料日人犹未必肯从也。朝鲜之役，其初议论纷纭，举国滔滔，大有借题发挥之势。嗣因我派兵往援，入手甚早，彼皆惊诧中国此举不似从前之持重，一切狡谋不觉自戢，彼虽不认高丽为中国邦属，倔强致办，然于扰坏时遽派公使榎本武扬前往北京，实以安慰中国之意（井上馨语，庶昌）。榎本系挈眷而行，其情实可知矣。榎本系海军中将，在东京创立兴亚会，意在联络东方之国，以兴起亚细亚洲为名，子峨星使与庶昌俱入会中，其人曾到欧洲，又驻过俄国都城，通达外务。当不以宍户玑之固执，目下赴任之期尚未定准，大约总在八月内也，到时尚乞衙门善遇之。（庶昌）在大半年，遇事曲示周旋，未敢稍贬身份，即该国接待亦未尝失礼，不过其人词气小节之间总有一种傲视中国矜侈西法之意，是以私衷不快耳。顷因朝鲜之事，国中金币骤然跌落，物价腾贵，各商贾借此居奇。经太政官与外务省力禁谣言，始渐安贴。马道建忠到汉城后，朝政作何措置，大院君是否肯退处无权？以私见揣之，办理似难着手，闻日使花房意主和平，想于此案不至要求过甚也，英按察格式纸仍饬领事妥议具覆。箱馆难民已由怀远轮船于六月三十载回香港，所有各项费用,尚未据外务省开送,一俟送来,即当电报数目,请饬江海关拨汇归款。一面筹还箱馆地方官,除有要闻随时电知外,伏乞带回堂宪为祷,专肃祗请勋安。

再竹添进一前月随花房公使赴朝鲜都城一行,现派充外务省大书记官。附呈《朝鲜地志略》。

再朝鲜有此变乱,中国既派兵往援,整饬内政,此后彼之国事,自应随时与闻,既与日人交涉,亦必日繁一日,全恃信息通,斯可制胜。此次中国于朝事入手较早,实系电信之功,然则朝鲜电报之设,诚为当务之急矣。日人屡欲从下关地方,设一电线经一岐对马两岛而达釜山,久未有成。今则决意举办,闻已将电缆购到,不日即可安设。彼于朝鲜仅只通商,尚犹经营若此,况在我为属邦门户所系,而可度外视之乎?似应设立电线一道由天津径达旅顺仁川至王京。若托公司承办,不过三数月即可告成,足胜千兵之用。至天津之电线,似亦宜直接至衙门通信,较为灵捷。是否有当,伏候钧裁,再请钧安。

照录钞单:

朝鲜国都城及通商口岸情形。

汉城纪略
(译日本学会员海津三雄稿)

汉城在国之中央京畿道,北纬三十七度三十七分,东经一百廿七度六分,国人称此地曰塞乌儿(都城之义),距其海湾最近之处八里许(按即日本湾日本法八里中国七十里余),国内第一繁华都会也。李氏建国(明洪武廿五年)以来,定首府于此地四百八十年,至今日一无改旧观。其地山岳相围,有河流数条,汉江其一也,遥汇汉城之东南西三面。通舟楫往来,距该江之城市远者二里,近者不满半里。论汉城地形,略似日本西京,而地势局迫,峰密峻险,其北方最高极险者云三角山,掩护王城之背后,突屹嵯峨,遥耸云汉。远距十数里望之,尚见此山(高平地上三千尺许)续起者北岳仁王等山也(高平地上一千尺许)城壁蜿蜒亘于岭巅、岩樵之间,老松疏生,其东峻岭稍远,地势敞润,田圃亦多,低冈逶迤,南方别有一山,树木郁苍。与三角山隔城市相对为南山,即木觅山也(高二千尺许),城郭绕山,腹上有烽燧台一隅。城外一市有圆乔山,此山东可蹴城内,西可望汉江,江山之间,小邱田圃相错。此山脉之北端最高岭云母岳(高九百尺),松柏森茂,上有烽燧台,与仁王山东西相捴,二山之间,一山为之颈云,舞鹤岘京中第一险阪,北方通平安大路也,以二山形似鹤舞,故名。

附烽燧之制。

举烽燧,平时一炬,贼现形二炬,贼近境三炬,犯境四炬,接战时五炬,京中守直禁军见烽燧举,直告之兵曹(犹陆军者),若会烈风强雨,烟火不通,则烽燧军逐次驰报。

南山烽燧台,为诸道烽燧汇集之处,其举火有五所,东方第一应杨州峨嵯山之烽(从咸镜江原来);第二应广州穿川岘之烽(从庆尚道来);第三应母岳之东峰(从平安黄海陆路来);第四应母岳之西峰(同上);第五应阳川之开花山(全罗忠清海路)。母岳之烽燧在东峰者,西应高阳之所以吒达山,南应木觅第三烽,在西烽者,西应高阳之烽岘,南应木觅第四峰。

木觅母岳两山之烽,军一百廿名,分为廿四番,以五名六日轮替,凡烽燧军不服他役,专司候望,若有绝火,守令处以杖罪,如贼至不报火,或伪举烽者,即时处斩。

汉城外廓北跨仁王北岳诸山,东控旷野绕南山,西据低冈,周筑壁垒,连溪壑,周围八万九千六百十尺(此尺云周尺,每一尺当日本六寸四分,以日本里法算之,盖四里十五町十八间二尺四寸),予以目算,东西平均半里许,南北不足一里半,壁无堑壕,唯以堑石垒积,高四五尺,冠以堞垣,凹形或穿方形炮眼,内面则因自然之地势,或以人工作踏垛于堞垣之下,以便射击,壁高于外面四十尺二寸(日本四间一尺七寸二分八厘),其筑于岳顶者,据天然之地势,故愈觉峻绝,一见知其难近。有八城门(南崇礼,西南昭仪,西敦义,西北彰义,北肃清,东北惠化,东兴仁,东南光熙),就中壮大者崇礼兴仁二门(称南大门、东大门,皆穹窿石门),上设二层楼橹,可云壮观。壬辰之役,日本兵侵入此二门,盖二门接东南二大路之故。沿城壁处处积石子,云是备非常者,又松树郁密,恐妨城壁,故限口外十步,城内五步,悉所去之,以防颓圮,然间有霖雨崩溃之处。王宫在城中,北部绕以石郭,别为一区,称景福宫,有四门(南光化,北神武,东定春,西迎秋),其制与外郭之门不异,门内宫殿数十,其构造颇称壮大美丽。门外为六曹之衙门,排列左右,城以内人烟稠密,百货云集,繁华自异他处。据朝鲜甲子年调查,户数四万六千五百六十五户,人口廿万二千六百三十九名。依予目算,户数六万许,人口三十四五万许。

汉城之背后据三角山岭脉,别有郭垒,称北汉山城,城中地势起伏多险隘,跋涉困难。别置一镇,常守此地,米仓武库、制纸场等悉备,又有数寺院,僧侣依本国制度称僧军,任军务一部(有摄僧中军,僧将校僧军等官),此地实天险四塞之地,最称要害,盖汉城前有圆乔山,登之俯瞰,可了知城外动静。以北汉山城备羽翼,则不易瞭察矣。

釜山浦纪略
(摘译日本陆军省参谋局刊行本)

釜山浦在北纬三十五度六分三十秒,东经一百廿九度一分之处。港门向东南,南岬云外喜口,北岬未详其名。距离北岬十分六里有岩石五,云五立岛,或云海云台,南岬之岛端云牧岛,或云绝影岛。距离南岬半里有小岛,云立场岛,此岛于南东少南半里外方见之,又进北西少西一里半右舷直角,有高八尺之礁,云鸟湾盖礁。又进半里,右傍六尺之礁亦同名,从此二礁沿北东海岸云鸟湾盖,有人家,礁与陆之间,云鸟湾盖濑户,其左有高八尺之礁云鸟濑。少进又左有小礁,仅出水面,暗夜殆难办,故航海宜注意。过此礁初见日本公馆之波户场,此时向船首有人家,云古馆,右回海岸,有釜山城,又进东南少东,则至草梁地。日本公馆波户外距离五里,投锚至海底泥土之处,深四寻。绝影岛即牧岛,长二里,横一分里之三,高一千三百尺,山半至顶上,老松杂树森茂,砂边青草葱郁,其间有小地牧马数十头,南西方间有石炭,未得其确证。岛之西北溪水涓涓流,盖釜山浦常乏薪水,日舰常取此水供用。西有萨摩堀湾,西回有一濑户,深二三寻,为帆船来往之便。对岸有人家数百户,名一家村,岛中人家仅不过数户,云是多太浦水营所管之韩人。家屋教日本屦而小,方一间半或二间,高各不同,葺以麦藁,四壁用土,门口三尺许,别间一二窗牖。具中约两间置柜一器及他食器而已,虽少有大小美恶,无甚差别。

倭馆郭周围,凡二百间,中有大小及屋六十七轩。公馆在小高处,后有松林,波户场之左有小山,曰龙屋山,外郭通谷贯山,积石为壁,内外关门皆有韩人看护,不许出外郭。

釜山湾无山岳树木,而多岩石,荒芜乏薪,唯青草茂生耳,故土人常荄青草用薪。

乘端舟自釜山城之东至海湾,卸测深铅试其深浅,距离海岸一町余,深二寻三寻不等,于是为定测点,欲上陆,土人拒不许。此处与釜山城隔一岳,登岳可瞰釜城,有一村落,人家数十户,皆甚贫穷,其土俗见有数十小童,手握镰,背插木叉棒,悬物品负以行。此湾釜山浦中之小湾,如泊小汽船,可云好锚场。

釜山城在两岳之间，多平地，正面对海港，左与后皆田地，引海水为城濠，周围十二三町，垒石为壁，每二间地其间有三孔，未详其何用，或即铳门乎。城中有丘陵，虽见二三屋瓦，然老松甚多，不能见其详细。云于釜山常贮兵粮五万，石城之四方人家稠密，草屋垒扎数千户，处同他方，其中见有一二瓦屋，疑是寺院之类。又海滨有彼所谓艨艟船舟，殆知清国舰悬莲帆，彼常用以渔鱼采藻，有事则联合数十艘乘兵士以为水军，故朝鲜国船舟皆水军节度使之管辖，兼收其税云。

元山津记略
（译海津三雄稿）
德源湾

元山津者，朝鲜国咸镜道德源府下一村落也，故今先记德源海湾之位置，次及元山津。

西人称此湾曰普鲁诺顿湾，中称纫宾湾者系长德岛，在北纬三十九度十分五十秒，东经一百廿七度三十二分十五秒之处，至釜山海上大约三百廿海里，与日本羽后国象泻殆同纬度，隔日本海东西相对，其间相距大约不过六百里，以其地方属咸镜道之德源府，明治十一年天城舰始测量此地，遂名其地曰德湾。

湾门开东微南，广约五海里，有薪岛、丽岛、高岛、第岛、会沙岛等数屿，闭锁湾口，北岬即永兴之大江岛（半岛突出南方），一高峰临水耸立，为远望标目，南岬即德源之葛麻浦沙洲一带，连本岸其形如巴状，巴之尽处为元山津湾，形殆为半圆，广袤约五六海里，水深波平，可泊大舰巨舶，湾之西南陆接一小屿，即长德岛也。岛之西方相对处，即日本指定居留地。村名云烽燧洞，盖村后山上有烽燧台故以名之矣。

居留地

日本居留地广八万四千余坪，北负长德山（即烽燧山），东临海，南隅水，与元津相对，西挟溪流，接大路（京通北陲道路），自为一小区。居留地即烽燧洞，民居四十余户，皆背山列栋，内廿余户近水滨，在日本居留地之区划内，及明治十二年开港，先期令退出，凡现成之建筑并材木等皆日本商人领受，其区划之内，亦有沼泽细流，可不至多有疾病，特其地仅中有瑕者，湾之东面稍开阔，湾门两岬之间，遥见日本海森渺，故若东风极烈，恐有波涛激扬破坏船舶之患。

然筑坚牢波户场,容易避此害,惟现今幸多西北风,亦未知予想象之患害耳。此处地势,比之日本犹如神户港,觉地狭长山多,然将来繁华能如神户港户乎?则不能必矣。

元山津

元山津在湾之西南隅,人家二千余,栉比水滨,称北道第一繁华埠头。距府治一里半,当北方通京大路之卫,居民多业商贾,渔农次之,八域志(即东国要览朝鲜国地志之一)云:安边(府名)西北德源境,海上有元山村,浦民驳居以採鱼为业,海道通东北六镇(案六镇者:北青、镜城及庆兴、端川、咸兴、永兴也)。六镇及沿海诸邑之商船,皆锥泊于此,凡鱼、绸布、轻毳、貂参、棺椁之材皆于此贯之。故江原、黄海、平安、京畿诸道之商贾日夜坌集,货物委积,诚大都会也。民以废箸(二字未详,姑照原文)为业,多致富厚,朝家设仓于此,运庆尚道之穀,储蓄仓内,北路凶荒时,以船运往各邑,作为赈资云云。今就其地观之,虽该志所云有少异,然为北道第一热闹之市,更不容疑。盖予行朝鲜,除汉城、江华、水原(皆京畿道府名),诸城郭附近地方之外,未曾见有如此人烟稠密者。俚语云:"沿海繁华之地,一元山、二江景(别详镇江记)、三马山(属庆尚道昌原府,距釜山不远),"又可证其繁华第一矣。村落东边,路旁有标木题云:"自春城馆京畿五百里,咸兴二百七十里"十六字。京畿者云汉城,五百里即日本五十三里十二町。咸兴为观察使之治所,二百七十里即日本廿八里廿八町余,春城馆当指府治言,予闻北道之民,口黠难治,多为豪贼,客岁予滞留于此间。偶逢市日(每月十五日开市于东西两市,此日不许日本人入市场,谓多妇女徘徊故也,可笑),有豪盗三名潜行,二名就捕缚,即日以棍打杀(棍刑犹杖罪之类),窃思生杀之权,非一道监使以上不能专断,然尚有禀告政府而后施刑者。今府使县令,假名棍刑,暗打杀之,以惩凶民,是即驾驭北民之术乎?论风俗人情,及家屋结构之制,与釜山无大差别,入其村落,则犬咆哮、妇女逃遁,南北风气无异,言语虽少殊,然亦不若日本鹿儿岛人与青森县人迥然不同也。其称京语者,则遍国无不行云。

产物商况

本地物产,别无可记,大率以各地所辐辏之货物,彼此贸易而已。记在汉城时,闻土人呼明太(鱼名)曰元山,当时以为是出元山津者,今就其地验之,乃出于咸兴以北之地。渔者以干鱼分运各所,犹日本赤马关名烟草之类乎。此外鱼类如鲷(春夏间),比目鱼、鰤、鯖、鰯、鰮、鮨、鰮、鱸、民鱼等最多,贝类虽有蛎蛤等,然土人不嗜之,又近海多海獭,常浮水面,未见土人渔之者,野菜谷物足充居民食用。论商况,市日之外,殊为清寥,仅有数十轩之杂品店(陈列麻布、丝绸、棉纸、笔、油纸、箕、扇、烟草、烟管等日用之物),食物店(如日本酒屋,亦有荞麦店、果子店、牛肉店等)而已,物价较釜山少廉。土人云此地百货,皆邻近诸府县辐辏,别无不便,唯纸与棉稍觉不足云。

咸镜道虽乏五谷,独比此地百谷成熟,草木花卉亦随而繁茂,木类松最多,称斯麦那莫者亚之,似日本榎木,生光棘,干可为薪,叶可饲豚,其他桃李柳梨等与日本不异,草亦然。海滨有海棠者,六月时生花甚美丽,意是蔷薇一种乎,日本北海道称之曰滨茄子。

地质寒暖

地质中等,然米麦收获尚不如日本,中等之田地,闻北海道之民,比他道力役较勤,亦不及日本农民数等。欧人曰云,懒怠人民,知非虚言,气候不甚寒冽,较日本东京寒气早来一月,其去亦大率有一月之差异。五月下旬犹桃花烂漫,至六月中旬采薇为食,其时莺鸟翱翔涧谷,啭声可听,寒暖平均,时从七八度降至五六度,客岁滞留此地。际十月上旬(案以上月分,疑是日本新历),觉有寒气,计上午六时四十八度至五十度,下午五十七度至六十度,曩仲夏在此地觉暑气甚酷,土人云暑最甚为六月(按以下月分系中国历)。夏多东风南风,秋冬春多西风北风,五六月之候,多浓雾,至秋乃少。十月下旬至十一月初旬降雪,至明年三月而止,虽大雪亦不过没膝,然其消甚迟,海水结冰厚一尺许,常年只在近岸。酷烈之年,不以此例,大约百余日乃消云。

德源府

府治在管地之中央,东阻峻岭(马息岭),与平安道阳德界之岭二脉相骈东走,掩护府治之南北,在北者云衙门后山(又云城北山),衙署设于山麓,门额曰治营讨捕牙门,门内有宜春轩、春城馆等。及府使之居,门外民家二百余户,前有溪流云南川,东流至阳日里入海,上流水质纯良,可供饮料。此府所管之地,南北长五六里,东西广三四里,民家合计不满三十户,此地原是安边镇管下之诸镇,该府使例兼金使之职,开港后升为独镇,即主镇也。此事一韩人所说,未必可信。然开港后,罢旧府伯,更举往年来日本修信使之金绮秀任该府伯,足见朝鲜政府用意于外交之一班也。

仁川未见记载,俟续考

案朝鲜通商三口,元山津在其东北,釜山浦在其东南,仁川在西,距都城最近,且濒黄海,与中国往来尤便,仁川至天津似须添设电线,以通属邦声息,日高电线,今已达釜山,闻欲由仁川通至高都也。

（全宗:总理各国事务衙门,册名:朝鲜档,馆藏号:01 - 25 - 009 - 02 - 016）

24. 琉球案

左中堂

光绪十一年四月二十四日（公元1885年6月6日）

照录钦差大臣左来文（光绪十一年四月廿四日到），为咨会事为照琉球陪臣紫巾官向龙光等，屡次秉请代奏该国该君情词极为恳挚，现又里□□□□批法人肆扰和局，当未大定。此时即为陈奏，徒增宵肝忧劳，恐于实事无益。候将历次奏词图幅汇录，咨达总理各国事务衙门致□等因牌示外相应录案咨明为此会咨贵衙门，请烦查照，酌□见收。倘该□反再有等词，即使批示施行须函咨□

附录禀四件　原呈国图一副

具蒙琉球国陈情陪臣紫巾官向德宏等为泣恳俯准据情

奏请

皇猷严仲

天讨迅赐该国归君永守藩封，以修贡典事。窃敝国于光绪元年恭遭日难，阻贡天朝，及庆贺

皇上登极□大典。奈弱小之邦力难与抗，敝国主特命德宏赍咨赴闽沥恳

□□宪里

奏奉

上谕筹总理衙门传知出使日本大臣相机妥筹办理。钦此。钦遂留闽守候，讵料日人悍然不顾，光绪五年间，竟废敝国为冲绳县。拘去敝国主及世子，佢侵敝国全土，君民上下受尽荼毒，惨迫情形不堪言状。宏阅信□□□薙发改妆星夜奔走，匍叩李中堂相府。蒙谕准为办理，嗣因钦差侯中堂驾莅津门，宏改叩辕□见蒙传谕候回京办理。谨遂呈见候中堂为朝廷之柱石，□以法事节铖临闽德咸所播，自寒法心。况日人于敝国及朝鲜先肆蚕食，故法人于越南即□鲸吞，乃朝鲜越南均蒙保护。敝国效顺二百余年，一旦为日所灭，宗社永为邱墟，君民久罹荼毒，惨无天日，忍辱偷生，惟有仰仗天朝拯救耳，人穷迫则呼天，疾痛则呼父母，为此冒死历陈泣恳，侯中堂体

皇上怀柔之至仁,悯属国灭亡之惨怛。

奏请

皇上□以被越南之宏恩以波及于敝国,移征讨法夷之天兵以讨平乎日人,日虽狡焉,思逞必鉴法逆之前车慑服听命。俾敝国全土可收,旧君以归,永修贡典,长鋅□□□有国之年永沐

皇上恩施皆出侯中堂之赐也。上自国主,下及臣民,生生世世顶戴

皇上宏恩。宪德于□既矣,临蒙泣血,不胜延顿□命之至切□

光绪十年十一月□日矣蒙具禀琉球国

  都通官郑辉煌

  宗室按司向有德

  陈情陪臣紫巾官向德宏

  前进贡国都通事蔡德昌

  代办存留事务金德辉

具禀琉球国陈情陪臣紫巾官向德宏等为下情迫切泣恳恩准据情

奏请

皇猷迅赐兴师问罪,还收君国,以修贡典事,窃宏等于光绪十年十月初二日叩谒辕下,泣恳收国收君初七日谨奏宪批呈见。

皇上怀柔之至仁

老中堂奠□寰宇,不置□□于度外,感激□地理宜战□□命何敢屡□,乃近日往日华商旋□之便,接诵敝国密缄内云,日人又掠迫敝国主拘禁日京,且令敝国主招回住在中国各使臣。敝国主不敢听从等情业来宏等阅信之下,肝胆崩裂,痛不□生,所以暂延残喘,此仰仗天朝援拯耳。恻念敝国势处迫不及待,而又遭朝廷海防紧要之时。嗟乎,寡君遭罪久羁敌国,为臣子等无不痛心,此所以不敢言而又不能不言也。窃窥日人发祸之初,先与台地试其端,继于敝国行其虐,遂于朝鲜逞其暴,而法夷亦侵越南。彼此同是天朝赤子,遭其荼毒,今且拘寡君以去矣。若放任其横行,彼将谓天朝置敝国于度外,遂生不测之变□。特数百年国脉□是而放,其祸更有不可知者。伏惟侯中堂入赞□□□强军务

圣转柱石久已上俞下颂幸视师闽中,敝国正在辖下治。此沥请再匍叩爵

相,呼号泣血,恳求恩怜惨情,迅赐。

奏请

皇上简派轮船二三艘先往敝国问罪日人。敝国虽懦,人民久矢,敌气同仇,仰见王师下临球境,自当揭竿斩木,效死□驱□逐日人出境有□,并在□人等稔知向德宏于敝国,与日本交涉函件并于日本风土人情陈详知悉,倘蒙俯准,宏愿充为乡导,庶乎日人狡逞之心□此而战。俾敝国主收归宗社亡而收存,非特敝国君民永戴圣朝无疆之德,且与国共安于光天化日之下,是有国之年仰沐皇上恩施,实出侯中堂之赐□,敝国上自国主,下至臣民,生生世世感戴皇恩。

宪德于无既矣,谨禀

光绪十一年二月廿四日具禀　琉球国陈情陪臣

　　　　紫巾官向德宏

　　　　宗室按司向有德

　　　　前进贡京回都通官蔡德昌

　　　　都通官郑辉煌

　　　　代办存留事务蔡以让

琉球国陈情陪臣紫巾官向德宏、按司官向有德等,再呈密函谨陈管见。窃以四海趋开化,敝国遭灭亡,日本岂惟到敝国一隅之地,□心势必大有为。盖外夷海道与中国所属之琉球、朝鲜、越南以及台湾内地迫可相通狡焉。恩启在必,日本为首。先法夷越南之役,日寇为之助国□□此敝国虽孤悬海外,自闽台湾经敝国属岛八重山、太平、姑米□□等山,直达琉球。实与中国□脉贯通。外洋各国往来中国此均过敝国洋面。道光年间有荷兰国人来敝国,要买运大□地窥□意盖□作为马□,召集泰西各国船只为交易之所。日人据有敝国点擅□利□,日性贪□,得陇望蜀。敝国南边属岛与台湾相距仅四百里,倘日本屯兵于此,以张牙势非独台地之患。法夷与之串通点□□力越南,及中国南边海岸线为喫欤。倘蒙俯准,简派兵轮船前往敝国,申讨日罪,敝国海道颇为艰难,已选熟习水道者留闽以备引导。陆地则首里城郭地势高耸,城垣颇坚,现虽为日所据。日兵不过一二百人,预遣干员入城□驱出城,人民久苦日虐,敌忾同仇,无当效死从事若日兵轮船续到为助,则彼国空虚,中国自上海天津等处直取日本,攻其无备,易如反掌。日本□□天□□□□谋自战,即影□□生心,苦于海道远□□□解禁而不敢□□征一启乱之日本而示威,拯救灭亡之琉球而示惠，则一举而成惠两全。且前明万历年间日本侵入敝国后，去北边大岛等数岛。大岛则日船往来，敝国所取便并各国船只由日之神户、大阪等处开洋来中国福建、广东等处，所取道□地□□□□。老中堂乘办理敝国事之便，□□□□数岛仍旧隶入敝国，则日船往来敝国并中国南边各处，先所凭藉船行乏困，自不敢任意往来。茫□海气静息，朝鲜、越南等处相安于光天化日之下，□再存图。不惟敝国之幸事□□□大敢冒死献刍荛之见，当否？

俯赐裁夺谨附琉球全图一副恭呈

钧览□□悚惶延顾待命之函密□

光绪十一年二月廿日具禀琉球国陈情陪臣　　紫巾官德宏

　　　　　　　　　　　　　　　　　　　按司官向有德

具禀琉球国陈情陪臣紫巾官向龙光等为国灭主执待拯孔急泣恳□情呈
奏迅赐复国、复君，以修贡典事。窃敝国叨蒙代膺王爵，世列屏藩，会典□遂二年一贡，二百余年于兹矣。讵料光绪元年，日人乃竟阻进贡庆贺及大典，□于光绪五年率兵侵入敝国，灭宗社、囚孤主，阖国臣民被迫父子离散，号泣载途，异惨曷极。刻君民翘首北□□冀天威大震，正日晃以复藩□□□大旱之望云霓。从前敝国圭为宗社计，曾遣使臣赍持密咨来闽请援，函再函三，众官等为思国计□屡遣官吏传知□闽□臣沥□□□呼吁之情甚函均未蒙办理。由是陪臣宗室按司向有德、紫金官金培义等先□来闽陈情，匍叩列宪，恳请传呈□迅赐援师，以苏水火，节蒙宪□各宜静候是□□□□来，君辱民愆，日甚一日。家岁七月，该日人使敝国主依限归国，限期甫满，日人即催促赴日，且日官又严令各村岛妇人□置数□□□间是不遂此，即勤□父兄召之被辱之事，不堪屡述。十月间又将由闽回之紫巾官及官吏跟随等廿余人下狱痛拷，责以请援之罪，□行□忌已极然。敝国虽孤悬海外，固与朝鲜、越南同为天朝属国，世修贡献。日人以敝国贡献□敢阻敝国、侵敝国、苛勒敝国，剪灭□□。敝国之君卧薪尝胆，敝国之臣民泣血饮恨，□势穷力竭、国亡而心终未亡，所以冒渎求援□□愿长庇天朝宇下也，共以皇上怀柔之至仁，中堂奠安之大略，必不置敝国于废□，引领待命知忍垂沐恩光□□□者，久□迫者□□敝国生不愿为日国属人，死不愿为日国属鬼。又不忍生以待毙，光与众□等，并前任国相法师彼此参议计量所出，惟冒渎恳天朝而已。故特率都通事郑（辉炳）等坐驾上小船于本年二月廿四夜在本国与那原津开船，三月初三日到驿，闻越南解围法夷有求

和之议案

　　朝鲜之事日使已进京□□震

　　天威不难成议,而(敝国)当□□□□□理□特沥情□恳

　　中堂俯怜亡国之惨□□具□乘此日使在京议朝鲜事,请将(敝国)之事一并妥议。倘日人仍然狡逞,乞天朝迅赐援师,震奋雷霆、扫清云雾。(敝国)以复国复君,永修贡典□□年长荷

　　天恩察中堂之赐也切□

　　光绪十一年三月具禀琉球国陈情陪臣　　蔡以让
　　　　　　　　　　　　　　　　　　　　郑辉煌
　　　　　　　　　　　　　　　　　　　　向有德
　　　　　　　　　　　　　　　　　　　　向龙光
　　　　　　　　　　　　　　　　　　　　向德宏
　　　　　　　　　　　　　　　　　　　　蔡德昌
　　　　　　　　　　　　　　　　　　　　郑辉炳
　　　　　　　　　　　　　　　　　　　　杨□荣

(全宗:总理各国事务衙门,册名:琉球档,馆藏号:01-34-009-01-005)

25. 琉球案

福州将军等

光绪十一年四月二十七日（公元 1885 年 6 月 9 日）

　　□□福州将军等来文（四月廿七日到）为咨呈事窃照日本废球一案。援琉球国陪臣毛凤来、向德宏等迭次具禀,并檄谈国王密咨即文于光绪八年四五八等月及九年三月间先□咨呈总理衙门察照核复在案。嗣复据向德宏、向文光、向有德、金培义等先后□诉经何前部堂。以正值法越构衅筹办□□□□□□达总署,当军书旁年之时点未克筹顾及此,饬候防务稍松再行核办。本部堂上年九月抵任后,向德宏等复于十月十七日具禀。因防务正棘势,虽无顾行司谂知暂□缓议,又在□□于本年二月廿六日三月廿二日援向德宏、向龙光等两次具禀。情词迫切,并以日使在京议朝鲜等情琉球国之事一并妥议等情由,福建藩司沈保靖呈请察核□办前来本将军等似查□业已阅数年与朝鲜等两不相涉即一并与议刊未必就我范围,碍难率行入告□□接反等衰求不已不□不□□□达□饬该司妥为□谕外相应抄请咨呈,为此咨呈总理衙门谨禀察照核办示□施行。再本将军现驻长门营,次未及会印合并呈明须至咨呈此

　　改附呈请摺

　　具禀琉球国陈情陪臣紫巾官向德宏等为下情迫切泣恳　恩准

　　奏请

　　皇猷迅赐兴师问罪,还复君国,以修贡典事。窃宏等于光绪十年十月十七日叩谒辕下,泣恳复国复君。十二月初八日谨秉宪批,现在法事正棘,办理海防势难兼顾,□□□议等因由司转札福防厅知照前来秉□□静候□近日住日□□□闽,闽亡便接诵敝国密函内云,日人又掠迫敝国主拘禁日京,且令敝国主招回住在中国各使臣。敝国主不敢听从等情。宏等阅信之下,肝胆崩裂,恻念敝国虽孤悬海外,久沐天恩。宏等生不愿为日国属人,死不愿为日国属鬼。寡君无罪久羁于日,为臣子者能不痛心,所以暂延残喘者,仰仗天朝援拯耳。若再旷日持久□□迫害敝国主,宏等徒死于日人之手,曷如绝食死于辕下。此所以不敢言而又不能不言者也。窃窥日人发祸之初,先于台地试其端,继于敝国行其虐,遂于朝鲜逞其暴,而法夷亦侵越南。同是天朝赤子,遭其荼毒。今

且拘寡君以去矣。若复任其横行，彼将谓天朝置敝国于度外，遂生不□之变。非特数百年国脉从是而斩，其祸更□□□□者。幸值侯相老中堂视师闽中，宏等□□□谒相府沥情泣恳救难今再除□□宪暨藩宪防宪详情外不已冒叩辕下呼号泣血，恳求□宪老大人恩怜惨情，会同侯相老中堂迅速奏明皇上简派轮船二三艘，先往敝国问罪日人，敝国虽懦、人民久矢、敌忾同仇，仰见王师下临球境，自当揭竿斩木，效死□驱□逐日人出境。有德并在□人等稔知向（德宏）于敝国与日人交涉函件，并于日本风土人情殊详知悉，倘蒙俯准宏愿充为乡导，庶乎日人震慑天威，狡逞之心并□而战，俾国主□归宗社亡而复存，不特敝国君民永戴圣朝无疆之德，且与国共安于光天化日之下，是征一□乱之日本而示威拯既灭亡之琉球以示惠，一举灭□飞全□敝国有国之年仰沐皇上恩□□出老大人之赐□□国主、下至人民，生生世世感戴

　　皇恩宪德于世既矣须至禀者
　　光绪十一年二月□日具禀琉球国　　代办存留事务蔡以让
　　　　陈情报通事郑辉煌
　　　　陈情陪臣宗室按司向有德
　　　　陈情陪臣紫巾官向龙光
　　　　陈情陪臣紫巾官向德宏
　　　　前进贡典回都通事蔡德昌
　　　　陈情都通事郑辉炳
　　　　陈情通事杨绍荣

（全宗：总理各国事务衙门，册名：琉球档，馆藏号：01－34－009－01－006）

26. 琉球案

尚德宏

光绪十一年五月一日（公元：1885年6月13日）

　　具禀琉球国陈情陪臣国戚紫巾官向德宏等为君幽臣辱、不共戴天，泣请皇猷严申修贡复国，以弭外患而震敌心事。伏以敝国惨遭日本欺灭，敝国王、世子及法司官等幽闭倭域，为数千年来未有之奇祸。臣于光绪五年春奉国王命由闽赴津，匍叩□□□奉国王暨王弟命耳目官毛□□□毛凤来暨□等匍叩总理各国事务衙门并李中堂相府，将敝国危亡惨迫情形累次密陈均蒙允准办理。谕令静候岂胜感激，泣念敝国王被幽以来，瞬经七载。废宗社之明禋，绝臣民之慰望，祖母年将百龄不得一日安养，人民既惨罹荼毒，未有一日安居，世子亦远处虎穴，变端莫测，夙夜忧惶，肝胆崩□，宏等所以苟延残喘□□至今者，实时刻焚香以祷天朝赫然震怒，早兴问罪之师，还我君王，复我土地耳。敝国与朝鲜均列天朝屏翰，世沐皇仁，朝鲜有事，而蒙王师恩佑，转危为安，敝国献琛纳贡史不绝书，亦复冈有缺失，乃倭人作威，肆虐真如火热水深。不闻有一旅一戎□言征讨天朝之万几鲜暇既知之矣，正惩倭焰益张为患日大，兹者中西修好，法越行成，文德诞敷，震叠遐迩，天使大人经纶所布，必有迥异寻恒者。宏此由福州星驰北上，光等在津，守候有年，一片血忱敝效秦庭之哭。闻前年倭地谣传王师征伐□□惊惶旧时诸□□□咸有箪食壶浆之心，倭人因债累累外□□□实非泰西可比，倭气之壮□视乎天朝之行止，苟以备法之师移梼日本，彼见天朝弗□含□定必举国惊诧，自怯就范，伏求天使大人迅赐密请皇猷声罪致讨，锄暴安良，俾敝国重整河山，国王再见天日，永守藩封之旧格，修贡职之常则。敝国君民世世生生怙冒皇仁宪德，而天朝永清四海者正万邦之府，亦□□涯汉矣。敝国奉表入贡自天朝定鼎至今将三百载，夙荷列祖列宗厚泽，阳仁有加年已，当此患难非常年异，天翻地覆，天使大人大发恻隐之仁，速解倒悬之急，临□□任□恸迫切辱□侍命之至□至禀者

　　光绪十一年四月日
　　具禀琉球国　　陈情陪臣紫巾官向文光
　　　　　　　　　陈情陪臣国戚紫巾官尚德宏

陈情都通事魏光才

（全宗：总理各国事务衙门，册名：琉球档，馆藏号：01-34-009-01-007）

27. 琉球案

毛凤来等

光绪十一年五月一日（公元1885年6月13日）

具禀琉球国陈情陪臣按司毛凤来等为国亡君幽泣恳

奏请

皇猷严申

天讨迅赐复全、大归孤主、永守藩封、仍修贡典及窃敝国被倭凌虐君臣困苦情状，迭经沥情哀请救援荷蒙□奏准为办理谕令静候等□□敝国灭亡以来，于今七载，宗社永为邱墟，臣民长此荼毒。敝国王暨世子幽困虎狼之地，□□不测，且国王祖母年过九十，气息奄奄，不得一日供养，种种危苦，惨不可言。夙夜忧惶、肝胆崩裂。本年二月间接到敝国驻日法司官来信报称，正月十六日，敝国主咨请驻日钦差大臣就近办理，又传令来等迅速□恳天朝早日□还复君国等由。前来时值法人肆扰天朝防务紧□未敢催□□□推心而已。现法人求议，修好以成。即天朝威灵。敝国来苏之日□□，敝国与朝鲜世列天朝屏藩，均荷圣天子覆载深恩朝鲜有事天朝而次立赐发兵定乱，彼国家危而复安。敝国被难□□当未蒙救援，深恐□□认天朝已弃琉球置于不顾，益肆鸱张、祸患遂长。况敝国当天朝定鼎之初首先投诚□□迭蒙圣世怀柔鸿恩有加□已，一旦被日阻贡，国亡君幽，来等奉命，来京告急有年，赐救等□上不能对国主，下不能答官民，何颜立于天地之间，不如守候宪辕，泣血以死请救，为此不已□□泣恳王爷暨□位□□体，皇上中外为家，一视同仁之至□体悯属国先所流离殒尾之可怜，恩准□□□奏恳请

皇猷迅赐天讨以备法之师移征日本，俾敝国亡而复存，敝国主得以重见天日永守藩封，仍修贡□□阖国君臣人民生生世世永戴皇恩

宪德于□□矣临□涕□□胜□命之至谨禀

光绪十一年五月□日具禀琉球国　陈情都通事蔡大鼎　陈情陪臣按司官毛凤来　陈情都通事王大业

（全宗：总理各国事务衙门，册名：琉球档，馆藏号：01-34-009-01-008）

28. 日本国驻清公使馆:宫古、八重山二岛考

光绪六年九月四日(公元1880年10月7日)
中日球案第六次谈判　日本国驻清公使馆提交

宫古、八重山二岛,计簿未备,载籍亦稍有异同。今录其梗概,以便照办,若其细悉,更待咨行本国内务省,详核回复。

宫古、八重山二岛考

宫古群岛

宫古岛在那霸(冲绳口岸)西南九十三里(日本一里大约当清国六里有奇,九十三里,得清里五百五十里余,以下称里,皆以日本里),周回十一里,明人呼为麻姑山,宫古、麻姑,土音相近,人烟密比,男女力耕织,少林木。

平良岛,周回四里廿町(三十六町为一里)。

来间岛,周回一里,一作久礼末,或作姑李麻,因土音转讹。

大神岛,周回三十町,或作乌噶弥,土音相同。

池间岛,周回一里八町,一作以计末,或作伊奇麻、伊奇间,并土音同。

水纳岛,周回一里,一作美徒奈,或作面那。

惠良部岛,周回四里廿町,呼作奥惠良部岛,以分于北部惠良部,一作永良部,或作伊良保。

下地岛,周回一里廿町。

多良间岛,周回四里,一作太良满,或作达喇麻。

平良以下八岛,与宫古岛环拱相接,总称宫古群岛。

八重山群岛

八重山岛总称石垣,以下十岛之名:

石垣岛在那霸西南百四十里,周回十六里十七町。泊舟之处,在岛西北,曰河平港,港口深广,可泊巨船二三十只,在岛南曰御寄泊,浅狭不便投锚。石垣或作彝师加纪,即土音也。

小滨岛,周回三里,或作乌巴麻、宇波间,土音相近。

武富岛,周回一里三十町,一作堂计止美。

波照间岛,周回三里廿町,或作巴梯吕麻。

小滨以下三岛,隶于石垣岛。

入表岛,在石垣西南十里,周回十五里。《南岛志》云:"石垣岛有山,曰于茂登岳,此岛在岳南,故名曰伊利于茂登。土音,凡深奥之所,谓之伊利,伊利,即入也,表者,于茂登之讹也。"

鸠间岛,周回廿二町,或作巴度麻。

黑岛,周回二里廿町,或作姑吕世麻,即黑岛土音。

上离岛,周回一里十町。

下离岛,周回廿七町。

与那国岛,在入表岛西南四十八里,为冲绳西南极界,周回五里十町,或作由那姑妮。

鸠间以下五岛,隶于入表岛。

户口

据明治十二年一月一日上计,宫古群岛:男一万三千零九十四人,女一万三千三百八十五人,合二万六千四百七十九人。八重山群岛:男五千四百四十二人,女六千四百五十三人,合一万千八百九十五人。

总说

宫古、八重山二岛,为冲绳西南部,与台湾相近,与那国岛与台湾相距仅廿余里,天晴夜朗,望见火光。

石垣岛,《续日本纪》作信觉,国音相通。灵龟元年(唐开元三年),与奄美、夜久、度感、玖美俱来朝,贡方物,始见国史。元中七年(明洪武廿三年),宫古岛八重山岛始属于琉球。明应九年(明弘治十三年),八重山岛叛琉球,琉球遣兵讨平之,始置宫古八重山头职,并见琉球国史。宽永、正保之际(当明天启、崇祯之际),萨摩太守岛津光久发兵戍八重山,备寇,见萨摩藩史。

(全宗:总理各国事务衙门,册名:琉球档,馆藏号:01-34-009-01-009)

29. 函陈办理琉球三策并朝鲜借洋债一事外务复文甚为取巧抄录呈送由

出使黎大臣

光绪十六年五月九日（公元1890年6月25日）

钦命总理各国事务衙门　弗　一百三十二　号

出使黎大臣致总办信一件　函陈办理琉球王策开朝鲜借洋债一事外务复交甚为取巧抄录呈送由

礼部石堂署兵部左堂廖

户部左堂续

军机大臣兵部正堂许

多罗庆郡王

协办大学士户部正堂福

军机大臣刑部正堂孙

户部右堂署刑部右堂徐

太仆寺正堂张

光绪十六年五月初九日

敬启者。四月初八日肃寄昌字第六十一号函，并钞折一扣计邀均詧十一日接奉本字一百三十五号

谕言谨聆一切。琉球一事，倭政府以事隔多年，自宍户玑议论后并未闻中国提及一字。数年前尚不敢公然以冲绳与他县并列，今则知中国决不至兴兵问罪，一切布置视与旧隶版图者无殊。在中国以为藕断丝联尚可缓议，在日本以为存而不论久假无归。中国若不预提，即彼开国会时断无自行提及之理。且近年交涉邻邦之件，如伊犁之于俄，西藏、缅甸之于英，安南之于法，皆已次第完结。独琉球一案留此为葛藤，自贻累赘。若欲继存球祀，似宜及早与争。若欲弃球睦邻，亦须议论定局，但一经提起，必须多设难端以相抵制。依（庶昌）愚见，约有三说：一为言明琉球属日，以后中国不干涉琉球，日本亦不再干涉朝鲜，此直捷了当之说也。一为约日本以恢复琉球，中国明许以共保朝鲜，

此实彼之所欲,而我亦可将半服半叛,急图自主之朝鲜推而远之,此利害参半之说也。一为或将球王之子议分一人归之中国,仍袭王爵,使食禄终身,以谢球人望援之责,此调停迁就之说也。(庶昌)虽未办理此案,而审己度人筹思烂熟,舍此实无善全之策。姑陈刍荛以备采择,此外如有可以密探之处,自当随时函布也。朝鲜借洋债一事,外务已于本月初九日覆到,措辞甚为取巧,未据转谕商人。且似朝鲜举国之政权,彼与中国维持各半者,既明知各国据抵海关为流弊甚多,又似日本不在各国之中,即抵据海关中国与朝鲜为联邦其势不能过问,此意虽未明言而已暗藏于文意中矣。兹特钞录来文呈鉴。至修约一事,甚属机密。微闻青木将旧稿略删正,寄往西洋各国驻扎公使就近商议。总之,此事必待开国会后始有眉目也。附呈新闻钞折一扣,日本四月分贸易大数折一扣,伏乞转回

堂宪为祷。专肃,敬请

均安。黎庶昌谨启　四月廿二昌字第六十二号

计呈钞折三扣

照录外务大臣来文

贵历三月十八日附之贵翰接手致候来意ヲ按スルニ贵公使贵国北洋大臣李伯ノ电报ニ接セラレ顷日朝鲜政府ニ于テ外国债募集ノ议有之候处端果シテ启クル上ハ同国ノ为メ贻害最深ナルヘク同国ハ原来贫困ニシテ虚縻ヲ事トセハ外债借入ノ后ハ办偿困难ニ立到ルハ必然之义ニテ纵令ヒ其约定ヲ误リ负债ヲ偿ハサル事アルモ贵国政府ハ决シテ担保致サルレス且若シ各国力贷金ノタノ同国海关ヲ抵据トスル场合ニハ贵国政府ハ必ラス阻否セラルヘキ趣领承致候抑朝鲜政府カ外债募集ヲ计画シ并ニ同国海关ヲ抵据トスル等ハ均シク该国自理ノ权ニ有之候处贵国政府ハ该国カ外债ノタノ海关ヲ抵据トスルハ贻害最深ノルヘキラ虑リ必ラス阻否セラルヘキ义ニ候得者敝国モ从来贵国ト均シク该国联交ノ列ニ有之候ニ付该国政府カ海关ヲ抵据トスルノ场合ニハ敝国モ贵国ト同样不同意ノ义ニ有之候此段回答得贵意候也敬具

明治廿三年五月廿七日

外务大臣子青木周藏

大清特命全权公使

黎庶昌阁下

译汉文

为照覆事。接准贵历三月十八，贵照按其意，贵大臣接准钦差北洋大臣李电报。朝鲜现议募借外债，此端果启，贻害最深。该国素称贫乏，虚糜自难偿还。如有误约不偿之事，贵国不为担保，若各国因欠款抵据该国海关，贵国必为阻否。等本大臣具为阅悉。查朝鲜欠款济用及抵据海关等，均为该国自理之事。然而贵国虑该国因欠款抵据海关，贻害最深，必为阻否。敝国与贵国均在该国联交之列，如有该国抵据海关之举，敝国亦与贵国同存否异之意。兹为照覆，须至照覆者。

明治廿三年五月廿七日

照抄覆何张两星使函稿　　七月十六日

照抄覆何张两星使函稿

本月初十日，捧诵六月廿四日教言，辱承缕示种种。倭球瑕衅几于不可收拾，执事机宜默运，使远人助顺，力挽狂澜，扶倾定危，兴灭继绝，云天高谊千古仰之。惟将球地三分，鄙意微有所疑，不敢不竭其愚，商诸左右。倭之废球为县也，鉴于利耳。中国之侃侃与争，实迫于义之不容已。使我亦得地，是以义始而以利终也。倭冒不韪之名，我得渔人之利，假令反唇以稽，我转似授之以柄，纵使怵于西人公论，其借端挑衅防不胜防，且受地之后必设戍兵，经费将才均虑鞭长莫及。两国领事无日不有瓜葛，即无日不有争端。利则皆虚，害且立见，两姑之间难为妇。球人亦从此断无安枕之日。台湾与琉球中间岛屿，华离之地尚多，一并置戍力必不及，弃之则颇涉忽近图远之嫌，终于无所归宿。（葆桢）窃谓前事如有成议，似宜听倭人得其所应得，而以中国所应得者还诸球人，俾晓然于我朝廓然大公，绝非有所歆羡。狂瞽之见，高明裁焉，由粤转来之函亦经祇领所为，四海之内此心同此理同也。敬请，盖安。

七月十六日

七月十六日

照抄覆何张两星使函稿

照抄何张两星使来函

六月十八日肃上一缄，当邀垂鉴。琉球一案美统领既与日人言，日人尚未覆之。如璋于廿日往见美使，美使言事必须了，且必须两国俱有光彩方为好看。我与统领熟商一办法。查琉球本分三部，今欲将中部归琉球复国立君，中东两国共设领事保护，其南部者近台湾为中国必争之地，割隶中国；其北部者近萨摩为日本要地,割隶日本。未知贵国允许否？如璋告以我朝意在存球,苟使琉球宗祀不绝,自然乐闻,且此事既托贵统领及贵公使今肯从中调处,使两国有荣,贵公使以为可俟,有头绪当上达我政府,我政府想必愿从也。美使甚喜割岛分属之说,前闻麦嘉缔言之知即为统领意。今既据美使言则彼必向日人言之。查琉球地图在北纬廿七度上诸岛,若大岛、德之岛、喜界、冲永良部、舆论岛,当万历间岛津家久伐球之时既割,隶萨摩收其租税,其地势绵亘本与萨摩相联络,且其语言风俗亦近日本,似应归彼。廿五度以下诸岛虽零星不足成数,然逼近台湾且与中部相距之海为太平洋商船来往之道,他日有事亦中国必不可弃之地,其种类多中国人,亦应归我。至中部则琉球宗庙所在,归于琉球则彼国不亡,若能照此办法则冲绳县可移驻北部,在日本得地既为有名设县亦可不收成命,彼尚可以收场;在琉球则不纳租于彼,不进贡于我,而得两国保护,虽曰割地而国可长存,尚为有益;在我则既存琉球,信义昭布、无损国体而逼近台湾之地不为他人占据,闽省边防亦尚有裨,似乎面面皆到。

未审朝议以为何如？今谨绘琉球全图呈览求详察之。如璋又闻统领之意必在得当以报,且欲将大局说定然后归国,其余详细节目交与美使妥办,另立专条之说。如璋之意若许照行共立专条,意欲并拉美国画押更为周妥,但实未知日本能从美统领否耳。然日本此时虽未覆音,而仰戴统领且畏且服,统领初入长崎先与接伴委员露意,后与执政大臣详言,近复告以日本此案于中国实为不公,轻藐我受中国重托应照条约与之调处,又将如璋所呈书函及译案时以示人,比前更紧一步。日本近来民情浮动,新潟既有叛徒,高知亦多乱党,且更昌言公布欲倾政府,四处皆知此案。全国士民不直其所为闻,我国近于吴淞操兵、英国购船、街谈巷议、纷纷藉藉。不逞之徒颇欲伺隙而动,自非顽嚣之极,即不得不惧内忧畏外患一萌悔心。若终不听美统领言,非唯琉球之不幸,抑亦日本之不幸,天实为之谓之何哉。日本若有覆统领信,无论如何当即由电驰达,专肃敬请,勋安(七月初十日到)。

再密启者。昨日得有无名密函刻文一纸,内言欲诛彼之执政大臣,以球案措置不合,我国将以兵争,为其国中安危所系为名,而以国人款接西客骄奢□礼为题,日人不服政府殆亦旧藩士族之所为,然至公然刻文则党与既众,不为西乡之叛,恐亦不免大久保之刺。此刻尚无动静,不知数日如何。如璋得此函,见其文未有公众布告语,然查访外间尚无知者,欲以告人恐自贻患,今特自行译出呈览。原刻文寄呈。

总署矣。肃此，再请勋安。七月十四日到。

译六月十七日所见刻文

此项外客来游者数人，曰利朵（英上院议员）、曰德王孙、曰燕呢利治（英香港知事）、曰格兰忒，其待遇之厚，骄奢无极，徒费过度，我邦古今来之所未有也。此非出于天皇陛下之圣旨，决然非出于民众相爱，又决然盖奸臣猾吏施政失错，献媚外客，以买私情。即如与清国处分琉球等事大为不合。清国行将兵刃诉其曲直，实为国家安危之所系，而恐外人异议纷起，故行斯骄礼。其误国辱民之罪真天地所不容处也。故今者正议谠论之士相谋欲为国家诛戮罪魁大隈重信（参议兼大藏卿）、伊藤博文（参议兼内务卿），并欲刺杀燕格外客，至如涩泽荣一、福地源一郎等皆粪土之辈，不足污齿牙，弟以其逢迎奸臣猾吏之私，意媒孽毒我社会，亦共付之屠戮。举事在近，想不免有些骚扰，因此豫为公众布告。

东洋近事

现东洋来信，谓琉球之事日人心颇不安，嗣因数月以来中朝杳无消息，转觉自鸣得志云。据此说则中朝若与理论，彼此未必不大费商处也。至西报之言多有失实之处，彼始终坚执其说惟台湾一役耳。然近日神户各境米价踊贵，虽经其大臣振禀平粜以安民心，又得米商由香港运米前往接济，而哀鸿遍野、莠民乘机揭竿滋事纷纷，皆是商旅颇有被其恐吓者，又有匿名揭帖遍贴通衢，谓日王才具原足以治国安民，但大臣辅导无状诱以奢华，并不计蠹国病民，即如普国王孙、美前总统、香港总督来游日本不过少尽主人之礼斯可矣，而大臣辄发巨款曲意款接，国家所入祗有此数，倘地球内各国贵人来游，仍如此款待将何以供给耶？每一言□不胜痛恨，但思刺杀之而后快。观此二事，则日本人心之不靖亦可见矣。疫症亦未寝息，日王特命东京大臣国宜都遍行查察，以便设法救疗。着于库中拨帑五千以为经费，又于被灾之区每县发银三千以便调理患病之民，其处置琉球亦颇过于操切，现在疫症传至琉境，咸谓日王因患病者若难救疗特为移往琉球，俾远离本土少杀其势，而琉民因亦染之也。夫因火灾而赈恤，琉民已不屑受日官传听宣新例，又逢拥入署几兹衅端，则琉民具有天良，不态旧君似非可以势力镇压者，又传有旅居中国之琉官闻故国被并、故主被废，潜回探察情形为日本兵差所拿，经再三研鞫不能成默，现解往东京勘问,琉民心愈不服。又传琉王遣有其臣约□十人航海他往,日本人知其事者谓必因民间愤激,特赴诉于中国也。

又东瀛无甚消息,惟传日本朝廷饬国中造小轮船五十艘,刻日竣工,俾分置境中各河道以备不虞。此等作为或为安靖地方起见,非必虑有战争藉收臂指之效。然西人留心中东时势者则谓,查得中国兵船共有五十二艘,日本仅得廿三艘。虽有三船,一为铁甲,二船则旁皆有铁台,实足擅雄水师,而非中国所能敌。然河道纷歧,若一旦有事终恐不敷调遣,故特添置小轮船以资守御之需也。其于琉球则已若统归掌握,现着琉王之子偕同臣僚数员入东京书院学习日本文艺,盖已质其子、变其俗,使不敢或萌异志,久而暂忘永为臣仆矣。近得《横滨邮报》有谓日廷接到中国文书,系理论琉球之事。日王下其议于庭臣,大小□殊多愤激,谓中朝不应预琉球事,若必欲争回琉球,惟有事□于战耳。独军机大臣殊不谓然,故主和、主战盈庭聚讼,几莫折衷于一是也。此得诸风闻,未知确否。若如此说,则日人之崛强有可想见矣。现又经其刑部衙门立有新例,内一款凡到国人在日本犯事,日官可自行究办。此殆欲掣时华人无以示威也。盖西人在日本者原甚寥寥,且多守法,惟华人则素往贸易而良莠不齐,今既简派使臣设立领事,华人犯事自必发归讯究,故特设此例俾使臣领事无权耳。此则日人之狡也。然其境内疫症既未寝息,又因米价昂贵,地方官过于操切,民间颇多不靖。闻有渔人因官以疫症流行禁止贩鱼,无以为生,纠合农人揭竿而起,谋为不轨。云合响应聚至六百余人,后经巡差协同营兵极力弹压,得以解散。然无伤者实蕃有徒矣。窃谓日本近虽骤似强盛,而外强中干已箸兆朕。其擅发琉球莫之敢抗,似天实益其疾,使之志满气盈,猝然就毙。然天道不可知,人事当自画在,中国正不可冀幸于冥漠之天,不早为之图以遏其方张之焰也。

七月廿一日报

是□一百四十四号五月十二日英股□

一球案办法以上海议论纷繁,皆力主用兵,需度沿海地方粗谙洋务,所见犹以此恐盖滋人言之嚣以眩惑听闻,勿论兵事利钝不可知也。琉球近在日本肘掖,中国之力□能远庇。一胜不足以为功,而徒恣其鸱张,则其势已先穷。故以为折冲俎豆之效宜在此,其不足与逞兵威也。当时为蠲免琉球朝贡之议,以此廷臣所不敢置议,蹇蹇愚直之心未敢稍怀瞻观,诚谓能宣布此义即一切□法□如也。其今驻日公使传谕其外部,但假使臣之权,俾有词以自安,为与日廷争辩保护琉球,使自立国,必另简大臣为之。日本于此遣使中国,其心尤为狡诈。盖此事宜辨之,日廷使中国□□置辨,彼其意□在延宕时日,以遂其变易琉球之谋。且藉以觇中国动静,宜急派使臣前赴日本,并饬其公使回国会办。各国公使之驻日者皆吾助也。何子峨星使函称,日人阻遏琉球朝贡,各国皆不谓然。然以朝贡为言,各国能□公论为不能为助,以保护琉球为言,则此义载之□国公法必皆欣然,乐从日本以取效西洋为义,断不敢违西洋公义以求逞,而吾所援之理卓然。有余以昭示各国为明,所以兴灭国继绝世廓然。一出于公亲所私利于其间,似此关系大局大为深切,□□前书未敢尽言,而为此南洋大臣言之甚详。审几度势,计量出于此者为尤,宜速不宜缓。纫丹制军以为争之,必敌兵端□之则得步进步,亦敌兵□嵩焘区愚见谓此□在急争□可儳之理,此为可让今日以施之琉球,在异时即以施之高丽,能堪鼓儳乎?或谓日本狡强未易与谋。窃又谓以势与论,利病诚不易以理□论得失吾自处于有余,而彼所指皆不足以自若。先儒言□□□能制有欲以彼狼吞鼠窃耽耽之□当吾互公为必靡矣。天下事孰有纵横□□意若此者乎?又何兵端之足与敌手所耿耿私忧者事机?一去徒启戎心,难与善共□耳。在上海时急切为南北洋大臣屡陈之,诚□事机之迫为不容暂缓也。日本必为中国大患,其关键大在高丽。今之逞志琉球其□□也,琉球臣事中国五百余年,□是见忮日本保护琉球立国,宜中国主其议毕可委之责。周子曰:"动为未形有无之间几也。"此其关系之大巨者也。

球案

奏。

总理衙门

八月初二日

工科给事中臣邓承修跪

奏为高丽乱党粗平球案未结请

特派大臣出驻烟台,相机调度以维藩属。恭折仰祈

圣鉴事。窃见近者高丽骨肉相猜、外戚秉政、乱机久伏,逆党乘之逐君,酖后横及日臣,朝臣命将出师二旬之间,罪人斯得,既彰保小之仁,益敦睦邻之谊。

圣武布昭遐迩悦服。惟闻日廷议论汹汹,群疑满腹,推原其隐,殆以中山之案未结,惧我扬兵域外,为声罪声讨之师耳。故自拓商分岛之请未遂,日使

怏怏而去。朝廷未有责言。

近闻忽派海军中将榎本武扬为驻华公使,闻其人颇习兵事,素为日廷所倚重,一旦出使始将阳作调停,阴窥虚实,和战之局转圜之机实决于此。夫以中国土地之广、人民之众、物产之富、贤才之秀出甲于地球。微论日本蕞尔之区,不至与抗,即英法俄德诸邦□且逡巡退让,自谓弗如。

朝廷徒以重癸难端习为偷惰,重以西国甲兵之犀利,器械之精良,制造之工巧,贸易会讨之便捷,欧人方挟其长技以凌我,而苟安持禄之辈逐以为西盛而中衰,环顾而不敢言战。即以日本而论,自李唐以来,步趋中法,唯恐不及千余年于兹矣。一旦舍其旧而新是谋法秦政之坑焚,效武灵之胡服,几有雄长亚洲之意。然其始未敢大猖獗也。台湾之役姑为尝试,而我曾不闻以一矢加遗,掷金钱数十万以求一日之无事,此其所以肆然无所复忌也。而泰西各国因得以窥吾虚实,于是乎威妥玛有烟台之约已,荷德有天津之议,俄约纷更,日人乘隙夷琉球为郡县,而宍户玑遂下旌回国,恣情要挟,损威毁重其所由来者渐生。臣统观今日之时局,日本视中西之强弱以为向背,各西国又视中东之强弱以为进退,一发千钧关系甚重,臣愚以为中西交际不妨虚与逶迤,示以宽大,而东瀛有事则宜以全力争之,不宜有丝毫迁就。启列邦以轻,量中国之心,且日本非果真富且强也。扶桑片土不过内地两行省耳,东西二京、大阪一府、横神长三口为其通国菁英之所萃。而民间储积扫地无存,十余年来购军械、易服色,罄其金钱,尽成国债。平时贸易专恃纸币之流通,有警则此无所用。总核内府现银不满五百万两,前借英德美三国债项原约以十年为度,今已届满,尚拟再求展限,实迫为此,何以为国?水师不满八千船舰,半皆朽败,陆军内分六镇,统计水陆不盈四□,而又举非精锐。然彼之敢于悍然不顾者,非不知中国之大也,非不知中国之富且强也,所恃者中国之畏事耳,中国之重发难端耳,今已高□之故。

朝廷忽遣重军分道并进,所谓疾雷不及掩耳,彼已骤然愕然失其所恃,不旋踵而遣使,情见势绌,概可知矣。臣愚以为朝廷宜乘此声威,将高人致究之由、诸将平定之速宣示中外,特派知兵之大臣驻扎烟台,相机调度,不必明与言战,但厚集南北洋战舰示将东渡,分拨出洋梭巡外,以保护商民为名更番出入,藉以熟探沙线、饱阅风涛、流揽形势为扼吭捣背之谋,其驻扎高丽之吴元庆水陆各军乞

饬暂缓撤回,以为犄角布置已定,然后责以擅灭琉球,肆行要挟之罪。臣

料日人必有所惮，而不敢发不惟球案易于转圜，即泰西各国知吾军势已张，不讳言战，如法人之蚕食越南私邀盟约非口舌所能争者，可不劳而定。臣一分迂愚，未谙边务，惟事关大局谨博采群言，参以臆见，冒昧渎陈，是否有当，伏乞

皇太后

皇上圣鉴谨

奏

父字□十号　法股抄附　　八月初□日
摘录出使大臣曾抄致李伯相函
一日本吞并琉球之事，前阅此间新报，语含讥讪，已为愤懑。英之士绅佥谓，台湾一役日本即系设计恫喝，以为占据琉球怯东方，其以琉球遭风难民为词而问罪于生番也。中国宜正告之曰，中山我之属国，其有难民被害，我自与该国约议而抚恤之。何与汝日本事采一言诘之可□了事云之，言似近理而究属局外空谈。当时日本恃其新练之船炮，实□藉端挑衅以试其锋，本不讲理，何□与争。然西人众口一声，谓吾华当日失之太怯，□□未暇时之与之辩驳，但灭废琉球之举于日本无大益，而于中国有大关系。方冀极力争之，或可挽回。嗣□□新□报又涌来□□阅子峨鲁生两公函件确□中山废为倭孙，然则日本仍就挑衅以启兵端，意不在琉球蕞尔弹丸贫瘠之区而已。译□□令出恢诙人□□西洋□国令发公论，以慑倭夷诚为上策，但公法于公论语理之说□有专条，必须两国合传评等。日本既为无理之举，岂肯听西洋强国断其是。继若仅中国□名恐西洋诸邦援公法以倭□也。英与琉球无约，法荷皆自顾不遑之国，美人狡猾也未必迁肯芸人之田，但耽耽然伺倭之□□吃现成饭耳。愚昧之见以为吾华刻下应付日本，无论用刚用柔总须决一完计。刚则蹶然兴起安排问罪之师，中国地大物博，只要理□法则日本所恃之精兵利械尚□难□。日本府藏□虚人心不一，吾华理直气壮，率师□人足以克之。惟□□尚未周妥，不可先发议战之语。公法先议战等不能添购船炮也，柔则含垢匿瑕，优待琉球之奔□，而作□昭告西洋各国曰，日本废灭琉球意在与中国开衅，中国用兵三十年平粤逆、平捻匪、平新疆回乱□□念疮痍之未，忧悯饥馑之□瑧深，愿休兵偃武，与民休息。诸大国怜琉球无罪见灭，应请以理劝谕日本存亡继绝，共享升平之福。否则日本见中国之退让以示弱志，骄气□终收，得步进步。犯我边陲无论谁胜谁负，而兵连祸结总于商务有碍，如此立言似尚为失体□之。或刚或

柔,须有一定主意,忽战忽和,首施两端,驭夷之大忌也。

照录出使日本国大臣来函

岘庄制府大人钧座,窃如璋于本十二日奉到七月廿七日所发赐函,知前肃芜缄附抄新约,既邀

钧鉴

来示所谓练兵以图改约,此乃中国盛衰强弱之一大关键。愿公坚持此志以待时机,天下之福也。琉球一案,两奉明示具仰关怀大局,近奉总署七月中旬来书,知宍户公使现奉其国命办理,彼于此案忽欲结局,未始非乘我有事冀稍占便宜,而此次来商不复牵涉改约,且自称中国从前来往照会所说不错,既认两属,词气较为和平,惟我欲继绝,彼欲裂土,一时殊难凑泊。然南岛归我既出彼口,则以之给还球人自彼所愿。前五月中,(如璋)见外务卿虽称三分分属之言,彼实未闻,而当时太政官布告命将冲绳县厅移驻那霸港,此与传命宍户办理同在数日间。(我五月十五日,太政布告廿一日,见外务卿共议球事廿二日,即传命宍使办理此案。)或彼更欲将首里城让还球王,此间有日本人来告,云有人上书求即以琉球王为冲绳县令,政府未允,或彼政府既有此意亦未可知。总之,此案若能议将北岛归日,中南诸岛归球,听其自立诚为上乘。即不然,将中南诸岛归球许其专属亦可结局。此案初起,(如璋)告前任外务卿劝其遣使妥商,彼径称系彼内藩无与中国,遂致轻举妄动。我不与争辱国体,启戎心争之所谓箭在弦上不得不发者势也。迨事既决裂,彼亦自悔孟浪,而始为逐鹿先得之谋,继有骑虎难下之势,后更有狐埋更揭之难,复国立君彼实难从。当本年二月,彼遣员潜谒合肥伯相,愿将南岛归我,(如璋)上书伯相拟请将北岛归日,中南两岛复国立君,亦听日本主治,惟于日本主治之事声明条约立定权限,□则立君仍由我认许,谓如此则冲绳县可以不撤,琉球亦尚似半主之国,伯相复书以为未可,盖因有改约诸事,恐启其得寸进尺之心。然反复筹思,中国若非以兵争,终难复旧必矣。彼族近状百姓诉开国会,朝野既为不和,而当道诸公萨长两党倾轧愈甚,新闻言其近日会议竟至殴击。纸币价格愈低(初行纸币与洋银相抵,今年春间至每洋银按纸币一百五十余,新任大藏卿佐野常□大藏存银发出补救,复减至百三十近又百六十矣),民益浮动,政府欲募外债三百万以图挽回。其内债尚存三亿五千一百万有奇,外债尚存一千一百万有奇(原额一千六百五十九万□五百万矣)。今势出无奈,更拟加增贫困,如此若更

骚动，内乱将作，此种情状凡在日本者皆能知之。乘隙思逞实可无虑，惟日本惧俄殊甚，万一有事，高丽炭坑之煤，不知能力守局外之例，严杜俄人强买否耳？若助俄助我，揣彼近状，皆力有所未能也。又查长崎买煤运往珲春者，现将买至九千吨。该煤块价在四两左右，买万吨费银仅四万耳。前谓立约赔五十万元，系传闻之误，探确俄商与高岛商主立约祇有随时供给之言，实未定数目多少也。俄国兵船现泊日本口岸者，祇有三号；查自俄人发船东来入长崎口者，共有九号。皆陆续驶往珲春，均非久泊。其海军卿理疏富斯基率妻并属官四人，于八月初七日到长崎，闻不日仍将往珲春。驻东之俄使往崎谒见，昨归对英署使述理君言，谓近经妥商，当必无战事然。英署使谓俄人所言亦未可为确。据云当曾侯抵俄之初，前次电报误传俄廷现派出理君与曾侯议，查核电报原文祇云与中国议，近日各处新闻皆言此人秉受全权前来译办。又英九月初九日（我八月初五日）伦敦来电，又言中俄事易平，不日将于北京重缔新约，又有谓布策来议者，传闻参差，不知近曾袭侯有确报否？系念之极，江南海防经我公整顿，想既坚如金汤，无论和战备不可弛。

公必筹之熟矣。肃此，敬请

勋安　　八月十七日

苏松太道来禀

敬密禀者。五月初六日祇奉福谕以保护球人，应与各国领事联络商办，以见公义等因，伏查琉球与闽广相近，果有求请之事自必先赴闽粤，未必即到上海。然事难逆料，万一球人经过上海不得不预筹保护之法。职道前次发禀后，即饬租界委员陈丞福勋往租界领袖德国总领事吕德处密商。据吕总领事云，日本领事果有发捕查拏球人之事，断不能任其妄为。即派穆翻译官往租界各巡捕头处密令，随时留心侦探，遇有前事立即截留飞报德署，知照中国官公同保护。各巡捕头均已遵办等语。除仍饬陈丞细加访察，随时妥办驰报外，合将预筹情形先行禀复，是否有当，察核示遵。

再日本竹添领事于二月十二日来议球案办法笔谈节略已钞呈
钧鉴在案。十九日接据该领事封送与外部井上往复电报洋文二纸照译，钞奉台览。据称何大臣所述岩仓之语传闻失实，是该国果无意派员来华也。

鸿章谨又启

抄录十月十七日阿恩德来罪问答节略一段

阿云中山国即琉球阁该处山南□□有名太平山者,距鸡笼约五百余里,新为日本流人占据其土,日本土音呼作米牙始西马,贵衙门有报否？鉴以我们尚无所闻,巴大人此报从何而来,阿云:天律等处。领事来报均提及,不但新闻纸所言,且巴大人曾问日本□钦差。按接其来极。语虽含糊看来实有其事。

山南岛日本人所称之名曰迷牙始西麻

球案文禀钞存

光绪十一年四月廿四日　　左中堂来文一件　附抄禀一件

　　　　　四月廿七日　　福州将军等文一件　附抄禀一件

　　　　　五月初一日　　（锡邓）大人交向德宏呈一件

　　　　　同日　　　　　毛凤来等呈一件

原(文禀)均送交军机处

(全宗:总理各国事务衙门,册名:琉球档,馆藏号:01－34－009－01－004)

(二)盟国对日基本政策相关档案

1. 对投降后日本之基本政策

远东委员会　一九四七年六月廿日公布

此文件乃对投降后日本之一般政策之声明,但并未涉及一切关于占领日本所需之政策决定,凡本文件未包括或未充分述及之事项,将另行分别处理之。

序　言

一九四五年九月二日,日本对同盟国无条件投降,现在此等国家之部队,正在最高统帅麦克阿瑟将军指挥之下,对日加以军事占领。

澳大利亚、加拿大、中华民国、法国、印度、荷兰、新西兰、菲律宾、苏维埃联邦、联合王国与美利坚合众国,均曾参加对日战争。各该国代表,根据莫斯科外长会议之决定,组织远东委员会,集会于华盛顿,拟订政策、原则与基准,其目的在使日本遵守并履行其投降条款下之义务。

构成此委员会之国家,以履行波茨坦宣言之意旨,实施投降条款,并建立国际安全与安定为目的。

各代表深知此项安全安定,端赖下列各项:第一,完全摧毁日本之军事机构,因此机构为其数十年来实行侵略之主要手段;第二,设置政治经济诸条件,使日本之军国主义不能复活;第三,使日本人彻底了解其战争意志、征服计划,以及达成此种计划之方法,已使彼等濒于毁灭。各代表因此决议:日本在决意放弃一切军国主义,愿与世界其他各国和平相处,并在其政治经济与文化生活各领域内建立民主原则之前,不准管理其自身之命运。

各代表并经同意下列各项:

保证日本物质及精神上解除武装之任务。其方法包括全部解除军备;改组经济,以剥夺日本作战之力量;消灭军国主义之势力;严厉审判战犯;并规定以严格管制之时期。

并协助日本人民为其本身及全世界人民之利益起见,采取各种方法,使其在民主社会之机构中,对内对外在经济与文化上发生联系,并使其能满足个人与国家之合理需要,而与各国维持永久的和平关系。

各代表爰对日本采取下列基本目标与政策：

第一部　最终目标

一　对投降后日本之政策应依据下列最终目标：

甲、保证日本不再成为世界和平与安全之威胁。

乙、尽速树立一民主和平之政府，以履行其国际责任，尊重他国权利，并支持联合国之目标。此项政府应根据日本人民自由表达之意志而建立之。

二　此等目标将由下列各主要方法达成之：

甲、日本之主权将限于本州、北海道、九州、四国及可能决定之附近岛屿。

乙、日本应完全解除武装与军备，并完全消灭其军部权力与军国主义之影响，严格取缔一切表现军国主义与侵略精神之制度。

丙、鼓励日本人民发展个人自由与尊重人权之愿望，尤其信仰、集会、结社、言论与新闻之自由，并鼓励其组织民主与代表民意之机构。

丁、给予日本以某种程度之工业，俾可支持其本身经济及提供公正之实物赔偿，但凡足以重整军备以作战之工业则应予禁止。为达到此目的起见日本可取得原料，而不许控制原料。日本并将获准参加贸易关系。

第二部　盟军之权力

一　军事占领

对日本本岛加以军事占领，以实施投降条款与促进上述最终目标之完成，此项占领之性质，将为一种代表对日参战各国之行动。此等国家部队应参加占领日本，其原则业经确认，占领部队由美国指派之最高统帅指挥之。

二　与日本政府之关系

天皇及日本政府之权力，将隶属于最高统帅。最高统帅具有实施投降条款，执行占领及管制日本各种政策之一切权力。

最高统帅，将经由包括天皇之日本政府机构及各机关而行使其权力。但以顺利完成上述目标与政策为限。日本政府得遵照最高统帅之指令，行使关于国内行政之通常事务。最高统帅亦得不经由日本政府而随时采取直接行动。

最高统帅经与盟国对日委员会其他盟国代表作适当之初步协商后，于必要时，得采取关于撤换日本内阁个别阁员或添补阁员辞职后遗缺之决定。至于政府机构之变动，或日本政府全体之更迭，应按照远东委员会有关条款中各原则施行之。

最高统帅不必支持天皇及其他任何日本政府当局。盖其政策乃在利用日本政府现存形式,而并非支持之也。凡日本国民变更其投降前之天皇制政体与政府形式,以改变或剔除其封建或专制之性质,而建立民主之日本,均应予以鼓励。

三　联合国权益之保护

最高统帅有保护联合国各会员国及其人民之利益,资产与权利之义务。若此项保护与履行占领目标与政策相抵触时,关系国政府将经由外交途径获得通知,并协议此问题之正当调整。

四　政策之公布

凡曾参加对日战事各国之人民、日本人民及全世界,将对复行占领目标与政策之进展情形,随时获得情报。

第三部　政治

一　解除武装与废弃军备

解除武装与废弃军备,乃军事占领之初步任务。应迅速而决然地予以完成。同时必须竭力设法使日本人民认清其军阀及其合作者如何欺骗并诱使彼等误入征服世界歧途所演之惨剧。

日本不得再有任何陆军、海军、空军、秘密警察组织,或任何民间航空,或宪兵,但得有适当之警察。日本之地上及海空部队,应即解除武装并予遣散。日本大本营、参谋本部及全部秘密警察组织,应予解散。陆海军器材,陆海军船舶与陆海军设备及陆海军用与民用飞机,应即就地缴交各该日军投降区域内之盟军当局,并遵照盟国之决定,或行将决定之方法处置之。以上各项,应编造清单,听候检查,以保证此项条款之完全执行。

日本大本营与参谋本部之高级官吏,日本政府之其他高级陆海军官,国家主义与军国主义各组织之领袖,以及其他鼓吹军国主义与侵略之重要份子,应加拘禁,听候处分。军国主义与好战的国家主义主活动分子应摈斥于公职及其他任何公私负责地位之外。过激的国家主义、军国主义之社会、政治、职业与商业团体与组织,应解散并禁绝之。任何反民主与军事活动之复活,不论其公开或在伪装下进行,应予防止,尤其过去日本之职业陆海军官、宪兵及业经解散之军国主义、过激国家主义及其他反民主组织之分子。

军国主义、过激国家主义及反民主之学说与施行,包括准军事训练,应自教育制度中铲除之。过去之职业陆海军将校、士官及其他鼓吹军国主义、过激国家主义与反民主学说与实行之分子,应被排除于监督与教导地位之外。

二　战犯

对一切战犯,包括虐待战俘及联合国各会员国人民之人员,应严加审判。其他被最高统帅或联合国会员国适当机关指名为战犯者,应行逮捕审判,有罪时并予以处罚。其他被一联合国会员国指为对其人民犯罪者,如最高统帅部不需该犯受审或作证时,应交付该会员国拘禁。

三　对个人自由与民主过程的愿望之鼓励

宣布并保证日本人民崇拜与信仰一切宗教之自由,同时并晓谕日本人民不准在宗教掩蔽之下隐藏过激国家主义、军国主义及反民主组织与运动。日本人民应给予机会,并予以鼓励,使其熟悉民主各国之历史、制度、文化及其成就。日本人民中民主倾向之复兴与增强,如有障碍,应行消除。

在维持占领军安全之范围内,具有集会与辩论权之民主政党以及职业公会之组织应予鼓励。

基于人种、国籍、信仰与政见,而故为差别之任何法令规章,应予废除。其与本文件所揭之目标与政策相抵触者,亦应取消、停止,或施以必要之修正,其负责执行之机关,应即废止,或加以适当之改革,因政治关系而被日本当局非法拘禁者,应行释放。司法、法律与警察制度,应尽速加以改良,使其与本文件所述之政策能相符合,而司法、法律与警察官吏皆有保护个人自由与各种人权之义务。

第四部　经济

一　经济武装之解除

日本军事力量之现存经济基础,必须摧毁,并不准其复活。因此,包括下列因素之计划,应即实施:立即停止并禁止专为任何军事力量或军事建置上配备、维持或使用之一切物资生产;禁止生产或修理海军舰艇与各式飞机以及其他战争工具之特殊设施;设立监督与管理制度,以防止军备之隐匿与伪装;消灭一切可使日本重整军备之工业或其生产部门;禁止对战力发展有直接贡献之特殊研究与教学。为和平所需要之研究,虽可允许,但须受最高统帅之严格监督,以防止其战争上之应用。日本工业应受限制,至足以维持其经济水准与生活标准为度,此项标准须根据远东委员会所决定之原则,并须与波茨坦宣言相符合。

关于日本国内现存生产设备之处置,或转运出国以充赔偿,或迳行拆毁,或移作别用,均应编造清单,并根据远东委员会所定之原则或依照该会有关条款,另行决定。在未有决定之前,凡是项设备可转运出国或移作民用者,除紧急情形外,不得破坏。

二　民主势力之促进

工业农业中之劳工组织,凡以民主原则为基础者;应予以鼓励。其他工业农业中之各组织,凡以民主原则为基础者;而有助于促进日本民主化或占领日本之其他目标者,亦应予以鼓励。

树立各项政策,务使个人所得及贸易与生产工具之所有权,有广泛而公平之分配。

凡足以加强日本民主力量之经济活动、组织及领导之各种形式,又凡足以防止支持军事目的之经济活动者,均应予以鼓励。

因此,最高统帅之政策如次:

甲　凡日本人民在经济领域内,因其过去关系或其他理由,不能信任其领导日本经济向和平民主目标迈进者,应禁止其保留重要地位。

乙　确定计划以解散大工业与金融组合,并使其他以扩大□制与所有权为基础之组织,逐渐代替。

三　恢复和平的经济活动

日本各项政策,曾使其人民蒙受经济上之大破坏并陷于经济困难与生活苦楚。日本之灾害乃其自身行为之直接结果,盟国不负补偿其损害之重荷。日本人民惟有抛弃一切军事目的,并在和平生活方式上专心致志,始能恢复。日本人民必须着手物质上建设并根本改革其经济活动与制度之性质与方向。根据波茨坦宣言所提供之保证,盟国无意设置妨碍将来达成此等工作之条件。

日本应提供物质与劳力,以应占领军之需要,其供应之限度,由最高统帅决定,务使日本人不因此发生饥饿与蔓延疫病及身体上剧烈之痛苦。

日本当局经最高统帅之允许,应维持发展并实施各种计划,以完成下列目的:

甲　避免经济上严重之困穷

  乙　保证现有物质之公平分配

  丙　适应提供赔偿之各种需要

  丁　远东委员会，参照日本现存物资以及对于联合国人民与对于前被日本占领区域内人民所负之义务，订立各项原则。日本当局应根据该原则准备合理之供应，以适合其国民之需要。

四　赔偿与归还

  赔偿

  为惩罚日本之侵略行为起见，为公平赔偿各盟国因日本而受之损害起见，为摧毁日本工业中足以引起重整军备之日本战争潜力起见，此项赔偿，应由日本以其现存之资产设备及设施抵付之，或以其现存及将来生产之货物抵付之。上述资产及货物，根据远东委员会所订立之政策或依照该委员会之各有关条款，日本当局应设法供应，以作赔偿之用。各项赔偿应不妨碍日本解除军备计划之实施，并不损及支付占领经费，与维持人民最低限度之生活标准。各国自日本总赔偿额中之分配额，应从广大的政治基础上予以决定，并对各要求国因日本侵略而受之物质破坏，人民死伤及所受损害之范围，予以适当考虑，至于各国对击败日本之贡献，包括抵抗日本侵略之程度与期间，亦应在适当考虑之中。

  归还

  凡被掠夺强卖或以无价值通货换取之一切财产，凡可辨认者，应迅速悉数归还。

五　财政、货币与银行之政策

  日本当局仍负责管理并倡导国内财政、货币与信用之政策，但此项责任须经最高统帅之准许与稽核，于必要时，并须由最高统帅指示。

六　国际贸易与金融关系

  日本于最后应准参加世界贸易关系。在占领期间，并在适当之管制下，及优先满足曾经参加对日作战各国人民需要之条件下，日本将准自国外购入为和平而需要之原料及其他货物。日本并在适当管制下准予输出货物，以偿付许可之进口货物。除指定输出充作赔偿或归还之物资以外，凡支付外汇，使日本得用以购买进口货物。日本出口货之收入，除用以保持人民最低标准之生活外，可偿付自投降以来为占领所必要之非军事进口货之价款。

对一切进口出口货物与外汇及金融交易，仍将维持管制。远东委员会应拟定日本进出口之政策与原则。远东委员会并将订立执行是项管制之政策。

七　日本之国外资产

本文件赔偿条款与有关问题之处，并不影响各国政府对日本在国外资产问题之意见。

八　外国企业在日本国内之机会均等

任何联合国之一切商业组织，对日本海外贸易与商业，应有平等之机会。在日本国内，联合国人民应享受同等待遇。

九　皇室财产

皇室财产不能自实施占领目标所必要之任何行动中获得优免。

2. 莫斯科外长会议公报

一九四五年十二月廿六日

二 远东委员会和同盟国对日委员会

甲 远东委员会

关于设立一个远东委员会，以代替远东顾问委员会，已商得协议，并已获得中国赞同。供远东委员会参考的条款如下：

第一，委员会的设置：这样设置的一个远东委员会，由苏维埃社会主义共和国联盟代表、联合王国代表、美利坚合众国代表、中国代表、法国代表、荷兰代表、加拿大代表、澳洲代表、纽西兰代表、印度代表及菲律宾联邦代表组成之。

第二，职权（甲）远东委员会的职权是：（一）拟定日本履行投降条款下的义务，予以贯彻应该遵循的政策原则与标准；（二）应任何一个会员国的申请，审查发给同盟国最高司令官的任何指令，或最高司令官采取的和委员会权限以内的政策决定有关连的任何行动；（三）考虑由参加的各政府之依照下述第五项（二）款中所规定的表决程序商得的协议而交议的其他事项；（乙）委员会不得提出和进行军事行动有关的或和领土调整有关的建议；（丙）委员会在自己的活动方面当从同盟国对日委员会已经成立这个事实出发，并当尊重驻日的现存管制机构，包括一连串的控制从美国政府到占领军的最高司令官和最高司令部。

第三，美国政府的职权：（一）美国政府依照委员会的政策决定准备指令并由相应的美国政府代理机构发交最高司令官，最高司令官当负责遵办委员会的政策决定赖以表现的诸指令；（二）如果委员会认定依照第二款（甲）（二）项而审查的任何指令，或行动应予变更的话，它的决定就当做一种政策决定；（三）无论何时发生了委员会所已拟定的政策，没有包括的紧急事故在委员会采取行动以前，美国政府都得对最高司令官颁发临时指令。倘若和日本宪政机构方面，或管制办法方面的基本变更有关的，或者和日本整个政府方面的变更有关的任何指令，总要先在远东委员会中商议，并且取得协议以后才能发布；（四）发布的一切指令都要向委员会正式提出。

第四,其他的商议方式。委员会的设置并不排除由参加的各政府就远东问题运用其他的商议方式。

第五,组成:(一)远东委员会将由本协议列举的国家各派代表一人组成之。委员会的会员如情况许可,可根据参加的各强国之间的协议而予以增加在远东的或在远东有领土的其他联合国家的代表加入委员会。必要时得和联合国中非本委员会会员国的各国代表充分而适当的商议本委员会当前处理的对该国特别有关的事项;(二)委员会不足全体一致表决的方式就可采取行动。惟这行动至少须取得所有代表过半数的同意,包括下列四个强国的代表在内:美利坚合众国、联合王国、苏维埃社会主义共和国联盟及中国。

第六,会址和组织:(一)远东委员会总部设在华盛顿。必要时可在他处开会,包括东京在内,如果到了认为相宜的时候可以这么办。得经由主席作可以实行的布署和同盟强国最高司令官商榷办理;(二)委员会的每一代表可带相当的随员,由民政的和军事的代表组成之;(三)委员会将组织秘书处任命认为适当的小组委员会,并以其他方法完成自己的组织和程序。

第七,终止至少须由全体代表的过半数,包括下列四个强国:美利坚合众国、联合王国、苏维埃社会主义共和国联盟及中国的代表在内,表示同意决定停止远东委员的职权时,远东委员会就当停止行使职权。在职权终止以前,委员会当把以相应移交的那些职权移交给参加的各政府是其中委员的任何临时的或永久的安全组织已经商得同意,应由美国政府代表四强把参考条款送交第一款中所列举的他国政府,并邀请他们根据修正的基础参加委员会。

乙 同盟国对日委员会

关于设置一个同盟国对日委员会也已经商得协议,并已取得中国的同意。(一)当设置一个同盟国委员会会址设在东京,由同盟国最高司令官(或其代理人)主持,以便和最高司令商量并咨询和投降条款的履行对日本的占领与管制,以及补充的指令有关的事项,并且行使由此赋予的管制权力;(二)同盟国委员会的会员将由担任主席并充美国的一个委员的最高司令官(或其代理人),苏维埃社会主义共和国联盟的一个会员,中国的一个会员以及共同代表联合王国澳洲纽西兰及印度的一个会员组成;(三)每一个会员得带相当的随员,由军事的和民政的顾问组成;(四)同盟国委员会至少应每隔两周开会一次;(五)最高司令官将为了投降条款的履行,对日本的占领及管制得发布命令,以及附加的指令。在任何场合统应在同盟国驻日的唯一行政当局最高司令官之下，并经由最高司令官以贯彻行动。他在发布关于重大问题的命令以前，形势的紧急性如果许可，就应和委员会商议并征询意见。他对这问题的决定应有拘束力；（六）关于远东委员会为了和变更管制办法，根本变更日本宪政机构以及变更日本整个政府有关的诸问题所作政策决定的实施，倘若委员会的一个会员跟最高司令官（或其代理人）不同意时，最高司令官在远东委员会就这一点商得协议以前，就不得发布关于这些问题的命令；（七）必要时关于日本政府中个别大臣的更动，或关于因个别阁员辞职而造成的遗缺的递补，最高司令官与同盟国委员会中其他同盟强国的代表进行相应的预先商量后可决定。

日本解除武装及废止军备条约草案

序言

不列颠联合王国、中华民国、苏维埃社会主义共和国联邦及美利坚合众国之政府对于实行日本解除武装与废止军备，业经宣布态度。此种意旨已在一九四五年七月廿六日之《波茨坦宣言》中增加，表示其已付诸实施者颇有相当部分，任何事皆不能阻止该项程序之完成。今后尚待保证者即世界和平与安全一日有此需要，日本之解决武装及废止军备则应多实行一日。仅有此项保证，始能使亚洲及全球各国得以专心恢复其和平之生活习惯。为达到此目的起见，不列颠联合王国、中华民国、苏维埃社会主义共和国联邦及美利坚合众国之政府同意参预本条约内所定之共同工作。

第一条

各缔约国政府同意采取各种共同步骤以保证：

甲、所有日本之武装势力，包括陆海空军及防空部队，一切军事性质之势力，诸如宪兵队、警备队、特高课与夫一切辅助上述各种军队之组织应予全部解除武装，复员及遣散，并应保持此种状态。

乙、日本之大本营陆海军参谋人员及任何军事性质组织之参谋人员应予解散，并应保持此种状态。

丙、军事组织及军事性质之组织不得以任何形状存在于日本。

丁、军事装备在日本之制造生产或输入应予禁止。各缔约国政府尤应特别禁止下列各物之制造生产或输入：1. 一切军器军火炸药，军事装备，军事养给及所有其他各种战争用具；2. 一切水上及水底之海军船只与海军补助船只;3. 所有各种飞机,飞行装备及器械与防空装备。

戊、为军事目的而设置使用或运用下列各物应予禁止:1. 一切军事建筑物、装置、房屋,包括陆军飞机场、水上飞机根据地、海军根据地、陆海军仓库、陆地及海岸之永久与临时防御工事,炮台及其他要塞区,且不以上述各物为限;2. 凡为生产或辅助生产丁款所列各物而设计或准备之一切工厂、电力厂、机械厂、研究所、实验所、试验所、技术资料计划图案、发明等。

己、在各缔约国所提某数种条件下,本条约所规定之解除武装及废止军备应有下列各项例外并谨以此为限:1. 就维持公共治安之基本需要,编制及使用相当数额之日本普通警察,并发给相当种类及数量之舶来武器;2. 因建筑、采矿、农业及他种和平事业上之必要,输入最低数量之前述丁款 1 项所开各物例如炸药或炸药之原料。

第二条

为求实施第一条所载各项解除武装、废止军备之规定起见,各缔约国政府同意筹设一种四国参加之检查制度。在盟国占领日本终止时,开始运用之此项检查制度。应由四缔约国政府共同组成之管制委员会予以执行该管制。委员会藉其职员及代表人应在日本境内之任何及一切部分施行其所认为必要之各种检查、考询及调查,以决定第一条所载各项解除武装废止军备之规定是否已被遵守。

第三条

各缔约国政府同意在盟国占领日本期内,对于第一条所载各项解除武装废止军备之规定应助其严格执行。各缔约国并同意日本对于第一条、第二条之明白规定(接受)系盟国终止占领该国国境之一主要条件。

第四条

第二条所规定之管制委员会,如根据多数委员之意见有理由认为第一条所载各项解除武装废止军备之规定已发生或将发生违犯情事,应随时向各缔约国政府提出报告。该委员会须连同此项报告建议各委员应行采取之行动。各缔约国政府于接到该报告及建议时,为保证此种违约行为或违约企图得以立即制止或防止,应按照需要以共同协议采取相当之迅速行动,包括陆海空军之行为在内。各缔约国政府同意于本约生效后六个月内应从事协商以便议订各种四国特别协定,在可能范围内用最详细方式规定:(甲)管制委员会检验考询及调查办法;(乙)每一缔约国为执行本条约应行拟派军队之数额及种类；(丙)前项军队准备之程度及分布；(丁)每一缔约国所应供给之便利及协助系何性质凡此种种之四国特别协定，须依照各缔约国本国之宪法程序予以批准。

第五条

本条约应由各缔约国依照其本国之宪法程序予以批准，各批准书应储存于□国政府。该政府对于每一国家之批准应通知所有各缔约国。本条约在每一缔约国储存批准书之后开始生效。自生效之日起，本条约应继续有效廿——廿五年。各缔约国同意在本条约满期前六个月内从事协商，以决定是否国际和平及安全需要将其于修改后或照旧展期，以及是否日本人民在民主和平基础上改造其生活已有进步而使本条约所规定之各种管制无继续施行之必要。

3. 远东委员会对日基本政策

民国三十五年十一月廿六日

第 55 号 26 日

南京外交部王部长，本日远东委员会召开指导委员会特别会议，讨论"降后对日基本政策"文件。查该件（SC22 号 2）系就前远东咨询委员会文件 FEC14 号一修改，经于十一月六日第 4020 号代电航寄在案，本日讨论经过应行注意者，计有下列三点：（一）美代表主张将第二章第二段关于日本政府改组麦帅权限问题即由第四页第廿行至第五页三行止加以删除，苏联代表表示反对；（二）美代表复建议将第四章第七段关于日本在外资产问题全段删除；（三）关于第四章第四段赔偿标准，应根据广泛政治理由一点，我方提出修正案，俾赔偿摊额原则得以厘定。敬祈鉴核。又各代表关于该案之修正意见，现已汇集仍交指导委员会附属小组再议。顾维钧。

4. 中华民国驻美利坚合众国大使馆代电

发字第四〇二〇号

中华民国三十五年十一月六日发

外交部钧鉴。关于远东委员会对日基本政策修正案稽延已久,最近始经特别小组委员会通过。本日该案提交指导委员会讨论,但各国代表均因准备不足主张延至下次开会时讨论。查该报告书关系至大,例如内中涉及将来各国应得赔款比率须照广泛政治理由分配一点殊欠周详,似应根据我国立场得"广泛政治理由"一词妥为解释。俾将抗战期间长短、所受损失轻重、被占领土面积以及对于战败日本贡献等因素列入,以便将来争取赔款比率时得有根据。兹谨检同该特别小组委员会报告书一份随电呈送敬祈鉴察,并即予电示我方应取态度,俾得遵循。顾维钧叩。

("外交部"档案,册名:盟国对日基本政策,档案号:071.1/0002)

5. 对日和约——领土问题

NO:57 黄司长正铭

（甲）日本领土范围问题　对日和约领土方面主要问题

波茨坦宣言规定日本领土以本州、北海道、九州、四国及其临近诸小岛屿为限。此项小岛界限如何有待和约加以规定。惟盟军总部前曾颁发指令规定占领期间日本暂时行政区域可供参考。

（乙）琉球群岛及其他自日本划出岛屿处置问题

琉球群岛、小笠原群岛、伊豆南方诸群岛及其他所有在太平洋上之岛屿如大东群岛冲鸟岛南鸟岛中鸟岛之处置问题。

（丙）哈火马澁群岛处置问题

哈火马澁群岛亦名齿舞诸岛，位于千岛群岛与北海道间，是否应归还日本，抑作其他处置，须加研究。

（丁）朝鲜疆域问题

韩国独立以后，其疆域应如何划定问题。

6. 日本疆域问题——盟总指令之研究

张廷铮

NO:38　黄司长正铭

一、盟总指令颁发时期

我和约草案,根据波茨坦宣言,规定日本领土以本州、北海道、九州、四国及其邻近诸小岛屿为限。此项小岛,究应如何划定,盟军总部于一九四六年一月廿九日,曾颁布指令,详细规定,以为占领期间日本之行政区域。盟总指令对和约自无任何拘束力,惟此为最重要之参考文献,我现拟参照此项指令,划定各小岛并制备地图附约,惟该项指令所定范围,是否妥当,须加研究,兹分三部分,加以说明。

二、应无疑问脱离日本管辖地区

根据盟总指令第四项,规定"下列各地域应不属于日本帝国政府之政治上及行政上之管辖":

甲、日本于一九一四年世界大战开始后,受委任统治或以任何名义夺取我占领之太平洋上之一切岛屿。

乙、东北四省、台湾及澎湖列岛。

丙、朝鲜。

丁、桦太(库页)。

盟总此项规定,乃系根据开罗宣言,雅尔达密约及波茨坦宣言,故除非此项宣言密约本身失效,则以上规定,当无不妥之处。

查一九四三年十二月一日开罗宣言载:

"三国之宗旨,在剥夺日本自从一九一四年第一次世界大战开始以后,在太平洋上所夺得或占领之一切岛屿;在使日本所窃取于中国之领土,例如"满洲"、台湾、澎湖群岛等。归还中华民国,日本亦将被逐出于其以武力或贪欲所攫取之所有土地;我三大盟国轸念朝鲜人民所受之奴隶待遇,决定在相当期间,使朝鲜自由独立。又根据一九四五年七月廿六日波茨坦宣言第八项之规定:

"八、开罗宣言之条件,必将实施,而日本之主权,必将限于本州、北海道、九州、四国及吾人所决定其他小岛之内。"

至于库页岛,则根据一九四六年二月十一日雅尔达密约第二项(甲)款规定:

"库页南部及其邻近之一切岛屿,应归还苏联。"

三、须加以研究之地区

根据盟总指令第三项:

"三、本指令之目的,在规定日本领有日本四个主要岛屿(北海道、本州、四国、九州)及对马岛、北纬三十度以北琉球(南西)群岛(口之岛除外)约一千以内之邻接小群岛。

下列各岛不属于日本:

甲、郁林岛、竹岛、济州岛。

乙、北纬三十度以南之琉球(南西)群岛(包括口之岛)、伊豆、南方小笠原、火山(硫黄)群岛及其他所有在太平洋之上岛屿(包括大东群岛、冲鸟岛、南鸟岛、中鸟岛)。

丙、千岛群岛、哈火马澁群岛(包括水晶、勇留、秋勇留、志发、多乐群岛)、伊丹岛(色丹岛)"

关于盟总指令不属日本之各岛,是否妥当,及有无根据,兹分别研究如下:

甲、郁林岛、竹岛、济州岛。

(1)郁林岛原属新罗,庆长之役时,为日军所占领,德川幕府时,复归还韩国,日本并朝鲜后,仍属朝鲜庆尚北道管辖。其本岛为七二·五平方公里,竹岛即为属岛,人口据一九二八年调查,为一〇四六六人,日本人仅占六百名,则郁林岛、竹岛不应划归日本,自属允当。

(2)济州岛为朝鲜第一大岛,战前属朝鲜全罗南道,面积为一八四六平方公里,人口一九五二一八人,内日本人仅一一二五人。济州岛在历史上既属朝鲜,人口又系朝鲜人占绝大多数,自不应属于日本。

乙、北纬三十度以南之琉球群岛及伊豆、小笠原群岛等。

(1)琉球群岛——隋唐以降,琉球即属我属地。明清两代,世受册封,史籍斑斑可考。一八七九年,日本并琉球,废藩为县,改名冲绳,但中国始终未承认,迄今仍为外交悬案。故琉球之不应归日本甚明。惟日外相芦田,于本年(一九四七年)六月五日表示并非基于经济上之价值,而系基于感情上之意义,对冲绳岛及千岛群岛中之若干岛屿,表示保留之愿望,而日本政府对和约领土部分所提意见,希望收回琉球之一部分,即北纬廿七度零四分以北各岛。其所执理由为北纬廿七度零四分以北之领土,系庆长十五年(一六一〇)岛津在征伐琉球时所得而非明治后侵略之领土。然按之史实,北纬廿七度零四分至三十度间之各岛,原为琉球旧王国领土,日方要求,依下列理由,应不能成立。

(一)庆长十五年之割让,在日方记录,幕府并未作正式承认。

(二)宗主国之中国政府,并未接受日政府及琉球王之此项咨文。

(三)琉球国王贡船船员之血书□词否认岛津并吞五岛屿。

(四)明清两代,琉球王□□受册封,册封范围为三府三十六岛,即包括廿七度〇四分至三十度间之各岛。

故盟军总部规定北纬三十度以南琉球群岛不归日本,实属妥当。

(2)至于伊豆、南方、小笠原、火山群岛、冲鸟岛、南鸟岛、中鸟岛等。战前原属东京府管辖。伊豆七岛(大岛、利岛、新岛、神津岛、三宅岛、御藏岛、八丈岛)及南方群岛,均位于东京湾外,□东京湾之形势,旧设大岛支厅与八丈岛支厅管理之。惟盟总于一九四六年三月廿二日又发表一项指令将伊豆群岛、南方群岛(包括孀妇岩),重行划归日本行政管辖范围,此项修正,或由于日人之请求。但自防止日本□□侵略之□□言,此种修正,似无必要。小笠原诸岛,原不属日本,十九世纪时,英美等过捕鲸船常至其地,称为(□Island)。明治八年(一八七五)始归日本占领,属东京府管辖,设有小笠原支厅。

硫磺列岛,以北纬廿五度为中心,有火峰三,分北中南三岛,其中以南硫磺岛为最高,该岛与马利安群岛相近,故形势甚为重要。硫磺列岛之南,则为冲鸟岛,均属东京府管辖。

中鸟岛位小笠原诸岛之东,再东有南鸟岛,再东南八百海里,为美属威克岛□旧属小笠原支厅管辖,故亦属东京府。

大东群岛,内分北大东岛,南大东岛与冲大东岛,距大琉球约二百海里,原属琉球岛尻郡管辖。

以上各岛,均为交通上战略上重要基地,经济上之价值,殊不足道。故将以上各岛脱离日本管辖。对日本经济上并无影响。为彻底解除日本武装,防止其再起侵略,将以上各岛不归日本管辖,乃贯彻波茨坦宣言中之主张,应认为适当。

丙、千岛群岛,哈火马澁群岛,伊丹岛(色丹岛)

(1)千岛群岛位于北海道与堪察加半岛之间,一八七五年为日本占有。

色丹岛为千岛九郡之一，亦属千岛范围，根据雅尔达密约第三项："千岛列岛应交与苏联。"则盟总规定不属日本，亦属允当。

（2）哈火马澁群岛（包括水晶、勇留、秋勇留、志发、多乐群岛）旧均属北海道根室之花咲部，附近之北海道东面半岛称花咲半岛，亦称齿舞半岛。故上述诸岛，亦称齿舞诸岛。战前花咲部与千岛九郡均隶属根室支厅。因此哈火马澁诸岛，自不能视为千岛群岛之一部，该群岛现由美军占领，盟总指令并未将其列入日本领土，惟既为日本原有国土，似仍应归日本。

四、建议将对马岛脱离日本管辖

除盟总指令各地，向应脱离日本外，对马岛似亦应脱离日本。对马岛属长崎县，在壹岐岛西北约三十三海里，北与釜山相对峙，其北段之□岬距釜山约三十海里，群岛位于日本海与黄海之间控两海之咽喉，乃形胜之地，自古即为中国与朝鲜之交通要津，亦为朝鲜与九州间之中转港。主岛二分，北称下岛，南称上岛，面积约四十四方里，岛上港口有三，一在上岛东海岸，称严原町，一在下岛西海岸，称鹿儿，一在下岛北海岸，称佐须奈村，俗称对岛三港。严原町实为岛厅所在地，其北四公里之鸡知村，为陆军要塞司令部，此外福浅海湾之竹敷，则为日本海军基地，日俄战争时上村□队，即以竹敷为根据地。对马人口，约六万五千，岛民以渔业为主，年产值约值二百五十万日元。

对马岛古称对马国，随日本之盛衰而时起时伏，唐时刘仁轨率水军击溃日军于白江口，日本乃退出对马。八一三年以后对马为朝鲜新罗之势力范围，且常进兵出袭九州，一〇一九年契丹部属之东丹国，由刀伊（Toi）率兵五千，乘战船进驻对马，并占领壹岐，侵入九州之博多、怡土、早良、志摩诸郡。日本镰仓时代（一一九二一一三三二年）对马国王阿比留氏，仍能保持独立，而后兴兵讨日本，又曾占领对马。幕府时代，对马称严原藩。明治二年（一八六九年）始废严原藩变为严原县，嗣又改隶伊万里县。明治五年（一八七二年）始属长崎县。

故就历史而言，对马时而独立，时属中国，时属朝鲜，时属日本。就军略上言，对马控制黄海，为我海防前卫，实不能令其重属日本，且此岛人口仅六万五千，渔产年仅二百五十万日元，脱离日本，在经济上所损有限，人口亦易移殖，最好交我国或美国或中美共同托管。不然亦可归韩，而在韩国独立前，由美国托管。

7. 关于解决日本领土问题之意见

驻日代表团

NO:26　黄司长正铭

第一部分

日本领土，盟总虽曾有指令规定，不能完全以之为将来日本之永久疆域，其理由如次：

一、就内容言，盟总之指令所规定者与同盟国公认不扩张领土之言则不尽一致。

二、就政策言，该指令关于日苏疆界之规定赖以雅尔达密约为根据，该密约关于对日领土条款，我方似不应无条件加以承认而放弃我运用外交策略之机会。

第二部分

将来日本之永久疆域及自日本划出岛屿之处分

一、就我国之立场而言，决定未来日本之永久疆域及处分自日本划出之岛屿似应估计下述诸原则：

甲、减削日本向外侵略之根据地藉以防止其扩张领土之野心。

乙、严格执行开罗宣言及波茨坦宣言之规定。

丙、遵守同盟国公认不扩张领土之声明。

丁、日苏边界之划分不以雅尔达密约为唯一根据。

戊、关于日苏边界之划分于可能范围内同情日本之愿望。

二、将来日本永久疆域之范围及内容如次：

甲、经纬度（包括千岛列岛）约略如次（□经纬度清参考海□划定之）……

子、北纬三十度至五十一度（包括三十度以南之孀妇岩，但三十度线上之口之岛除外）

丑、东经一百廿八度（原属朝鲜半岛屿除外）至一百五十七度

乙、内容

子、本州四国九州北海道四大岛及其约一千之附属小岛屿

丑、日下苏军占领下之千岛列岛仍属日本

1. 千岛列岛中南千岛（即择捉岛及其以南之色丹岛、国后岛诸岛）须为日本之领土，而北千岛（即择捉海峡以北诸岛）系日本以南库页岛，依一八七五年五月七日日俄库页岛千岛交换条约与俄国交换而得，并非以武力掠夺而有之，土地如□□遵守同盟国公认不扩张领土之原则，则千岛列岛自应仍属日本为宜。□该列岛为北太平洋重要战略地，□美方得之可以封锁苏联，完成其大国航线，苏方得之，可以威胁阿留申及阿拉斯加。苏方将坚持割让该列岛自为意中事，美方因受雅尔达密约之拘束，不但不能提出据该地为己有，且对于苏联割让该地之要求亦恐亦难正面加以拒绝。基于此种优势，我方如提出该列岛归日，非但恩惠日方，且实际上配合美方战略上之利益，自当为美方所欢迎。就外交实势之运用而言此，或可作为我国将来争取琉球群岛之一种手段。

2. 如我提出千岛列岛□□归日□□上不能实现，则我方似仍可提出以该列岛中之南千岛归日，作为我退一步之主张言。□□群岛（北海道□□）□□岛现由美军占领，盟总指令并未将其列入为日本领土，□既为日本原有疆土应仍归日本。

三、自日本划出岛屿之处分

甲、□□岛（口之岛及大东岛、该岛之处分亦同）□有专案□□一七〇□"关于解决琉球问题之意见"。

乙、小笠原群岛（南鸟岛及中之鸟岛之处分亦同）□□且其中之文岛为良好之战略基地。

子、我方希望由中美□□

丑、如此□□不克实现，则由美国单独托管。

丙、硫磺列岛（□火山列岛、冲之岛之处分亦同）美国于我□□←攻克该地，改将来由美□□所必须。

丁、□□应予以承认。

（"外交部档案"，册名：对日和约——领土问题，档案号：012.6/0138）

8. 举国抗议菲律宾对琉球台湾荒谬言论

事由:准广东省参议会代电菲律宾对台湾琉球发表荒谬电请提出抗议予以纠正由

拟办:

决定办法:

天津市临时参议会

外交部公鉴:广东省参议会本年十一月十一日议字第二八六三号代电开。顷致外交部代电文曰:"查本会第二届□会委员会第二次会议关于菲律宾发表反对琉球归还我国,及建议以民族自决方式确定台湾地位,言词荒谬,亟应敦促政府及唤起全国民众立予纠正,以维护领土主权之完整一案。佥以台湾琉球夙隶我国版图,其历史地理与文化等等关系与我国渊源最深。胜利以后,台湾重归祖国,早为四强同意,抑亦见诸事实。此次对日和约之草拟,收回琉球亦属我朝野上下一致之要求,盖以领土为民族生存之要素,前遭宰割隐痛方深,今庆重光金瓯可补。乃菲律宾竟蔑视事实、罔顾邦交,发出此荒谬言论,希图以此试探国际反响,蕴蓄阴谋、别具怀抱、心所谓危、难安缄默,亟须唤起全国力量一致反对,以表示我民族之愤慨。当经决定电外交部提出抗议,予以纠正,并通电各省市参议会一致响应等议纪录在案。出分电各省市参议会外,相应电请查照一致,响应为荷"等由准此。查台湾琉球系我国版图,已为无可否认之事实,并经开罗会议决定归还我国。当兹我国正在设法收回琉球之际,菲律宾竟发表荒谬言论,实属忽视事实、罔顾邦交。拟请贵部提出抗议,予以纠正,以正视听,实深感盼。天津市临时参议会,亥鱼印。

监印校对　萧治长

广东省政府代电

卅六年十一月十五日收文

摘由:为菲律宾对台湾琉球发表主张言论荒谬电请提出抗议予以纠正由

拟办:移送亚东司□□

批示:彭　十一·十八　正铭　十一·十八

广东省参议会代电

议字第二八六三号

中华民国三十六年十一月十一日发

事由:为菲律宾对台湾琉球发表主张言论荒谬电请提出抗议予以纠正由

外交部王部长勋鉴:本会委员会第二次会议关于菲律宾发表反对琉球归还我国,及建议以民族自决方式确定台湾地位言词荒谬,亟应敦促政府及唤起全国民众立予纠正以维护领土主权之完整一案。佥以台湾琉球夙隶我国版图,其历史地理与文化等等关系与我国渊源最深。胜利以后,台湾重归祖国早为四强同意,抑亦见诸事实。此次对日和约之草拟收回琉球,亦属我朝野上下一致之要求。盖以领土为民族生存之要素,前遭宰割隐痛方深,今庆重光佥甄可补。乃菲律宾竟蔑视事实,罔顾邦交,发出此荒谬言论。希图以此试探国际反响,蕴蓄阴谋、别具怀抱、心所谓危、难安缄默,亟须唤起全国力量一致反对,以表示我民族之愤慨。当经决定电外交部提出抗议,予以纠正并通电各省市参议会一致响应等议纪录在案。除分电各省市参议会外,相应电请察照提出抗议予以纠正,并希示复为荷。广东省参议会议长林翼中。穗议戌(真)印。

台湾省屏东市参议会代电

屏参秘字第二五六号

中华民国卅六年十一月十五日收文

拟办:□□

决定办法:交会□□

中华民国卅六年十一月十一日发

外交部部长王钧鉴:报载马尼剌公报,发表菲政府反对琉球归还我国,并将寻求以民族自决方式,确定台湾政治,消息传来,全民震愤,查琉球向系我国版图,后为日本恃强占据,依历史、地理、文化之结论归还我国为必然之理,至于本省,六百万同胞,均系来自闽粤,纯为大中华民族,生死存亡,惟中华民族为依归。抗战胜利,重归祖国怀抱,台胞空前兴奋,世所共知,虽谬论不值识者一笑,惟为矫正听闻,维持我国威严起见,同仁等特代表全市十一万市民电请钧部强硬外交严驳谬论以正听闻。台湾省屏东市参议会议长张吉甫暨全体参议员,卅六,戌(灰)全叩。

青岛市参议会代电

中华民国卅六年十二月十二日收文

摘由:为关于菲律宾发表反对琉球归还我国及建议以民族自决方式确定台湾之荒谬言论应请提出抗议由

拟办:移　亚东司□□

青岛市参议会代电

青参字第2291号

中华民国三十六年十二月八日发

南京外交部王部长勋鉴:顷准广东省参议会戌文代电,略以关于菲律宾发表反对琉球归还我国,及建议以民族自决方式确定台湾之荒谬言论,应请提出抗议予以纠正,嘱一致主张等由。查菲律宾建议显系国际阴谋从中唆使,以为他日侵裂我国主权领土之主张本,不惟影响我国国际地位,实为破坏世界和平。该会主张洞烛利害,本会深表赞同。除电覆外,特电奉达敬祈注意纠正为荷。青岛市参议会议长李代芳、副议长姜黎川叩。亥□印。

监印:陈寿选

校对:于仙亭

山东省临时参议会代电

卅六年十二月十二日十一时收文

摘由:为菲律宾反对台湾琉球归还我国荒谬言论电请提出抗议并予以纠正由

拟办:移送亚东司□□

批示:阅　正铭　十二·十三

山东省临时参议会代电

议字第六一九八号

中华民国三十六年十二月六日发,十二月十一日收到

事由:为菲律宾对琉球台湾发表荒谬言论电请提出抗议并予以纠正由

外交部公鉴:案准广东省参议会议字第二八六三号戌文代电,以菲律宾发表反对琉球归还我国,及建议以民族自决方式确定台湾地位,言词荒谬,亟应促请当局提出抗议,予以纠正,嘱一致主张等由。本会对该项主张极表赞同,相应电请贵部察照,迅予提出抗议,并严予纠正为荷。山东省临时参议会,亥

鱼秘总印。

　　监印　陈问泉

　　校对　赵宇生

安徽省参议会代电

卅六年十二月廿三日收文

　　摘由：准广东省参议会以菲律宾对台湾发表荒谬言论电请提出抗议嘱一致响应等由电请查照办理由

　　拟办：移送亚东司□□

　　安徽省参议会代电

　　事由：准广东省参议会以菲律宾对台湾发表荒谬言论电请提出抗议嘱一致响应等由电请查照办理由

　　外交部勋鉴：准广东省参议会穗议戌文代电，以菲律宾对台湾琉球发表荒谬言论，已电请贵部提出抗议，予以纠正，嘱一致响应等由。经本会一届三次大会驻委会第九次会议，决定一致响应，纪录在卷。除原电已由该会迳电贵部免拟暨电覆外，相应电请提出抗议，迅予纠正为荷。安徽省参议会秘议庆元，印。

　　监印　吴建吾

　　校对　徐吉甫

中华民国卅七年五月十二日收到

　　案由：辽宁省临时参议会代电请中央采取强硬外交政策在对日和会中坚决要求收回琉球群岛案奉谕交办

　　右案奉

　　院长谕：交外交部

　　相应通知

　　外交部行政院秘书长　甘乃光

　　中华民国卅七年五月十一日发出

　　附件　检送原电一件

　　辽宁省临时参议会代电

　　辽参字第191号

中华民国卅七年四月廿四日发

事由:准山西省参议会电为请中央采取强硬外交在对日和会中坚决要求收回琉球群岛,并对菲政府之荒谬言论严予驳斥以维国权一案,祈鉴核采纳由

南京行政院长钧鉴:案山西省参议会卅六年戍卅代电"为电请中央采取强硬外交在对日和会中坚决要求收回琉球群岛并对菲政府之荒谬言论严予驳斥以维国权"一案,经提本会第二次大会讨论,移交驻委会处理。兹经驻委会决议,电中央一致呼吁纪录在卷。除电覆外理合电请鉴核采纳为祷。辽宁省临时参议会议长李仲华,辽参议卅七,卯□叩。

监印　张露芸
校对　王云山

浙江省参议会代电
浙议字第4401号

事由:准山西省参议会代电为请一致主张促请政府对日和约中坚决要求收回琉球群岛等由零请察照赐□由

外交部公鉴:本会第一届第三次驻会委员会第一次会议关于"山西省参议会代电为二届三次大会决议,促请政府于对日和约中坚决要求收回琉球群岛一案,请一致主张等由提请核议"一案佥以本案本会极表赞同,当经决定一致主张纪录在卷。相应抄附原代电一件,电请察照赐办,盼示后为荷。浙江省参议会(子)(冬),浙驻一议印抄附山西省参议会代电一件。

监印　朱源
校对　柳时立

山西省参议会代电
参秘议文字第〇二七二九号
民国卅六年十一月卅日

浙江省参议会公举本会一届三次大会戍马第十七次会议李参议员茂棣、白参议太冲等提案称:查琉球群岛位于我国东海与太平洋之间,屏藩台湾,拱卫浙闽,远在千余年前即曾入贡于隋。元明以降,世受册封,故无论在地理上、历史上、文化上皆已构成我国领土之一部。同光之际,清势陵夷,日人强据该群岛以为南进之跳板,致我沿海国防顿失凭依。数十年来备受侵陵。此次日

本败降，依□波茨坦会议所宣布之通牒，日本领土仅限于其本部四岛，琉球群岛为此必须吐出之赃物。按诸国际公理，其应归还我国乃属毫无疑义。据最近合众社电讯，菲律宾政府将于对日和会中反对琉球群岛归还中国，似与蔑视历史，本实违反国际正义之论调，殊非我国民众所能容忍，亟应电请中央采取强硬外交及一切必要步骤，在对日和会中坚决要求收回琉球群岛，并对菲政府之谬论严予驳斥，藉以肃正国际听闻，维护我国权益感情。当经一致决议通过纪录在卷。除电请中央外，特电请查照一致主张为荷。山西省参议会，戌卅参秘议三印。

河南省参议会代电

卅六年二月六日收文

摘要：为菲律宾对台湾琉球发表荒谬言论案电请抗议由

拟办：移亚东司　会办　廷　铮□□

河南省参议会代电

民国卅六年十二月廿六日

事由：为菲律宾对台湾琉球发表荒谬言论案电请抗议由

南京外交部公鉴：查台湾琉球夙隶我国版图，□历史、地理与文化等等向系与我国渊源最深。胜利以后，台湾重归祖国，早为四强同意，抑亦见诸事实。此次对日和约之草拟，收回琉球亦为我朝野上下一致之要求。乃菲律宾竟蔑视事实、罔顾邦交，发出反对琉球归还我国及建议以民族自决方式确定台湾地位，言词荒谬，别具坏图、心所谓危、难安缄默，相应电请查照提出抗议，予以纠正为荷。河南省参议会，亥寝印。

（"外交部档案"，档案号：020-010707-0003）

9. 日本领土处理办法研究

"民国"三十九年一月廿九日

日文英文地名对照表

RYUKYU Island	琉球群岛
Yonakoku	与那国岛
Iriomoto	西表岛
Namiteruma	波照间岛
Sindjio	新城岛
Kuru	黑　岛
Ishigaki	石垣岛
Tarama	多良间岛
Mitsuma	水纳岛
Miyako	宫古岛
Irabe	伊良部岛
Ikema	池间岛
Kumi	久米岛
Kurama	多良间列岛
Tanshi	渡名喜岛
Akuni	栗国岛
Iye	伊江岛
Okinawa	冲绳岛
Imiya	伊平屋岛
Isena	伊是名岛
TOKURA GUNTO	宝岛群岛
Yokoate-sh	横当岛
Tokara-sh	宝　岛
Kotakara-sh	小宝岛

Mkusesi-sh	恶石岛
Suwase-sh	辄访濑岛
Hira-sh	平　岛
Nakano-sh	中之岛
Gwaja-sh	卧蛇岛
Kuchino-sh	口之岛
AMAMI GUNTO	奄美群岛
Yoron	与论岛
Okino-erabu(oakin)	冲之伊良部
Tokumo	德之岛
Tori	鸟　岛
Amamio	奄美大岛
Kakeruma	佳计吕唐岛
Kikaiga	喜界岛
DAITO Shoto	大东诸岛
Kita-daito(N. Borodino)	北大东岛
Minami-daito(S. Borodino)	南大东岛
Oki-daito(Rase I.)	冲大东岛
IZU Shichito	伊豆七岛
O-shima	大　岛
Shin-shima	新　岛
Kodzu-sh.	神津岛
Miyake-sh.	三宅岛
Mikura-sh.	三仓岛
Hachijo-sh.	八丈岛
Aoga-sh.	青　岛
NANPO Island	南方群岛
Bayonnaise I.	——

Smith I.	——
Volcano I.	火山岛
Tori-sh. (Ponajidin)	鸟　岛
Sufogan(Lot's wife)	孀妇岛
Ogasawara Gunto(Bonin Is.)	小笠原群岛
Muko-sh.	聟　岛
Chichi-sh.	父　岛
Haha-sh.	母　岛
IWO Gunto(Volcano Is.)	硫磺列岛
OKINO-Tori-Shima(Parece vela)	冲鸟岛
NAKANO-Tori-Shima(Ganges I.)	中鸟岛
MIKAMI-Tori-Shima(Marcus I.)	南鸟岛
CHITO-Reho(Kurile Is.)	千岛列岛(加□林群岛)
Kunashiri	国后岛
Etorupu	择捉岛
Urup I.	得抚岛
Chiliboi I.	知利保以岛
Broton I.	武鲁顿岛
Shimushiri I.	新知岛
Keito I.	计吐夷岛
Ushishiru I.	牛知岛
Rashowa I.	罗处和岛
Raikoke I.	雷公计岛
Matuo I.	松轮岛
Shasukatan I.	捨子古丹岛
Mushir I.	牟知岛
Shirinkotan I.	知林古丹岛
Karinkotan I.	加林古丹岛

Onnekatan I.	温祢古丹岛
Makanrusha I.	磨堪留岛
Paramnshiri I.	幌筵岛
Shumusha I.	占守岛
Aramdo I.	阿赖度岛
HAHOMASE Island	哈火马澀群岛
Shikotan I.	色丹岛
Shihotsu I.	志发岛（又名外津岛）
Taraku I.	多乐岛
Yuri I.（Taka-sh.）	勇留岛（又名高岛）
Akiyuri I.	秋勇留岛
Suisha I.	水晶岛
Ullung-to	鬱林岛
Take-Shima	竹　岛
Saishu-to（Quelport I.）	济州岛

注：以上所列诸岛系根据盟总1946.1.29对日指令规定划在日本领土以外者

Tonega-shima	种子岛
Yaku-shima	屋久岛
Knchino-erabn-shima	日之永良部岛
Two-shima	硫磺岛
Kuru-shima	黑　岛
Uji-shima	宇洽岛
Taka-shima	高　岛
Koshiki	甑　岛
Naga-shima	长　岛
Amakusa-shima	天州岛

GOTO-Reho	五岛列岛
Fukaye I.	福江岛
Roga-sh.	久贺岛
Nara-sh.	奈留岛
Wakamatsu-sh.	若秋岛
Nakatori-shima	中边岛
Nozaki-sh.	野崎岛
Ukushima	宇久岛
Hirado-shima	平户岛
Iki-shima	壱岐岛
TSU-shima	对马岛
Okishima	隐岐岛
Sado	佐渡岛
Okushiri	奥尻岛
Rishiri	利尻岛
Rebun	礼文岛

10. 旧日本领土

南京外交部第三六八号电敬悉，谨查（一）苏联占领下之千岛群岛包括根室支厅根室国花咲郡（Habmis）群岛，即 Tai-aku（多乐）Shibotsu（志发）Yuri（勇留）Akiyuri（秋勇留）各小岛，千岛国色舒郡国后郡纱那郡纳捉郡□木驭郡得抚郡新知郡占守郡等九郡所属各岛，一八五五年《下田条约》俄方承认 Yotorofu 肆峡以南各岛即 Yotorofu（择捉）、Kuashiri（国后）、Shikotan（色丹）、Habomais（哈火马澀）诸岛为北海道属地，此次亦被苏联占领。一八七五年之 Staapetersburg 条约规定 Yotorofu 以北各岛为千岛群岛与南库页岛北纬五十度以南交换，亦被占领中。一八八四年改编为右述九郡岛，均隶根室支厅。（二）对马属朝鲜说，据吉田东伍著大日本地名辞典一六二二页载东国舆地胜览记载，对马州归隶我鸡林，未知何时为倭□握此外尚未获根据。（三）大东岛 Ouagarishima 琉球音计有北大东岛南大东岛及冲大东岛，又称 Pasa（サラ）岛属岛九群三岛通称大东岛群岛。（四）苏联占领下之归日领土华太及千岛方面为北纬四三度五度以北朝鲜为三八度以北。特覆，代表团政。

（"外交部档案"，册名：日本领土处理办法研究，档案号：072.4/0002）

(三) 中韩大陆礁层重叠

1. "经济部"致"外交部"

受文者:"外交部"副本收受者:叶"政务委员"公超"行政院秘书处""中国石油公司"(无附件)

"中华民国"五十九年七月廿四日

一、据本年七月二日中国邮报(China Post)刊载中央东京电讯,略以"日本帝国石油公司与美国海湾石油公司签约,在日本九洲西南海域合作探油。帝国计划在九洲西南之天草岛(Amakusa Island)申请海域石油矿区计四九二六平方公里,及在琉球西南海域申请海域石油矿区四二五三五平方公里,海湾石油公司并计划在琉球西方东海海域做海洋研究调查工作"。

二、查帝国石油公司与海湾油公司合作之天草岛海域矿区乃在连日本大陆礁层之内,依国际惯例,日本政府可能有权批准,但其与海湾公司在琉球以西之海域矿区系在"我国"大陆礁层范围之内,且与"我国"所划海域石油矿区之第四区相重复,该日本政府当无权批准(见附图)。

三、复查日本帝国石油公司与美国海湾油公司间早有协议,即海湾油公司在世界各地所有之矿区,帝国油公司倘认为有兴趣时,均可与海湾洽商加入共同投资。反之,帝国油公司之矿区,海湾亦可加入合作投资。例如此两公司在阿拉斯加与非洲之合作者是。

四、查如上述各节如系属实,则帝国与海湾两油公司之琉球以西矿区显然已侵入"我国"东海域第四、三矿区,及即将设置之第五矿区,易言之,即已侵犯我大陆礁层资源之权益不容忽视。

五、检奉该剪报及"我国"海域矿区与日本海域矿区关系图影印本各壹份,敬请赐迅查明并采取必要措施,以维我权益。

六、函请 查照办理见复为荷。

"部长"孙运璇

2. "经济部"致"外交部"

受文者:"外交部"副本收受者:"行政院秘书处""外交部条约司"(均有附件)

"中华民国"五十九年九月廿五日

一、查我"政府"依照一九五八年日内瓦大陆礁层公约所规定之原则,于五十八年七月十七日声明,对"邻接""中华民国"海岸在领海以外之海床及底土所有之天然资源,得行使主权上之权利,据此声明,本"部"复于五十九年一月八日呈奉"行政院"台五十九经字第〇六一一号令准将"我国"沿海大陆礁层划定为国家石油夹天然气保留区等因,准此,乃在东中国海洋地区,先从台湾海峡,推至北方海域北纬32°以南之海域内,设置五个矿区,其全部面积约廿四万余平方公里。各矿区范围如次:(1)第一矿区:北纬廿五度卅分以南。(2)第二矿区北纬廿七度以南。(3)北三区:北纬廿八度卅分以南。(4)北四区:北纬廿九度卅分以南。(5)北五区:北纬三十二度以南。

二、复查最近韩国政府所划定之七个海底开发矿区,尤其最近宣布之第七矿区之最南端 竟达北纬廿二度三十六分及东京一百廿七度三十八分。正议办间,承准贵"部"五十九年七月廿二日外(五十九)条一字第一三五〇三号函询同案,经查韩国第七矿区显然侵犯"我国"权益,应请设法交涉。

三、至于据报载日本帝国石油公司与美海湾油公司在琉球以西海域进行合作探勘之矿区,如果属实,亦已跨越我第二至第五矿区,侵犯我国权益,业经本"部"于五十九年七月廿四日以发文经台五十九矿密字第〇七八〇号函请贵部查明交涉在案,兹再检附日本矿区与我矿区重复者列图说明如附件。

四、综上所述,韩、日两国所划矿区显然均已侵入"我国"所定之矿区,犯我权益至巨,用特检送《中华民国海域石油矿区图》及《中日韩三国矿区分布图》各一份,敬请迅予采取适当措施,以维我国权益。

五、函请查照办理见复为荷。

"部长"孙运璇

3."中华民国外交部"声明

"中华民国"六十三年二月十四日 第廿六号("中华民国外交部"新闻稿)

关于若干国家最近就开发东海海底资源事所发表之声明及"共匪"提出之非法权利主张,"中华民国政府"兹愿郑重声明:"中华民国"对于自其海岸延伸包括在东海内之大陆礁层,保留其一切权利。此项权利包括探测大陆礁层,及开发其天然资源在内。

上述大陆礁层系与"中华民国"领土相邻接,并为其领土之自然延伸。依据"中华民国"四十七年四月廿九日在日内瓦签订之大陆礁层公约,"中华民国"以沿海国家之地位,对于其所属之大陆礁层,为加以探测及开发其天然资源之目的,有权行使主权上之权利。

因此,"中华民国政府"业已先行在东海及台湾海峡划定五个海域石油矿保留区,并已于"中华民国"五十九年十月十五日由"行政院新闻局"予以宣布。此等区内之探测及开发工作开始业已数年,现正积极进行中。

("外交部"档案,册名:中韩大陆礁层重叠,档案号:602.6/0001)

（四）台湾当局与琉球革命同志会关系档案

1."北美司"收文（0299号）

"民国"五十五年二月十九日

一、准第六组报告：（一）查关于如何支持琉球革命同志会工作案，前经中央工作会议第八十一次会议决定：琉球革命同志会工作深具价值，我应尽力支援，尤其政府派驻当地人员更应密切配合助其发展，可洽有关单位转知注意等语。（二）查琉球地位特殊，情形复杂，尤其目前日本政府当局与亲日分子均全力争取其返归日本，共党亦在从事组织活动之际，其所占地位更为重要，特拟具支援意见如次：

1. 增加琉球革命同志会之补助经费："民国"四十三年由本会工作会议通过每月补助其新台币伍千元，至四十七年增加伍千元，合计新台币壹万元，并正式列入预算，目前已无法肆应其工作要求（本年十一月份琉球立法院总选举，据报该会为友党助选即化去一年之经费），似应报请中常会或工作会议予以调整，改为每月两万元，为保持机密并适应临时情况，拟每年分两次付给。

2. 从经济贸易方面予以支持：为便利琉球同志会之工作，拟由海统会秘密约集外贸会与经济部予蔡璋及该会在我对琉球贸易上酌为便利，俾无形中给予支持，使琉球国民党在政治上更获发展。

3. 派员赴琉视察协调各方关系：针对日本首相等最近赴琉情况，我方亟应协调各方关系，最近期间似应指定一适当人员赴琉视察，对我派驻当地人员作一协调，说明党与"国家"之政策。

二、兹定于二月廿二日（星期二）下午三时卅分假"中央委员会"第三组会议室就上项问题交换意见敬请

查照惠派负责同志准时出席为荷。

此致
"外交部"沈"部长"昌焕同志

谷振海
"中华民国"五十五年二月十七日

2. "北美司"报告

"民国"五十五年二月廿三日

奉 派出席谷振海召开之讨论如何支持琉球革命同志会工作会议，遵经于本月廿二日准时前往参加，谨将会议情形，扼要陈报如下：

一、出席单位："经济部"、"外贸会"、"中信局"、"亚盟"、"外交部"、中三六组

二、主席：张"秘书长"炎元

三、讨论情形：略

四、结论：

（1）关于增加琉球革命同志会之补助经费问题，目前由于财源无着，筹款困难，仍维持中六组原予补助款额每月新台币壹万元。

（2）关于从经济贸易方面予以支持一节，鉴于目前我派驻琉球人员中信局代表段子骏及省商联会代表徐经满二人之间关系不协调，无法在贸易上予琉球革命同志会以任何支持。目前"中信局"已决定将段代表调至马尼剌，拟俟其继任抵琉球后，由中央适时召该二代表返台与有关机关会商指定其中一人负责在贸易方面给予琉球革命同志会负责人蔡璋数笔交易，俾使其可获若干佣金充作补助该会工作之用。

（3）嗣后任何单位派驻琉球人员应经常与中六组联系以便了解琉球革命同志会及蔡璋在琉工作情形，必要时可予协助与支持。

以上会议情形，理合报请

鉴察

职 关镛 谨呈 二.廿三

3. "北美司"收文（0537号）

"民国"五十五年三月二十八日

一、关于如何支持琉球革命同志会工作一案前经约集有关单位研商获致会商意见四项：

1. "中信局"驻琉代表段子骏与经济部、外贸会以商联会名义派驻琉球代表徐经满两人对外皆声言其系代表"政府"，彼此间摩擦无法协调配合，影响当地工作甚大。"中信局"现已将段子骏他调，"经济部"与"外贸会"亦应考虑于适当时机调整人选，以利当地工作之配合。

2. 为使我驻琉各单位工作能集中配合，今后在各单位派遣驻琉人员中应指定一代表，对外代表"政府"，对内负责联系协调各方，以适应实际需要，仍请由"外交部"会同"经济部"、"外贸会"暨"中信局"等单位研商处理。

3. 对于琉球革命同志会工作，我方仍应尽力支持各单位派驻当地人员均应密切配合助其发展，应由各有关单位切实转知注意办理，另由第六组负责督导该会注意健全内部组织积极培植新人展开工作，至其所需经费仍照原有数目予以援助。

4. 关于从经济贸易方面支持在琉工作问题，俟将来各单位人事调整各方协调妥善以及琉球革命同志会更趋健全以后，再商同"经济部"、"外贸会"暨"中信局"等单位研商办理。

二、以上意见经提报本会第二一一次会议决定："本会秘书处再约同有关单位研商后提会"等语纪录在案。

三、兹定于三月卅日（星期三）下午三时假"中央委员会"第三组会议室就上项问题再行交换意见敬请

查照惠派负责同志准时出席为荷

此致

"外交部"沈"部长"昌焕同志

谷振海
"中华民国"五十五年二月十七日

4."北美司"报告

"民国"五十五年四月四日

奉派出席谷振海为讨论如何支持琉球革命同志会工作所召集之第三次会议,遵经于三月卅日准时前往参加,谨将会议情形,扼要陈报如下:

一、出席单位:"经济部"、"外贸会"、"中信局"、"外交部"、中三六组

二、主席:张"秘书长"炎元

三、讨论情形与结论:

(一)关于议程第1项意见调整"中信局"及省商联会驻琉代表人选事,"中信局"代表段子骏与省商联会代表徐经满二人对外皆自称代表"政府",彼此间相互攻击,影响当地工作甚大,"中信局"已决定将段子骏调往马尼剌,遗缺将由该局驻日人员中调任。省商联会代表徐经满似亦宜调换。倘商联会在琉业务可由"中信局"接办,则该会似无另派代表必要。建议请"经济部"与"外贸会"洽商省商联会处理。按省商联会驻琉办事处经费系由"经济部"及"外贸会"共同负担。

(二)关于议程第2项意见,指定我派驻琉球各单位中之一对外代表"政府"事:职首先指出,按国际惯例,一国政府派驻国外之各单位,唯其外交机构始能对外代表政府,其他单位仅能就其本身业务有关之事项代表其所属之政府机关与当地政府有关机关接触商谈,与会各代表旋决定将原议作罢。惟另提议请本"部"考虑在琉设置办事处,以便可以对外代表"政府",同时解决其他各单位驻琉代表自称代表"政府"之争。当经职说明本部在琉设置办事处之议,远在"民国"四十二三年间即经提出,当时我驻长崎陈"领事"且曾奉派赴琉诚洽美军方。据报当时美军当局并未表反对,仅称最后决定权在华府等情。案经本部层呈奉"总统"批示"不必"等因各在卷,查当时我并无任何单位常驻琉球。现在已有二商务单位,且美军方目前对我"政府"在琉设置商务机构亦无异议。就目前本"部"业务而言,当地侨胞之护照案件,本"部"每年十月间均派员赴琉办理,外人签证及侨胞零星申请护照延期及加签等案件,亦经委托当地侨领林伯铸及朱耀煊与"中信局"及省商联会代表等四人代收申请表件转呈本"部"核办。至对其他交涉事项,均由本部透过此间"美国大使馆"处理。办

理以来迄至目前为止,尚无不便之处。倘纯为解决我驻琉人员间之纠纷,似无考虑设处之需要。嗣"主席"综合与会各代表意见后表示本日会议所作各项结论仅系建议性质,须先呈奉谷振海会议核可后始行文建议各有关机关参办。建议"外交部"考虑在琉设处一节,可作为讨论本项之结论。

(三)关于议程第 3、4 两项意见,支持琉球革命同志会工作事经决定由中六组负责协调办理

以上会议情形,理合报请

鉴察

职　关镛　谨呈

5. 中常会谷秘书长呈 "总统"阅批《琉球之现状及我应采态度之研究》报告节录

或曰在二次大战中及其以后，我对琉球曾布署较为积极之行动，但此仅蔡璋一人而已，而蔡璋在琉人中，似无号召力，不仅琉人否认其代表性，即日本亦持此一态度，犹忆"民国"五十三年十一月，"亚洲人民反共联盟"在台湾举行会议时，蔡璋以琉球观察员之身份列席，竟曾引起日本之反感，吾人检讨此廿余年来对琉球所费之心力，成就甚少，反观日本，其对琉球之笼络与羁縻，普遍而深入，勿怪其有如许惊人之成就也。

琉球为自由世界中西太平洋防线之一环，居台湾之东北部，为台湾右后方之门户，其地位极为重要，将来反攻大陆时，亦为重要战略据点，琉球之政治情况，表面由美国统治，然美国近年致力经营关岛，似有于必要时退出琉球之可能，而实质上完全为日本控制，惟日本左倾份子活动甚为积极，在如此情况下，将来演变，实难臆测，而对我影响之将亦将值注意。

当前"我国"虽以反攻"复国"为唯一急务，似无余暇顾及其他问题，但琉球之地位既如此重要，我似不应等闲视之，基于中琉之历史渊源及"我国"反共前途，我对琉球之关系，似宜重新检讨，"我国"不欲琉球之再次落入日本之手，更不能忍受琉球之赤化，针对此一要求，"我国"有关机关应即研订一明确而积极之政策，并须采行妥善具体办法付诸实施，俾钧座使亚洲各弱小民族完全独立之主张得以实现，基于战略要求，亦应获得可予利用至少不致掣肘之近邻也。

（"外交部"档案，册名：琉球密卷，档案号：019.12/0004）

二、"中央研究院"藏"立法院"档案

1. "院会"纪录

"主席":请李"委员"明宪发言。

　　李"委员"明宪:(九时三十一分)"主席"、各位同仁。刚刚邱"委员"毅发言表示支持教师大游行,基本上个人也认为,教师可上街头表达个人意见,教师大游行的做法是可以的;但是,方才另有"委员"提及教师是弱者,个人并不认同,先前发言的"委员"表示:五十多年来教师没得到照顾。这是真的吗?如果是真的,那么过去的执政党是不是应作检讨?本席认为,教师走上街头,如果是为了个人的利益,做法上并不足取。

　　今天本席要谈的是,李登辉先生最近被统派人士"K"得满头包,据报道指其因是李登辉讲了一句话:"钓鱼台是日本人的领土。"本席不清楚李登辉到底有没有讲这一句话,但是,金介寿却为此到"立法院"抗议,并表示他是最爱国的人。我想金介寿应该是来作秀的吧!又不是我们认同钓鱼台是日本的领土,金介寿怎会选择到"立法院"来抗议呢?从历史的观点来看,钓鱼台主权属于台湾应不会错,而李登辉先生说这句话,难道有错吗?我们应该想想他是从哪一个角度来思考的,从固有的疆域来看,蒙古也是"中华民国"的领土,但我们真能因而保有对蒙古的主权吗?本席认为不太可能。我想李登辉先生说这句话的主要意思是,钓鱼台到底是谁的领土有其争议性,几十年来大家为此而有所争执,希望今天能藉由这个机会,透过协调与日本谈判,从而为台湾渔民争取在钓鱼台海域的捕鱼权。本席以为,从这个角度来思考李登辉讲这句话,其用意是没有错的,李登辉先生的精神是可嘉的。本席不是现在才嘉许李登辉,在李登辉先生还是国民党党员的时候,在李登辉先生担任"总统"时,我们就对其特别地敬重,我们不会因为其为国民党的人而讨厌他,国民党有好人也有坏人,请不要因讨厌李登辉,就认为其所说的话皆无道理,李登辉这几天讲的话,本席认为其精神可嘉。

(《"立法院"公报》,第九十一卷,第五十七期院会纪录)

2. "院会"记录

"主席":请高委员明见发言。

高"委员"明见:(九时十七分)"主席"、各位同仁。根据日本《读卖新闻》报导,日本政府已经于去年十月,以两千两百万的日币,等于六百多万的台币,向"民间人士"承租钓鱼台群岛中的"钓鱼岛"、"南小岛"和"北小岛"等三个无人岛。很明显地,日本政府此一动作是要争夺钓鱼台的管理权,更甚者是想拥有领土权。对于日本的这种动作,我们"政府"只有口头宣示:"'中华民国'拥有钓鱼台主权,无论外国政府或团体如何宣示,都不会改变这项事实。"然而,相较于日本政府的动作频频,企图以各种手段积非成是,进而营造主权归属的"既成事实",我"政府"却只停留在口头宣示,未见任何实质、有意义的动作。

不过,"政府"既然明确宣称"我国"拥有钓鱼台主权,钓鱼台就是"国有财产",民间当然也就可以依照国有土地承租办法,向政府提出"承租钓鱼台"的申请。一旦取得"租约",民间就得以主张承租者的权利,阻止日本政府在钓鱼台岛屿的非法登陆、非法使用和非法建筑。实际上,钓鱼台距离台湾最近,所涉及的不止是头城渔民捕鱼的权益,更重要的是地下所蕴藏的丰富油矿,我们可以前往探勘。所以,既然"政府"不便或不愿意出面,民间团体就应该联合起来共襄盛举,向"政府"承租钓鱼台三个小岛,我们也要维持这个岛的租约权,将来日本或任何政府要登陆、建筑、使用,我们一样可以阻止。因此,要发挥民间的力量来保护我们对钓鱼台的捕鱼权以及石油的探勘权。希望全民来共同阻止日本这种积非成是的强制作法,总之,我们应该向"政府"承租钓鱼台三个小岛,以保护我们在钓鱼台领土的主权。谢谢!

"主席":请杨"委员"琼璎发言。

杨"委员"琼璎:(九时廿分)"主席"、各位同仁。在新年度的开始,本席祝福所有民众,在羊年都能温暖、平安与快乐;同时也要期许我们行政部门,不要洋洋得意、得意忘形。本席今天的主题是"改革救台湾",最近我们一直在探讨特别预算七百亿是否要通过的问题,关于特别预算,本席首先要给我们"政府"几个特别奖。这几年是历年来所有首长更换最多的,这是一个特别奖;另外一个特别奖是,"民国"八十八年七月的总决算平衡后,我们尚有岁计剩余一千零七十亿元,但是在短短两年的时间,我们就亏损了这么多,而且现在每年以亏损二千五百亿元的速度在累计增加中。

另外,在民调中有七成老百姓为失业感到忧心和恐惧,而且这种恐惧在这两三年来不断地在累计增加,为什么如此严重的问题,竟然要用一个称为"特别预算"的方式来解决?这应该是我们"政府"首先要努力解决的课题,而且不能头痛医头、脚痛医脚,何况也医不了。虽然我们支持七百亿的预算,但是我们也知道七百亿的预算,并没有办法使七十万以上的失业人口,都得到平均、平衡的保障。所以我们要求"政府"要拿出魄力来解决这些问题。目前在教育方面,有六成以上的民众都感到忧心,不知所措!老百姓、学生的压力都很大,对于课本是否可以连贯都伤透脑筋;在治安方面,也有五成三的民众感到生活恐惧,因此我们希望"政府"不要得意忘形,忘记老百姓的痛苦。我们非常诚意的建议"政府",不要洋洋得意、得意忘形,希望"政府"拿出魄力,改革救台湾。谢谢!

"主席":请钱林"委员"慧君发言。

钱林"委员"慧君:(九时廿四分)"主席"、各位同仁。钓鱼台究竟是两岸的和平岛?抑或是火药库?有人认为这是火药库,因为它确实是造成东亚不安定的定时炸弹,而且两岸如果要和平,就应该撤除飞弹,这样中国和台湾才会有和平,而不是用民族主义的方式去拿回钓鱼台。

其实要拿回钓鱼台只有两种方法:一种方法是,由台湾派兵去拿回来,这要看看有没有这种本事。第二种方法是,经过国际法庭的仲裁,来判定领土的归属。若是没有办法用这两种方式,"立法委员"就不需要说太多话。

(《"立法院"公报》,第九十二卷,第五期院会记录)

3. "院会"纪录

"主席":请吴"委员"清池质询,询答时间为 15 分钟。

　　吴"委员"清池:(15 时 25 分)"主席"、"行政院刘院长"、各部会首长、各位同仁。首先,请刘"院长"调查我们的邮政单位,从 1945 年日本将台湾归还给中华民国政府到现在为止,我们寄到钓鱼台列屿的信件,有几件收到。请邮政单位调查是不是有这些资料,这是非常重要的,因为有信件寄到钓鱼台列屿的数据,相信对我们将来申请钓鱼台主权时,会有非常大的帮助。钓鱼台的邮政区号属于南海群岛诸岛。南海群岛诸岛包括东沙、南沙和钓鱼台列屿,邮政区号为 290。这在我们官式的邮政信封里列得相当清楚,大家可以查一查。

　　另外,有关钓鱼台部分,我想,这是具有历史性和高度敏感性的。我向"院长"作一说明,同时也让大家更了解钓鱼台的历史背景。1894 年爆发甲午战争后,当时满清政府因为在三四个月里接连战败,所以和日本签订《马关条约》,把台湾和台湾周边列岛割让给日本,同一时间也让朝鲜独立。此外,还赔偿日本两亿两金币,开长沙、苏州、杭州、重庆作为日本通航的重要港口。当时的满清政府几乎可以用丧权辱国来形容,这也是满清政府那么受到批评的原因。然而,在第二次世界大战的时候,问题就来了,1945 年 8 月 6 日至 9 日,美军在广岛投下原子弹,后来日本就投降了,日本投降之后,美国从中介入,把台湾以及台湾周边的几个岛屿(包括澎湖)归还给中华民国政府,不过,当时美国为了自己的需要,可说是独漏或是误将钓鱼台没有放在归还给中华民国政府的范围内。

　　关于钓鱼台,有一个很重要的时间点,先回溯到 1880 年,在签订《马关条约》之前,即割让台湾以及旁边列屿之前,日本政府就私自将钓鱼台登记在日本琉球群岛的范围内,当时的中国政府(即满清政府)并没有同意这件事,所以这个时间点非常重要。然而,今天钓鱼台之所以会有主权的问题存在,关键是在美国。虽然今天我们非常强烈的主张钓鱼台的主权,但是在历史背景上,我们又感到非常无力,因为美国完全掌控了钓鱼台的主权。在第二次世界大战的时候,美国要将台湾归还给中国国民党政府,当时并没有将钓鱼台直接交给中国政府,反而将钓鱼台交给美国托管,请问"院长",是不是有这回事?

　　"主席":请"行政院"刘"院长"答复。

刘"院长"兆玄：(15时32分)"主席"、各位"委员"。是交给日本？

吴"委员"清池：有一段时间是交给美国托管，美国后来才交给日本，有没有这回事？本席现在问的这个问题很重要。

吴委员清池：所以钓鱼台的主权问题就是出在1880年，日本私自先将钓鱼台登记在日本琉球群岛的范围内，他们是在签订《马关条约》之前就做这件事了，当时中国政府有反对这件事，这表示钓鱼台是属于中国领土的一部分。就是因为有错综复杂的历史因素，才会造成目前钓鱼台之主权争议。其实我们非常了解"政府"与民间的关系，"政府"与民间都希望钓鱼台的主权能非常明确的成为"中华民国"的领土之一，而保钓人士就是希望能取得钓鱼台的主权。

至于钓鱼台主权的处理方式，不是说我们的船只开到钓鱼台的周边晃一下，就表示这是我们的领土、宣示我们的主权，或是到那里插一面旗子，就是宣示这是我们的主权，其实这么做是不够的。

在整个情势上，真正要去解决钓鱼台的问题，相信"院长"应该相当清楚，除了美国站出来，或是我们把1880年的所有资料调出来，因为日本未经中国同意就将钓鱼台登记在日本琉球群岛的范围内。1895年签订了《马关条约》，1945年日本战败之后，他们就把台湾归还给我们的政府，所以钓鱼台问题的症结是在国际的政治性因素。在大家知道这个历史背景之后，本席希望我们的"政府"能用这样的思维好好跟美国交涉。

当时美国把台湾从日本的手中交还给中国政府的时候，为什么会误将钓鱼台没有归还？我们对此研究了相当长的时间，可能有几种情况，其一是战略性的需要，因为钓鱼台的范围可以穿越、飞越航空、海域，穿越钓鱼台就等于侵害了美国与日本的领土，当时中国政府、台湾是否知道这件事？我们并不了解当时协商的实际内容。因为钓鱼台在美国或日本的托管之下，它在保护台湾的国土安全上，有政治以及战略性的需要，所以当时是睁一只眼、闭一只眼，故意把钓鱼台不放在归还给中国政府的范围之内，所以文字上根本就看不到。

其实现在是最好的时间点，因为现在的民气可用，国际情势也可用，两岸关系也可用，而且大陆也不希望钓鱼台是属于日本的领土，"中华民国政府"也不希望钓鱼台是属于日本的领土，所以在现阶段，希望我们的"政府"能够跟对岸共同协商，对岸也一起站出来，也就是说，中华人民共和国和"中华民国"都站出来跟美国、日本交涉，因为从历史背景可知，钓鱼台的确是属于中国的领土之一，这是不可分割的事实！因为1880年，日本在签订《马关条约》之前且未经中国政府同意，私自将钓鱼台登记在日本琉球群岛的范围内，但1895年才签订《马关条约》，他们是在1892年去登记的，虽然1895年签订《马关条约》之后，将台湾、澎湖割让给日本，但是在3年前，即1892年，日本未经人家同意就把钓鱼台登记为自己的领土之一。当时在割让的时候，应该没有把钓鱼台割让给日本，我相信1895年所签订的《马关条约》，应该没有把钓鱼台列在割让给日本的范围内，因为日本早已私自去登记了，所以当时应该没有割让钓鱼台。从这个角度来看，我们可以请美国出面，因为钓鱼台问题的症结，只有美国能当仲裁者。相信我现在讲的这部分，"院长"应该很清楚吧！我现在讲的这部分，"院长"能否接受？

刘"院长"兆玄：非常钦佩吴"委员"对于钓鱼台的历史以及过去的转折点有深入的了解并加以分析，我们会参考"委员"的意见，请"外交部"往后从根本上来处理的时候，把这部分列入考虑。

吴"委员"清池：这应该由行政单位协助，"外交部"也应该详查相关数据，这是非常重要的。事实上，钓鱼台从1880年开始就已经有争议了，1880年日本宣布将八重山诸岛及宫古诸岛纳入琉球群岛范围，当时并未将钓鱼台包括在内，直到1882年才有这个动作。我们一定要找出关键时间点及历史背景，作为和日本谈判时的有利条件。有关钓鱼台的问题，不论是为了作秀或保钓，我们都要针对事实真相找出症结所在，本席在此非常客观、诚恳地就以上论述和"院长"沟通，谢谢。

"主席"：请李"委员"复兴质询，询答时间为15分钟。

李"委员"复兴：(15时41分)"主席"、"行政院"刘"院长"、各"部会首长"、各位同仁。最近联合号渔船事件闹得沸沸扬扬，本席方才看了电视，马"总统"提出和平解决的方法，日本福田首相也希望双方能够冷静、自制。目前台湾的"外交"处境并不是很顺畅，我们应该保有现在这个机会。记得上星期五"院长"在此答复立委的质询时表示"不惜一战"，日本媒体也大幅报导刘"院长"这一席话，虽然刘"院长"事后表示这是响应部分"立委"的一句话，但身为一院的"院长"，不应随便出言，万一擦枪走火，就会使亲痛仇快，希望"院长"要特别注意，因为你现在已不是"副院长"，而是堂堂"中华民国"的"行政院长"，也是所谓的首相。

本席是留日的，虽然和许代表不同党派，思想观念也完全不一样，但本席愿意藉此机会为他讲两句公道话。三四年来，许"代表"能让台湾观光客赴日不必签证,以及台湾驾照可以在日本使用,日本是一个非常本位主义的国家,能有这种成绩实在不容易。对于许"代表",本席个人觉得唯一比较遗憾的就是,昨天他拒绝来"立法院外交及国防委员会"备询,这是美中不足之处。即使有"立委"同仁说出"台奸"等字眼,但那仅表示极少数"立法委员"的个人意见,并不完全代表"立法院"的意见。刘"院长"每天要接受 27 位民进党"委员"的质询,假设有一两位"委员"天天都在骂你,身为"院长"的你也不能不来备询。事实上,来"立法院"备询是"宪法"赋予的权利,也是义务;有些人努力一辈子成为公务人员,想要进入"立法院"殿堂备询,根本是门都没有。本席不希望在此处着墨太多,浪费太多时间,只希望大家各自努力,然后在"外交"上能有更好的突破,毕竟要交到一个朋友不容易,千万不要轻言放弃。

"主席":请"行政院"刘"院长"答复。

刘"院长"兆玄:(15 时 45 分)"主席"、各位"委员"。请李"委员"让我响应一句话,当天"委员"质询提到"不惜一战"时,我被动地做了那样的回应,那时我们的船长还在别人手上,所以我认为应该有比较强硬的作为。直到船长被放回,我们循"外交"途径……

李"委员"复兴:船长被放回就不用"战"了?

刘"院长"兆玄:我们要用更理性、和平的话来回应。

李"委员"复兴:无论如何,下次都要注意。本席认为,日本不致因为你"不惜一战"的说法将船长放回。

(《"立法院"公报》,第 97 卷　第 39 期"院"会纪录)

4. "院会"记录

"主席":请李"委员"庆华发言。

李"委员"庆华:(9时25分)"主席"、各位同仁。这一次我们宣示钓鱼台主权及抗议日本撞沉我们海钓船的整个过程,可说轰轰烈烈。但大家都同意,宣示钓鱼台主权当然不能只是一阵热、昙花一现而已,不能一下子就烟消云散,所以持续彰显主权,留下纪录、证物就非常重要。

本席认为最好的方式就是由我们发行"钓鱼台邮票",本席的办公室设计出这样的钓鱼台邮票图案,提供各位参考,这张图案底下标明"中华民国邮票"等字,上面标示着"中华民国钓鱼台"等字。外国有没有这样的例子?日韩都有岛屿主权争议,这座岛韩人称为"独岛",日人称为"竹岛",韩国为彰显其在"独岛"之主权,发行了相关的邮票,各位看本席手上这一张邮票,这是南韩发行的"独岛邮票",此外,北韩也发行了"独岛邮票",国际上这种例子非常多,因为发行邮票之后,宣示主权的意图非常清楚,加上邮票是长久使用的物品,等于留下最好的证物及历史证据。本席建议并主张发行"钓鱼台邮票",实际上,本席已向"中华邮政"提出这项建议案,他们也觉得这是一个应该的好建议。

本席今天之所以在此发言,就是希望全体同仁能不分党派支持发行"钓鱼台邮票",不要让国际上认为我们宣示钓鱼台主权只有5分钟热度,5分钟之后就无声无息,我们要发行相关的邮票,让属于宜兰头城镇之钓鱼台主权持续性地在国内及国际上彰显,请支持这件案子,谢谢。

(《"立法院"公报》,第97卷,第42期院会记录)

5."院会"纪录

吴"院长"敦义:我要确保我们台湾的……

翁"委员"金珠:领土、主权……

吴"院长"敦义:确保我们"中华民国"的主权,这两样是最重要的,我们"中华民国"的主权,我们台湾的安全,这两样是最重要的,我会留意。

翁"委员"金珠:你会留意这个事情?

吴"院长"敦义:是。

翁"委员"金珠:我们还会继续再把这个事情了解,我们还听说,还有一个更劲爆的,就是说马政府已经跟中国政府大家要合作开发钓鱼台跟太平岛,有没有这个事实?吴"院长"敦义:钓鱼台海域……

翁"委员"金珠:钓鱼台是不是已经有一个 800 公尺的飞机场?

吴"院长"敦义:钓鱼台有非常丰富的矿产,现在是不能让它成为日本拿去,但是我们要维护,这是我们的主权日本也不肯,这个地方是有争议,现在这个争议就暂时把它搁置,可能寻求能不能共同来开发这个海域?

翁"委员"金珠:你是寻求中国合作,然后对抗日本跟菲律宾,是不是这样的意思? 吴"院长"敦义:我想就是钓鱼台的海域,既然要维护我们的主权,日本也说是他们的主权……

翁"委员"金珠:马政府现在你们当权了哦……

吴"院长"敦义:我们先搁置主权……

翁"委员"金珠:你们当家的是不是有这个要共同开发太平岛的诉求,已经有这样的作法?

吴"院长"敦义:我还没有听到像你描述得这么具体的方向。

翁"委员"金珠:但是已经有耳闻了,对不对?

吴"院长"敦义:至少这个海域我们不能随便放手……

翁"委员"金珠:你已经有听到了,只是没有那么具体而已,对不对?

吴"院长"敦义:我们不能那么容易放手。

翁"委员"金珠:"院长",这是台湾外交,你不能引起国际战争嘿!不要因而引起国际战争,而且这个损害台湾的主权跟领土是非常不应该的。

吴"院长"敦义:我刚刚有报告过……

翁"委员"金珠：你什么时候可以进行了解？

吴"院长"敦义：维护"中华民国"的主权、捍卫台湾的安全是我们的天职，违背这两个事的我们不做。

翁"委员"金珠：就不做？

吴"院长"敦义：合乎这两个目标我们才做。

翁"委员"金珠：好，你会去了解吗？会调查吗？

吴"院长"敦义：是，我会了解。

翁"委员"金珠：什么时候会给本席一个具体的资料？

吴"院长"敦义：有些可能不是我应该去调查的，但是我会了解。

(《"立法院"公报》，第98卷，第51期院会纪录)

6. "院会"纪录

主席：请曹"委员"尔忠发言。

曹"委员"尔忠：(9 时 49 分)"主席"、各位同仁。钓鱼台是"中华民国"的领土，钓鱼台归属宜兰头城，这是我们坚定的立场。无论是从钓鱼台的地理、地质、历史或法理来看，这样的立场我们都无所怀疑。但是对于钓鱼台的处理，却是国际争端的固定模式，绝不能意气用事。昨天 10 月 21 日，"内政部委员会"通过了一项决议，说是要在 11 月 4 日搭乘海巡署的海巡艇前往钓鱼台考察。我说，"立法委员"别闹了。特别是在大陆跟日本正在解决争端的时刻，我们夹在中间，绝非站在有利的地位，反而会有暴虎冯河，掉入陷阱的可能。所以我们期待所有的"委员"，对于领土、主权、尊严的问题，我们立场一致，但处理的方式一定要谨慎，这不是"委员"个人或是"委员会"的成功失败而已，而是整个"国家"面临重大的冲击，希望大家要小心谨慎，同时我们也应该是和平的缔造者，而非麻烦的制造者，希望所有的"委员"都能够以国家整体的利益为出发，勿以个人意识来做这样的决定。

(《"立法院"公报》，第 99 卷，第 55 期院会纪录)

7. "院会"纪录

国是论坛

时间:"中华民国"101 年 9 月 18 日(星期二)上午 9 时

地点:本院议场

"主席":洪"副院长"秀柱

"主席":现在进行国是论坛,每位"委员"发言 3 分钟。请赵"委员"天麟发言。

赵"委员"天麟:(9 时)"主席"、各位同仁。最近大家为了经济的困顿感到非常不安,也为了台湾经济不断向下掉感觉到非常痛苦。今天是开议日,我们马上要面对的就是提出正式的倒阁,我们为什么要用这样的手段去面对院会新会期的开议?因为人民再也没有办法承受这样的痛苦。

我们来看看现在方兴未艾的保钓运动,目前还不知道会有怎么样的发展,可是另外一种"保掉"已经开始看到成果了,那就是我们的经济成长率。我们的经济成长率从年初预期的 4％开始往下掉,掉到从保 4 变成保 3、保 2,现在确定无法保 2,又开始努力要保 1、保正,可是现在唯一可以确定的,也得到经济学者通说、共识的就是一定可以"保掉",亦即保证会向下掉,这就是我们的财经内阁所交出来的成绩单!短短一年之内,经济成长率的预测可以从 4％到希望能保护住不要变成负数,一个完全失去预判能力、经济掌舵能力的"内阁"能够不换吗?

再看看失业率,我们已经照现在执政者的逻辑签了 ECFA,也照现在执政者的逻辑进行了各种经济政策,结果缴出的成绩单,我们的失业率是亚洲最高的。"主计总处"公布 7 月份的失业率高达 4.31,青年失业率高达 12.96。亚洲最差的成绩,导致过去菲律宾的大学生毕业在台湾当菲劳,可是现在台湾的毕业生也要到澳洲当台劳。我们的月薪只有 22 000,而澳洲的月薪有 12 万 9 000 元,更不要说在电价的掌握里面,年初告诉我们绝对要一次涨足,到年中告诉我们分两段涨,到现在却告诉我们到明年为止可以不必涨,早知如此,何必当初,之所以我在这边要告诉大家,现在的经济成"保掉",台湾的人民沦为台劳,这个"内阁"还能不换吗?

我最后要帮陈"院长"讲一句公道话,其实最该换的是我们的"总统",可是他还没有就任一年,根本没有办法提起罢免案,所以我们的内阁必须进行大幅改组!必须全面撤换!谢谢。

"主席":请邱"委员"文彦发言。

邱"委员"文彦:(9时4分)"主席"、务位同仁。我今天要谈的是"保钓",但不是赵"委员"天麟谈的"保掉",我要谈的是保卫钓鱼台列屿需要有更好的智能、知识和决心。

今天九一八是一个纪念日,据说中国大陆已经有上千艘渔船接近钓鱼台,在中国大陆跟日本之间已经严重对立的情况下,我非常担心台湾的声音慢慢消失了,台湾逐渐被边缘化,甚至出局了,这是我们必须审慎思考的问题。我举几个例子,民国9年5月20日,中华民国驻长崎的领事冯冕写了一封感谢函,感谢日本政府对于福建省31位渔民的协助,但这被作为有利于日本主张,其主权的文件,所以我们对于任何文件的处理都应该十分慎重。有鉴于此,本席非常关心像海军168舰队的惩处案件,我们要不断地强调我们的暂定执法线,暂定执法线在国际法上的意义何在?我们要自我限缩我们的权益吗?我建议相关单位对于惩处文件的处理应该十分慎重,不应该因为内部军纪的问题而影响国家主权,因为这些文件是未来在主权争取相关案件上非常重要的文件。

另外,针对钓鱼台,中国大陆已经宣布领海基线。我们其实在"民国88年"就已经宣布这个领海基线,但是国人对于《海洋法公约》、什么叫做领海、什么叫作内水、什么叫作基线,对于国家权益事实上所知非常有限,所以本席要郑重呼吁相关部会、相关机关,要具备《海洋法公约》的基本知识,同时请政府加强倡导海洋的观念,我们不只是空洞的主权概念,而应该对岛屿、海洋、海洋资源、国家权益更为慎重。另外一方面,我也呼吁应该就东海、南海的问题有一个新的策略小组。谢谢!

"主席":请陈"委员"镇湘发言。

陈"委员"镇湘:(9时7分)"主席"、各位同仁。本席今天要报告的是正告日本政府:我们可以容忍旧恨,但是不希望也绝不允许增加新仇。今天是九一八事变81周年纪念日,也是日本侵华的开始,8年浴血抗战,我们多少军民因此而牺牲,抗战胜利以后,先"总统"蒋公以德报怨,我想日本政府跟日本老百姓都应(编者注:应为"学")清楚这段事实。

过往几十年,"中华民国"跟日本可以说民间的互动跟商业的来往非常密切,为什么要在此时此刻提出极为不智的举动?所谓钓鱼台国有化,这除了平息内部的纷争以外,不外乎是想在选举上获利,但这却造成"中华民国"所有国民对其愤慨,以及两岸人民对其挞伐,这是极为不智的作为。

  我在此也建议美国政府,你在1972年作了错误的决定,将钓鱼台跟琉球管辖权一并交给日本,你最近又提出所谓的《美日安保条约》涵盖钓鱼台,这是不当的。我想美国政府是我们最好的朋友,你一直期盼我们应该维持和平,我希望你能够挺身而出,在目前中国大陆一片反日的声浪中,我们不希望看到有任何战争发生,唯有由美国政府出面来促进四方会谈,包括我们"中华民国"、中国大陆、日本及美国,以促进东亚和平,这才是唯一解决之道,也符合马"总统"所说的"主权在我"。钓鱼台的主权在我,我们寸步不让!谢谢。

  (《"立法院"公报》,第101卷,第51期院会纪录)

8. 维护钓鱼台及南海主权应有之作为口头报告

报告机关:"内政部"
"中华民国"101年5月2日

"主席"、各位"委员"女士、先生:

首先感谢各位"委员"对"内政"业务的关注与指导,今天大院"外交及国防委员会"召开"维护钓鱼台及南海主权应有之作为"项目会议,本"部"应邀前来报告并备询,深感荣幸及感谢,亦对于"委员"关切"我国"海域主权相关议题表达敬佩。

近年来,"我国"周边海域情势紧张,除了日本东京都知事石原慎太郎发表购买钓鱼台言论,引起诸多争论外,中国大陆渔政船亦于南海黄岩岛海域与菲律宾军舰对峙,而美国更于日前协同菲律宾于南海地区进行联合军事演习,促使南海主权争端更加剧烈及复杂。"政府"亦秉持"主权在我、搁置争议、和平互惠、共同开发"的原则,呼吁各方以理性和平方式,妥善处理岛屿主权争议问题。以下兹就钓鱼台列屿及南海等议题,分项说明本"部"当前政策作为:

一、钓鱼台列屿

(一) 钓鱼台列屿为台湾附属岛屿,为"我国"领土之一部分,行政管辖隶属于宜兰县头城镇大溪里。"行政院"于88年公告"我国"第一批领海基线时也已列明钓鱼台列屿基线,并明示其12浬领海及邻接区外界线,以宣示我拥有钓鱼台列屿主权。

(二) 为强化钓鱼台主权论述,本"部"已针对历史背景、法理论证、"我国"作为及争议解决机制等面向,研提相关资料提供"外交部"拟具政策说帖及"行政院新闻局"制作宣导折页之参考。

(三) 为确保国人对于钓鱼台列屿主权拥有正确观念,本"部"将协助相关单位办理钓鱼台公民教育活动,抑或举办钓鱼台列屿学术研讨会,培育研究此议题之人才。

二、南海

(一) 本"部"近年已陆续委请专家学者从国际法及国际实践情形的观点,研议"我国"主张南海岛礁及周遭水域主权或权利之因应对策;另筹划举办南海国际法问题之国际学术研讨会,搜集南海周边国家及欧美国家之意见,由国际法角度思考"我国"未来的策略。

（二）自99年起，本"部"已逐年编列经费购置南海岛礁之高分辨率卫星影像，运用高科技技术，积极办理南海岛礁之基础图资测绘，针对重要岛礁持续监测其自然环境、人文活动及使用开发情形，提供相关机关进行海域情势分析之参考。

（三）为了解"我国"早年经营南海诸岛的重要政策沿革，本"部"正委请专家学者搜集"我国"对南海岛礁拥有主权主张之历史证据，规划搜整各部会所保存之重要南海历史案卷，强化"我国"对南海岛礁历史主权之论述。后续并规划透过展览或其他可能方式，以加强国人对"我国"拥有南海诸岛主权之认知。

以上报告，敬请各位"委员"先进支持及指教，谢谢！

（"立法院"第8届第1会期"外交及国防委员会"第18次会议）

9. 有关中国大陆新版护照纳入台湾、南海、钓鱼台争议之"政府"因应作为报告

"行政院大陆委员会"
"中华民国"一○一年十二月十三日

"主席"、各位"委员"、各位女士、各位先生：

今天承蒙贵"委员会"邀请，就"有关中国大陆新版护照纳入台湾、南海、钓鱼台争议之政府因应作为"进行专题报告，至感荣幸。以下谨就各位"委员"关心事项提出说明，敬请支持指教。

壹、前言

近日英国《金融时报》报导，大陆在新版护照内页列入台湾字样及"我国"著名风景图片（日月潭、绿岛），包括第43页浮印台湾地图及日月潭图片并标示"台湾日月潭"字样，与第42页新疆省分相对，且在荧光照射情况下，该页印有绿岛景点图样并标示"TAIWAN"字样，另将南海争议海域及与印度有争议领土划入版图，我方除四度发表反对声明外，越南、菲律宾及印度等国亦声抗议并采取反制作为，美方对此也表达关切之立场，并表示在大陆公民持有的新版护照上盖章，并不意味认可大陆对争议领土的主张。至由于大陆此次新版护照在纳入钓鱼台部分并不十分明确，爰日本方面迄今并未升高相关外交作为。

贰、政府对大陆新版护照之相关响应作为

大陆方面此次换发新版护照系于去年7月启动公务用护照，今年5月15日启用新版普通用护照，但由于实务上大陆人民若自大陆地区来台不会携用其护照出入台湾，我方不易察觉陆方新版护照的样貌。由于护照是国家核发给国民出入境的身分证件，具有代表国家主权的意涵。本事件过程中，本会采取下列响应作为：

（一）本会于11月20日响应《金融时报》记者及22日晚间7时响应"中央社"记者，指"中华民国"是主权独立的"国家"，有固有之领土疆域。大陆应"搁置争议、面对现实"，为两岸关系的和平稳定发展继续努力。

（二）本会于11月23日发表严正声明，呼吁中国大陆当局应正视两岸隔海分治的明确事实，务实客观面对"中华民国"，避免给外界片面改变现状的感觉，进而造成双方互动发展的障碍与倒退。本会并透过管道向大陆表达我方不接受陆方擅自在其新版护照纳入"我国"领土及风景图片的立场。

（三）针对国台办发言人杨毅于11月26日的说明，本会再于当日晚间向媒体表达政府严正立场，盼大陆珍惜两岸关系的发展成果。

（四）本会于11月28日再次对外表达严正声明，根据"中华民国宪法"，我"政府"主张"一中"就是"中华民国"，台湾地区与大陆地区均为"中华民国"主权所及。而两岸在"搁置争议，正视现实"精神上，秉持"互不承认主权，互不否认治权"的态度，务实解决两岸相关问题。大陆当局必须继续"正视两岸分治的现实"，"中华民国政府"绝不接受陆方对于该护照上表彰主权及治权范围之举止。

叁、大陆方面的反应

在新版护照事件曝光后，大陆外交部发言人11月23日表示，护照在签发前已向各国进行说明，有关图案设计并非针对特定的国家，希望有关国家能够理性、克制地对待。而面对来自我方的强烈抗议，大陆国台办发言人杨毅于11月26日应记者询问时表示，大陆和台湾同属"一个中国"，这是大陆一贯的立场。大陆继续改善和发展两岸关系的政策没有变化，这件具体事情并不存在台湾方面所说的"挑起争议"、"改变现状"的问题。杨毅于11月28日国台办记者会持续发表看法表示，"大陆和台湾同属一个中国，大陆对台政策和立场没有变化"。

肆、政府对大陆新版护照政策立场

一、务实面对"中华民国"及两岸分治现状

4年多来，我"政府"对于两岸关系定位的立场，始终坚持在"中华民国宪法"架构下，维持台海"不统、不独、不武"现状，并在"互不承认主权、互不否认治权"的两岸互动下，建构长期稳定、制度化的两岸关系，以促进台海间的和平稳定发展。我"政府"根据《中华民国宪法》增修条文授权制定两岸人民关系条例，务实定位两岸关系为"中华民国"的主权及于大陆地区，但事实上治权仅及于台、澎、金、马，这是两岸分治的现状。我们认为两岸应秉持互不否认并且尊重双方统治权的事实,对于"治权"问题,大陆当局必须继续"正视两岸分治的现实"。

我们认为,大陆新版护照是昧于两岸隔海分治60多年的事实,挑起两岸敏感的争议。我们希望大陆方面能秉持"搁置争议、正视现实"的意义与精神,充分尊重并正视两岸分治的现实,客观务实面对"中华民国",并避免在未来制造任何引发争议的作为。

二、搁置争议以维护区域和平稳定

根据"中华民国"宪法,南海及钓鱼台列屿系属于"我国"固有疆域与领土。"政府"一贯立场为"主权在我、搁置争议、和平互惠、共同开发",并坚守不与中国大陆连手处理南海主权议题以及持续呼吁相关争议方应避免采取升高主权争议的作为,俾利降低区域紧张态势。

马"总统"在8月5日的"东海和平倡议"以及9月7日"推动纲领"中,也务实提出"和平对话、互惠协商"及"资源共享、合作开发"两阶段处理原则。基于"国家主权无法分割,但天然资源可以分享"的概念,盼各方有机会共同推动在渔业、矿业、海洋科学研究、海洋环境保护、海上安全等议题的合作。

伍、"政府"后续作为

针对大陆新版护照纳入我著名景点事件,本会已多次公开表达严正声明。未来除将关注事件后续发展外,并将持续与陆方沟通,向大陆表达严正立场,呼吁务实面对两岸隔海分治60余年的事实。由于大陆新版护照事件目前已至少在大陆周边引起有关南海主权及印度与大陆的边界争议,爱美国已向大陆表达关切之意。本会也将持续关注美国、越南、菲律宾、印度,乃至日本的相关动态,并与"外交部"保持密切联系,随时掌握情势发展,作为两岸后续沟通和总体区域情势分析之参考。

有关海南省发布新修订《海南省沿海边防治安管理条例》,因该《条例》全文尚未公布,本会将密切注意大陆方面在南海相关作为。如有侵害"中华民国"主权及治权的行为,我政府一定会采取严正的抗议。

以上报告,敬请指教,谢谢。

("立法院"第8届第2会期"外交及国防委员会")

10. 钓鱼台情势发展与台日关系之进展，"政府"各单位因应措施

"行政院农业委员会渔业署"
101年10月1日

"主席"、各位"委员"先进，各位女士、先生：

今天"大院"第8届第2会期"外交及国防委员"会议，本人承邀列席报告，谨先感谢"委员"一向对本署业务之关心与指教。对于钓鱼台情势发展与台日关系之进展，有关维护主权及渔权部分将进一步说明本署的因应措施，敬请各位"委员"不吝指教。

钓鱼台列屿附近水域自清朝以来，即为台湾渔民传统渔场，我渔民在该水域之正当捕鱼权利不容侵犯，台湾渔民出海至属于我国之水域捕鱼，政府将续予保护。

我国对于争议海域之处理，"总统"已提出东海和平倡议，呼吁相关各方和平理性解决；并要求海巡署强化编装，提升维护主权与捍卫渔权的功能。

关于台日渔业会谈办理情形，日本于1996年批准《联合国海洋法公约》，并于7月20日宣布实施200浬专属经济海域（EEZ）以来，台日双方因渔业问题而开始进行渔业会谈，为解决我国与日本重叠经济海域渔船作业问题，台日双方自1996年迄今已举行16次渔业会谈，期能签署渔业协议，双方系以亚东关系协会及日本交流协会架构下进行渔业会谈（简称会谈），我方人员主要由"外交部"、"海巡署"、"内政部"及"农委会渔业署"指派，日方人员主要由外务省、海上保安厅及水产厅指派。

第1次至第3次渔业会谈因双方对钓鱼台列屿主权之坚持，未针对实质渔业问题讨论，为务实解决双方渔船在对方水域作业问题，在第3次会谈，双方乃协议有关渔业会谈定位，不涉及钓鱼台主权争议及专属经济海域划界，并由双方事务性阶层人员就渔船作业水域范围、船数、渔获量等议题进行洽商。

第4次至第6次会谈台日双方针对"双方渔船作业情况"、"我方秋刀鱼渔船进入日本经济海域作业要件"及"双方经济海域划界原则及立法情况"等议题交换意见。

第 7 次至第 15 次会谈,双方会谈重点为北纬 27 度以南划设"排除双方法令适用水域",俾利双方渔船在此水域共同开发资源及"渔船紧急避难"等议题,惟后第 15 次会谈时,日方突然改变立场,坚持以地理中间线做为双方谈判之主轴,致谈判中断。期间,在 92 年 11 月 7 日"行政院"核定"内政部"划设包含钓鱼台在内之"中华民国第一批专属经济海域暂定执法线"后,于 93 年 9 月 20 日第 14 次台日渔业会谈时,日方表明不承认此一单方面措施,而我方坚持在台日未获协议前,日方不得在此水域干扰我渔船作业,惟仍发生联合号渔船在 97 年 6 月间于钓鱼台水域被日方公务船欲登检而发生遭撞沉之情事。

98 年 2 月 26 日召开第 16 次会谈,双方会谈重点为"紧急通联机制"、"海上执法互动机制"及"民间渔业会谈"等议题,本次会谈双方展现共同努力降低渔业争端的诚意与善意,为持续增进双方之友好互信,并缩短认知差距,98 年迄今,我渔船在钓鱼台或暂定执法线水域内有遭日方公务船干扰,惟未遭扣捕情事发生。

综上,以往渔业会谈不涉及钓鱼台主权及专属经济海域划界争议,仅就渔船作业权利进行研商,第 17 次台日渔业会谈之安排,目前"外交部"正与日方交涉中,"农委会渔业署"将妥为研拟议题及对策,维护我渔民在传统渔场之作业权利。

最后尚祈各位"委员"鼎力支持,以上报告,敬请各位"委员"赐予指教,谢谢!

("立法院"第 8 届第 2 会期"外交及国防委员会")

11. 钓鱼台列屿最新情势与台日关系之进展

"驻日本代表处"
"中华民国"一〇一年十月一日
报告人："驻日本代表处" 沈斯淳

壹、前言

"主席"、各位"委员"先进、各位女士、各位先生：

台日关系向来密切深厚，双边友好往来不仅攸关"两国"人民福祉，且与东亚稳定繁荣息息相关。近年我与日本之关系稳健开展，取得诸多重要进展，惟本(101)年9月11日日本政府内阁会议宣布将自民间"购买"钓鱼台列屿部分岛屿，并将之所谓"国有化"，此项极不友好之举措，严重侵害"我国"领土主权，"我国"立即向日本提出强烈抗议并予以严厉谴责，严正要求日本政府停止伤害台日友好合作关系及升高东海紧张情势之一切举措，我"政府"并已采取实际行动，维护我领土主权及渔民权益。

钓鱼台列屿是"中华民国"固有领土，亦为台湾附属岛屿，行政区划属宜兰县头城镇大溪里，无论从地理、地质、历史、使用及国际法观点而言，钓鱼台列屿主权属于"中华民国"，不容置疑。

我对日工作，长期以来承蒙大院"委员"鼎力协助，共同争取"国家"利益，本人谨藉此机会向大院表示崇高敬意与谢意。以下谨就近期日本政经情势概况、台日关系进展及日本政府非法将钓鱼台列屿"国有化"事件向大院提出报告，敬祈各位"委员"先进赐教。

贰、日本政经情势概况：

日本系议会内阁制国家，2009年8月30日日本举行众院大选，自民党败选，民主党获胜，日本出现政权轮替。民主党政权先后已由鸠山由纪夫(执政8个月)、菅直人(执政15个月)及野田佳彦(2011年8月29日起迄今)出任首相，首相更迭频繁。

目前日本参众两院分别由不同政治势力控制，经常发生法案不易获得通过之情形。日本参议院于本年8月29日通过在野党对首相提出之"问责决议案"，导致重要法案审议陷入空转。本年9月下旬，日本朝野两大党分别举行党魁选举,结果由野田首相连任民主党党魁,前首相安倍晋三众议员则当选为自民党总裁。舆情显示,日本首相或将于本年底前后解散众院,一旦众院改选,日本政局可能出现政治势力重组及联合执政情形。

经济情势方面,日本近年面临景气不振、预算赤字高涨、金融汇率不安、国债居高不下、产业空洞化及地方财政困窘等问题,加以311地震海啸核灾后百废待举及日本应否加入"环太平洋经济合作协议(TPP)"等议题均未获共识,使日本经济前景仍充满变数。

叁、台日关系进展:

日本为世界第三大经济体,与我互动密切,共享自由民主价值,近年台日关系屡获明显进展,重要成果包括:

一、台日"打工度假协议"完成签署换文。(2009年4月)

二、我驻札幌"办事处"正式挂牌成立。(2009年12月)

三、签署《2010年台日交流合作备忘录》。(2010年4月)

四、台北松山机场与东京羽田航线启航。(2010年10月)

五、日本国会通过"海外美术品等公开促进法",我故宫文物可望于2014年赴日展出。(2011年3月)

六、签署"支援东日本大震灾复兴、促进观光——台日厚重情谊倡议"。(2011年7月)

七、签署"台日双边投资协议",内容包含投资保护、投资促进与投资自由化。(2011年9月)

八、完成"航空协议"换文,双方同意开放天空。(2011年11月)

九、签署"洗钱及资助恐怖分子金融情资交换备忘录"及"专利审查高速公路(PPH)协议"。(2012年4月)

十、我首度获邀以观察员身份参加日本政府与"联合国开发总署"及"联合国国际减灾策略组织"在宫城县仙台市举行之"世界减灾部长会议"。(2012年7月)

十一、我旅日侨民"在留卡"国籍栏注记开始实施由"中国"改为"台湾"。(2012年7月)

经贸方面,日本系我第二大贸易伙伴,我系日本第四大贸易伙伴。上(100)年我自日本进口总额约522亿美元,出口至日本总额约182.3亿美元。本年1至7月我自日本进口额为281亿美元,较上年减少10.40%;对日出口额为103.6亿美元，较上年同期减少3.6%。上年我对日本投资额为2亿5234万美元，日本对我投资额为4亿4486万美元。本年1至7月我对日投资金额为9亿3748万美元，较上年同期增加282.49%；本年1至7月日本对我投资为2亿7119万美元，较上年同期增加40.78%。

人员往来方面，上年日本来台旅客达129万4758人次，台湾赴日旅客为113万6394人次。本年1至7月日本来台旅客共81万5906人次，较上年同期增加19.57%；台湾赴日旅客共89万8047人次，较上年同期增加43.36%。本年台日互访人数盼能达到300万人次之目标。

文化交流方面，日本宝塚歌剧团已订于明年4月首度来台公演。日本东京国立博物馆已向我故宫博物院正式提出故宫文物于2014年赴日展览申请，东京国立博物馆亦同意以"日本宫廷美术精品选"作为回馈展，预定于2017年在我故宫南院展出。

政要互访方面，本年1至7月计有44位日本国会议员访问我国，其中包括前首相森喜朗、众议院副议长卫藤征士郎、"日华恳"会长平沼赳夫众议员及副会长中井洽众议员等多位重量级国会议员。同一时期，计有28位大院"委员"赴日访问，其中包括大院"王院长"所率"2012台湾各界关怀日本东北地区震灾及观光振兴访问团"。

肆、日本政府"购买"钓鱼台列屿部分岛屿之相关经过

本年4月16日东京都知事石原慎太郎在美国华府智库"战略暨国际研究中心（CSIS）"表示，中国大陆为破坏日本对钓鱼台列屿之"实际有效控制"，已经展开激进活动，惟日本政府迟不采取行动，爰将由东京都"捍卫"钓鱼台列屿，向民间"购买"钓鱼台列屿中之钓鱼台、南小岛及北小岛等3岛，以利强化建设管理，并就"购岛"资金展开募款，截至9月26日，东京都已获得10余万件捐款，募款总额逾14亿7千余万日元。

日本政府对钓鱼台列屿向持不存有"主权争议"之立场，并以所谓"平稳安定之维护及管理"及"实际有效控制"之原则，自2002年起向民间"承租"部分岛屿，同时制定除中央政府相关人员外，任何人不得登岛之方针。石原氏于4月提出"购岛"之议，其后主要海域相关活动如下：

一、我"巡护六号"公务船及我"全家福"保钓船分别于6月26日及7月4日进入钓鱼台列屿12浬内海域，日方向我提出抗议，我方拒绝接受。

二、香港14名保钓人士于8月15日搭乘"启丰二号"进入钓鱼台水域，其

中7人登陆,遭日本海上保安厅逮捕。当日我"外交部"重申我对钓鱼台列屿主权,并于次日约见日本"驻华代表"樽井澄夫,强调为降低紧张及维护区域稳定,日方应尽速释放香港保钓人士。日本政府于8月17日释放香港保钓人士。

三、日本"守护日本领土行动议员联盟"会长山谷惠理子等8名国会议员及民间团体人士共约150人,于8月19日分乘21艘船只进入钓鱼台海域进行慰灵祭活动,并有部分人员登岛。我"驻日本代表处"随即向日方严正重申钓鱼台列屿系我国领土之立场,要求日本政府立即停止任何侵害我领土主权之行为及提出严重抗议。

四、日本众议院于8月24日通过决议文,谴责及抗议香港保钓人士登陆钓鱼台列屿,要求日本政府依法严正处理,并向中国大陆及香港当局要求防止事件再度发生,同时加强警备机制等措施,以"有效控制"钓鱼台列屿。参议院亦于8月29日通过类似决议文。日本政府面临来自国会之压力,与日俱增。

五、东京都为筹备"购买"钓鱼台等岛屿,曾向日本政府申请登陆调查,惟遭到拒绝。东京都遂于9月2日由25位海洋政策及不动产鉴定专家组团搭乘大型调查船前往钓鱼台列屿周边海域调查。驻日代表处于事前即向日方表示严重关切及重申我拥有钓鱼台列屿主权,盼日方自制,切勿升高紧张情势。

六、日方官员于9月10日告称,基于钓鱼台等三岛"地主"已表明同意售岛,考虑该列屿周边海上航行安全及长期安定平稳维持与管理等由,日本相关部会首长已开会决议将尽速取得钓鱼台等三岛之"所有权"。我"外交部"于同(10)日发表新闻稿,明确要求日本政府切勿采任何侵犯我钓鱼台列屿主权之片面作为,以免损及双方合作关系及激化东亚紧张情势。

七、日本官房长官藤村修于9月11日上午宣布,日本内阁会议已于当日上午决定动用20亿5千万日元预算"购买"钓鱼台等三岛,我国在台北及东京向日方同步提出严重抗议。"外交部""杨""部长"并于同日召见"日本驻华代表"樽井澄夫,谴责日本政府无视历史及国际法规范,对日本严重侵害我国领土之举,表达强烈抗议,且正告日方此项极不友好的举措不仅伤害台日双方长久以来的合作关系,也激化东亚区域紧张情势。

伍、各国对本案之立场及动向

一、日本

日本政府对钓鱼台向持"无领有权争议"之立场,并以所谓"实际支配者"

姿态承租岛屿，企图维持"平稳安定之维护及管理"原则。惟东京都推动之"购岛"计划，系拟于收购后予以"改变现状"，在该列屿兴建相关设施（渔船避风港、无线电中继站及气象观测所）。日本政府自认倘予坐视，该等岛屿终将为东京都所购，届时恐对日"中"、日台关系带来重大冲击，日本政府爰决定先行购买，以制止情势发展。

日本政府自9月11日声称将钓鱼台列屿"国有化"后，鉴于中国大陆不断发生示威活动，且波及在中国大陆之日本企业，野田首相除向中国大陆强烈抗议外，并要求中国大陆政府保护日商与日侨，惟中方认为各项事态应由日方负责。该抗议活动在9月18日以后，因中国大陆加强管制而渐趋平息。

野田首相于9月19日表示，有关中国大陆对日本"国有化"钓鱼台列屿之反应，日方虽已预想将出现一定程度之摩擦，惟其规模及激烈程度却超过推测，并称日后将透过各种管道与中国加强沟通，亦考虑派遣特使等。9月25日日本外务事务次官河相周夫在北京与中国大陆外交部副部长张志军会谈，惟无进展。

日本自民党已于9月26日推选前首相安倍晋三出任党魁，渠强调将加强日美同盟关系，同时改善日中关系，惟在钓鱼台议题上仍持强硬立场，认为钓鱼台列屿不存在主权问题，且称日本政府"国有化"钓鱼台列屿后必须在附属岛屿上设置政府机构以有效管理。

野田首相于27日在联合国大会演讲中表示，"日本坚决遵守国际法原则，寻求和平解决争议之方法，世界应多关注国际司法机构可促成和平解决争议所扮演之角色"。野田首相虽未提及特定国家及地名，惟实系指钓鱼台列屿及竹岛问题，此举似拟透过国际诉求，意图强化日方主张之正当性。

二、中国大陆

中国大陆外交部认为，钓鱼台及其附属岛屿自古以来即属"固有领土"，"中国拥有无可争辩之主权"。"中国神圣领土绝不允许任何人拿来买卖"，日方试图通过钓鱼台"国有化"，强化其非法立场"是徒劳的"，要求日方停止在钓鱼岛制造新事端，且扬言未来将继续采取必要措施，坚决维护钓鱼岛及其附属岛屿之主权。

中共国家主席胡锦涛与日本野田首相于9月9日在俄国海参崴APEC会议间短暂交谈，中方曾就本案表示断然反对，并吁日方勿做错误决定。中共外交部发言人洪磊于9月10日表示，日方采取之任何片面举措均属非法、无效,中方坚决反对,渠复于9月12日表示,当前中日关系严峻局面,系日方一手造成,强烈促日方改正错误行径。中国大陆外长杨洁篪亦召见日本驻中大使丹羽宇一郎提出交涉及强烈抗议。

中国大陆驻联合国大使李保东于9月13日向联合国秘书长提交钓鱼台列屿领海基点基线之海图和地理坐标图,并于9月16日向"大陆礁层界限委员会"(Commission on the Limits of Continental Shelf, CLCS)提交中国大陆自东海领海基线起算超越200浬之自然延伸大陆礁层之申请。中国大陆外长杨洁篪则于9月27日在联合国大会演讲时表示,盼日本以实际行动纠正错误并回到谈判解决争议之轨道。

此外,为对抗日本政府"国有化"钓鱼台,中国大陆海监船及渔政船于9月14日、18日、19日及24日数度进入钓鱼台列屿12海浬内水域,并以常态化方式前往钓鱼台列屿海域巡视,企图藉以突破日本声称之"实质有效支配"。

日本宣布"购岛"后,日中关系急速降温,相互抗议、取消及延期访晤活动接连发生。中国大陆各地约计有100个城市曾举办抗日示威活动,行径激烈,多数日资企业及商店被迫休业,成为日中建交40年以来最大规模之反日事件。拒买日货及取消日本观光等情形持续扩大,对日中各项交流发展已形成影响与损害。为避免反日示威抗议活动扩大,危及社会秩序,中国大陆出动武警维持秩序,并于9月19日起开始禁止民众在日本驻北京大使馆前聚集示威。

中国大陆当局一方面控制过于激烈之反日示威活动,另方面要求日本撤回"国有化"钓鱼台之立场未见让步,对日态度依旧强硬。被视为将接任中国大陆最高领导人之国家副主席习近平并于19日就钓鱼台议题首度表态,强烈批判日本"购岛"系场闹剧,要求日本悬崖勒马,停止任何损及中国大陆主权及领土之行为。

本年虽系日中建交40周年,惟日本"国有化"钓鱼台后,中国大陆反应强硬激烈,日中紧张关系日益升高,目前仍无修复之征兆。中国大陆对日采取之经济措施包括加强部分电子产品等货物关税查验及取消向日本厂商之订单等,但另一方面双方外长已在联合国大会期间会面,虽立场并无交集,但沟通管道仍在。

三、美国

美国就钓鱼台主权归属问题已多次表明"不采立场",此项立场迄今未变。另本年美国总统大选将届,且正面临其他诸多外交问题,当不愿见钓鱼台衍生为新问题。美国国务院发言人 Victoria Nuland 于 9 月 10 日就本案表示,"盼日中双方冷静透过对话解决"。

美国国务院主管亚太事务助理国务卿坎博于 9 月 11 日在美国华盛顿演讲时,针对钓鱼台列屿主权争议问题,强调美国中立立场并呼吁日中双方均须冷静对应,另称亚洲太平洋地区系主导全球经济之中枢,至盼所有相关国家自制挑衅行为及维持对话。

美国国防部长潘内达(Leon E. Panetta)于 9 月 17 日访日期间分别会晤玄叶光一郎外务大臣及森本敏防卫大臣,重申美国对于钓鱼台争议之政策系不偏袒任何一方(does not take a position with regards to competing sovereignty claims),至盼各方冷静自制(calm and restraint on all sides),并以外交途径建设性地解决问题,以避免对立情势升高。另重申,《日美安保条约》第 5 条适用于钓鱼台,美方对该条约之执行义务及立场并无改变。嗣潘氏访中国大陆会晤国防部长梁光烈时,梁氏则就美国重申《日美安保条约》适用于钓鱼台事表达抗议,惟称将继续密切关注钓鱼台议题事态之发展与变化。潘氏表示至盼各方冷静自制,并以外交和平之途径解决问题。

美国国务卿柯琳顿与中国大陆外长杨洁篪 9 月 27 日于纽约举行双边会谈,柯琳顿表示,盼日中双方就钓鱼台主权议题以冷静态度进行对话以降低区域紧张情势。未来预料美国将继续对钓鱼台列屿议题不采特定立场并盼各方冷静对应,和平解决。

四、"我国"

钓鱼台列屿系"我国"固有领土,为台湾附属岛屿,主权归属不容置疑。针对日本政府于 8 月 15 日逮捕香港保钓人士、日本国会议员于 8 月 19 日率领 150 人进入钓鱼台海域、野田首相于 8 月 24 日表示钓鱼台为日本"固有领土"、东京都于 9 月 2 日组团调查钓鱼台附近水域、日本内阁于 9 月 10 日召开相关首长会议拟将钓鱼台列屿"国有化"及日本官房长官于次(11)日宣布所谓"国有化"程序以至 9 月 25 日我渔船团进入钓鱼台 12 海浬内遭日本海上保安厅船舰喷水等,我"政府"均在第一时间向日方提出严重关切或抗议,重申我拥有钓鱼台列屿主权之一贯严正立场。

我"政府"已于本年 8 月 5 日提出"东海和平倡议",并于 9 月 7 日依据倡议精神规划后续执行步骤,我方均已向日本政府、国会、学界及媒体广为传达,呼吁日方珍惜与我建立之"特别伙伴关系",要求日本政府自我克制,正视钓鱼台列屿存在争议之现实,并与相关各方共同搁置争议,以理性对话方式,合作开发东海资源,维护区域和平稳定。

欧盟外交暨安全政策高级代表艾希顿(Catherine Ashton)女士于本年9月25日就东海情势发表声明,呼吁相关各方依据国际法,寻求和平及合作之解决方式,平息事态。该声明内容与马"总统"提出之"东海和平倡议"精神一致,我"政府"对此已表欢迎。此外,我已透过友邦在本年联合国大会议吁请国际社会关注"东海和平倡议"及我为促进东亚区域和平与稳定所作之努力。

日本交流协会台北事务所于9月13日表示:(一)日本重申"购岛"后对在其专属经济水域内之外国渔船处理方式不会改变;(二)日本政府盼于各领域发展台日双边实质合作关系,亦盼尽早重启台日渔业会谈;(三)玄叶光一郎外务大臣于8月7日记者会中对马总统提出"东海和平倡议"作出正面响应:日方认为应着眼大局,推动使东海成为"和平之海"之具体合作至为重要;(四)盼钓鱼台列屿之情势不致影响台日关系。

我"外交部"则于9月14日针对上述立场响应如次:(一)我渔民在钓鱼台列屿附近水域有正当捕鱼权利不容侵犯,我"政府"亦将全力维护我渔民权益;(二)我方要求日本应展现善意与诚意,认真尊重我渔民在该水域合法作业之权益,务使台日第17次渔业会谈达成具体之成果;(三)对于日本交流协会再次引述日本外相玄叶光一郎对"东海和平倡议"之正面响应,"外交部"表示欢迎及肯定;(四)重申我拥有钓鱼台主权之严正立场,并将依"东海和平倡议"及推动纲领,呼吁日本正视我之主张,且共同搁置争议,以和平理性方式处理,以维护双边友好合作关系。

9月25日我宜兰地区渔船及海巡署公务船共同进入钓鱼台列屿12海浬内水域宣示主权,台日公务船舰一度对峙。同日上午日本指派"交流协会"理事长今井正来华,"外交部"杨"部长"当日向渠表示,钓鱼台系我固有领土,附近水域系我渔民超过百年之传统渔场,我渔民正当捕鱼权利不容侵犯,日方所持立场及作为,根本无法亦无助于解决问题,反使区域紧张情势升高,并强调我国拥有钓鱼台列屿主权之立场坚定不移,不会改变,要求相关各方同时搁置争议,以理性、和平方式,共同开发,共享资源,确保东海之和平稳定与繁荣。

陆、结语

台日关系密切友好,向为"合则两利,分则互蒙其害"。日本政府宣布将钓鱼台列屿"国有化"后,立即导致台日争议升温,惟在此同时,亦凸显我"总统"

于本年 8 月 5 日提出"东海和平倡议"及 9 月 7 日依据倡议精神提出后续执行步骤之时机及方向正确。

另钓鱼台列屿附近水域为我渔民传统作业渔场,我"政府"维护我渔民合法权益向来坚定不移,政府将续保护我渔民合法出海赴我国水域作业。有关渔业会谈事将续透过双方沟通管道洽商安排,盼日方展现诚意与善意,认真尊重我渔民在钓鱼台水域之合法作业权益,使台日渔业会谈达成具体成效。

台日密切友好关系长期累积所成,主权领土自是寸土不让,惟倘紧张情势升高甚至发生冲突,亦非任何一方所乐见,希望日方正视钓鱼台列屿争议之存在,回应"东海和平倡议",经由各方自制,共同开发合作,化解区域争议,带来和平、安定与繁荣。未来如何进一步落实渔业、矿产、海洋调查及海洋环保等资源共享与开发合作,实系今后台日间之重要课题。(E)

(台湾大学图书馆"立法院"资料库电子资源库)

三、"中央研究院"藏"中央社"档案[1]

1. 相关部门将协助宜县勘查钓鱼台

1991-01-19

　　("中央社"台北十九日电)内政部今天表示,针对台湾省政府来函,请求"中央"协助宜兰县政府派员到钓鱼台列屿,勘查地形和规划设置渔船避难港和休息站,"内政部"将协调"国防部"与"外交部"等单位,给予必要协助。省政府认为,宜兰县政府遵照宜兰县议会全体大会议决,在"我国"领土内测量地形和规划利用,事属当然;但因钓鱼台列屿附近海域,目前受日本船舰控制,去年十月下旬,台湾区运会主办单位传递圣火到钓鱼台,遭日方阻挠,而且引起轩然大波,宜兰县政府到钓鱼台人员的安全,尤需"中央"的保障。针对省府的请示,"内政部"说,希望"国防、外交"两部能有以下行动:——"国防部":以海军舰艇护航。——"外交部":以适当管道了解日本方面态度,并设法使冲突发生的可能性降到最低,同时发表声明。"内政部"一向视钓鱼台为"我国"固有领土,但强调保卫固有领土,仍须相关部会,以具体行动配合。(发稿91号)

---

　　[1]　中央社即"中央通讯社",1924年4月1日在广州成立,为中国国民党创办的官方通讯社。1949年10月迁往台北,现为台湾地区的官方通讯社。

2. 我渔船赴钓鱼台捕鱼未受日方干扰

1991-03-31

("中央社"台北三十一日电)钓鱼台海域鱼季已从三月开始,由于中日间紧张关系趋于缓和,"我国"渔船在钓鱼台附近进行渔捞作业,并未受到日方干扰。不过"我国"渔政主管指出,钓鱼台海域属于敏感区域,希望渔民能秉持多捕鱼、不惹事的原则,避免引起纷争。钓鱼台群岛附近海域盛产鲣鱼、鲔鱼和旗鱼,渔业资源十分丰富。除了"我国"渔船以钓鱼台海域为主要渔场外,大陆渔船每年在三月末至五月初,也会集结数百艘钢壳渔船,以拖网作业捕鱼。至于日本方面,大部分是高知、鹿儿岛、冲绳船籍渔船前来作业。去年掀起钓鱼台事件后,"我国"以三月到九月为护渔期,欲前往钓鱼台列岛附近作业渔船,十艘编为一组,向"行政院农业委员会"申请作业,由"农委会"协调有关单位护渔。不过今年鱼季开始以来,渔民很少申请护渔,迄今中日间也未闻任何纠纷,显示钓鱼台海域又恢复了平静。(发稿67号)

3. 我国领海主权以地图明示

1992-02-26

　　("中央社"台北廿六日电)对于中共以列举方式将钓鱼台纳入主权范围一事,"内政部次长"陈孟铃今天表示,虽然"我国"对于领土范围并不直接列举,但将由"行政院"公告地图明示,就可显示"我国"领土主权的确切范围。陈孟铃说,"行政院"已在"民国"六十二年将钓鱼台列为宜兰县头城镇的辖区,属于"我国"领土殆无疑义。他说,在已送至"行政院"审议的《"中华民国"领海及邻接区法》中,虽不采取地点列举,但草案第五条明定由"行政院"公告"我国"领海的基线及领海外界线,"行政院"除公告上述基线外,还将公布地图,由地图即可明示"我国"的领土范围。陈孟铃指出,"我国"沿海有近五千个岛屿,中共虽将钓鱼台列举出来,也不过是象征性的列举。而领海及邻接区法草案中明定,"我国"领土主权包括水体、海床及底土,另外《宪法》第四条也明确表达我国具固有疆域。陈孟铃指出,将来"行政院"公布的地图将有两种,一种是"我国"的固有疆域;另一种则是目前"我国"实际可管辖的范围。不管是那一种,都包含了钓鱼台这块令各方觊觎的领地。

4. 钱复表示"政府"重视钓鱼台领土主权

1992-02-28

("中央社"台北廿八日电)"外交部长"钱复今天指出,"政府"对钓鱼台主权问题十分重视,也积极和日本政府交涉,维护我渔民权益。他下午在回答侨选"立法委员"薛国梁的有关质询时,作以上回答;"立法院"今天继续举行第八十九会期总质询。钱复表示,"政府"一直很重视钓鱼台的主权问题,本月廿五日中共通过领海法,将钓鱼台列为中国主权领土,这是中共在长期冷漠态度后的表现,而且值得注意的是,中共将钓鱼台的地理管辖权划归台湾,和我政府将其置为宜兰县头城镇的一个里一样,都是将其视为"我国"的领土。他指出,自从前年十月钓鱼台再度引起注意后,"政府"即在为钓鱼台的主权努力,透过"驻日代表"许水德向日本交涉,维护我渔民前往该地从事捕渔的权益。"行政院长"郝柏村也很重视这个问题,钱复表示,每回和日本访客见面,郝柏村都会向其指出钓鱼台为"我国"领土;国内同胞也很注意,在前年十月后,有不少民众向"外交部"提出有利于"我国"的资料,"外交部"也都保持联系。他说,有人建议召开国际性学术会议来讨论主权归属问题,这是个很好的建议,但最好是由民间学术机构来召开,会比"政府"出面召开来得好。

5. 宜兰县府等要求海军扩大护渔

1992-05-07

("中央社"宜兰七日电)宜兰县籍全吉庆二六号、新福益一六八号、西喜二二六号等五艘渔船,昨天遭大陆籍铁壳船冲撞和抢劫,已引起宜兰全县渔民的激愤,渔业有关单位建议海军扩大护渔范围。全吉庆二六号等渔船昨天清晨在钓鱼台附近海域作业时,遭到"中共铁壳海盗船"冲撞和抢劫,渔船受到相当程度的损坏,已严重影响渔民的作业安全。针对昨天所发生的不幸事件,宜兰县长游锡堃今天指示县府农业局,尽速将详情电告"行政院农委会",以研商因应之道,以确保渔民的生命财产安全。另外,游锡堃上午也邀请县籍有关民意代表、头城及苏澳镇公所、苏澳地区渔会等开会,决议建议政府扩大海军护渔范围。由于全吉庆二六号等渔船,上午已返回南方澳渔港,宜兰县政府及台湾省渔会今天都派员前往慰问被劫渔船。

6. 李"总统"指与日和平协调解决钓鱼台争议

1996-08-04

("中央社"记者谷澄台北四日电)李登辉"总统"今天呼吁宜兰地区渔民,不要以发动渔船到钓鱼台示威的方式处理问题。李"总统"表示,处理钓鱼台主权问题不是那么简单,应从解决渔业权方向着手,在没有冲突的情形下,和平协调钓鱼台争议。"总统府"今天开放民众参观,李"总统"上午与十三位同姓同名的"李登辉"在"总统府"办公室合影留念,并话家常。一位宜兰来的李登辉特别谈及宜兰渔民相当关切日本在钓鱼台设置灯塔,宜兰县头城与苏澳地区渔民有意发动渔船到钓鱼台示威,抗议日本的举动。李"总统"随后表示,在日据时期,日本就将钓鱼台纳入当时的台湾总镇督府台北洲管辖,现在台湾已经光复,钓鱼台不应由日本人管辖。另外,就算日本人宣布二百海里经济海域,但我方也可以做同样的宣告,在这种情形下,钓鱼台也是重迭地区。"总统"接着表示,钓鱼台涉及主权争议不是那么容易解决的,应先从渔业问题方向着手处理。他说,日本已派退休的渔业厅官员来台协调处理这个问题,应从这个方向处理比较妥当。"总统"表示,解决钓鱼台问题最好不要有冲突,应以和平、协调方式处理。"总统"也呼吁宜兰地区渔民,不要以发动渔船到钓鱼台示威方式解决问题,希望宜兰县长与县渔会理事长也能妥善处理。

7. 钓鱼台纠纷请国际法庭仲裁是无解问题

1996-08-06

("中央社"记者颜伶如台北六日电)钓鱼台主权争议影响"我国"渔民作业,如果台湾渔民受到日方干扰,我方是否可能申请国际仲裁?虽然宜兰县政府表示考虑实行此一管道,但不论从法律、政治或国际现势来考虑,这都是个"无解"的问题。宜兰县长游锡堃今天表示,如果"中日"未来对于钓鱼台主权争议协商不成,宜兰县渔民在钓鱼台海域作业又遭干扰或驱离,县政府将协助向国际法庭申请仲裁。然而,这番谈话不仅凸显目前民众对钓鱼台问题解决之道的困惑,就国际法与国际政治的层面来看,更暴露出台湾国际处境的无奈。对于申请国际法庭仲裁的可行性,"外交部"尚未公开评论,而民意代表呼吁,政府除了强调和平解决争议之外,应该清楚说明处理此一问题的政策。"中华民国"日本研究学会秘书长、"立法院外交委员会委员"陈鸿基指出,"政府"重大"外交"政策的决策过程应更公开及透明化,让国人更了解"政府"的立场,使民间行动能够配合"政府",进而发挥相乘相加的力量。另一方面,国际法学权威、政治大学外交研究所教授王人杰则明白指出,虽然国际法庭是国际间和平解决争端的途径,然而,根据相关规约,台湾连申请仲裁的准司法途径都不可能实行,更不用说进入国际法庭的诉讼程序。王人杰指出,台湾不是联合国会员国,"没有国家地位",再加上联合国二七五八号决议又在"中国"与北京政权之间划上等号,日本与中共具有正式邦交,以及许多国家在接受日本援助的影响下立场偏向日方,在种种因素影响之下,"即使日本愿意,台湾没有资格、也不可能把争端带入国际诉讼程序"。若从国际政治的观点来考虑,王人杰也认为,使钓鱼台问题尖锐化或冲突化,只会让包括中共在内的其他国家坐享"渔翁之利",他认为,我方是否有必要为了钓鱼台主权的问题,透过各种方式与日本展开全面对抗,也相当值得商榷。王人杰也认为,国际情势本来就对台湾不利,因此我方必须谨慎行事,切勿使自己陷入更困难的处境中。根据日方的说法,台湾渔民可以依照现状在相关海域继续捕鱼,但长久以来的迹象显示,日方对于我方渔民靠近他们十二浬海域作业的态度仍相当强硬,甚至不惜以驱离的方式对付。王人杰指出,万一渔民前往抗议遭受驱离引发渔民落海或死伤事件,在不受国际司法保障的情况下,我方将面临"无从求偿"的地步。他感叹说:"这真的是一个无解的问题。"陈鸿基则强调,"外交"政策若能公开化、透明化,对于特定的"外交"问题可以更加安定民心,他并呼吁,"政府"不要让民众知的权利无法满足,或使民众怀疑"政府"危机处理的能力,而徒增困扰。

8. 宜县府指钓鱼台被占可申请国际法庭仲裁

1996-08-07

("中央社"记者林钦铭宜兰县七日电)宜兰县政府今天强调,我们为"事实主权国家",钓鱼台领土遭占领,依国际法规约,我们有权向国际法庭申请仲裁。宜兰县政府今天发布新闻稿指出,我们为"事实主权国家",具有一定的人口,确定的领土,确实存在的"政府",并有与其他国家建立关系的能力,虽非联合国会员国,但依国际法规约,领土被占领,我们有权向国际法庭申请仲裁。县政府同时强调,宜县渔民平日为供应台湾渔获辛勤工作,并克尽纳税与服兵役的义务,如今于钓鱼台传统渔场海域作业,却遭干扰或驱逐,若能提出具体事证,"中央政府"理应透过各种途径,包括向国际法庭申请仲裁,以保障渔民权益。宜兰县政府说,宜县渔民如遭到干扰,"外交部"如不愿向国际法庭申请仲裁,宜兰县政府愿意编列预算,代为转请律师,透过国际组织向国际法庭申请仲裁,以维护渔民在传统渔场作业应有的权益。

9. 台省渔民盼"政府"早日与日方签署渔业协议

1996-08-12

　　("中央社"记者颜伶如台北十二日电)台湾省渔会今天上午就如何维护渔民在钓鱼台海域作业安全事宜召开会议,虽然大会决定不派遣两百艘渔船前往抗议,但渔民代表强烈要求"我国政府"早日与日方签属渔业协议,让渔民得到具体保障。台湾省渔会理事长兼"国大代表"郑美兰在会中郑重呼吁,"政府"相关单位应早日促成与日方签署渔业协议。她指出,虽然长久以来中日双方对钓鱼台主权问题存有一种无形的默契,但由于没有具体的条文可以约束日方,造成我方渔民的作业安全也一直不能得到保障。郑美兰在会后宣布三点决议:一、请全省各地渔民今后安心继续在钓鱼台附近作业;二、如果今后渔民再度遭遇日本保安厅的干预,请渔民务必摄影或录像留下证据,以供日后向国际法庭提出告诉;三、要求日本政府比照与中国大陆及南韩的协商标准,放弃两百浬经济海域的宣示。她指出,我方渔民已决定不前往钓鱼台抗争,但将采用理性、和平的方式向国际法庭寻求解决之道。她并指出,宜兰县长游锡堃已表示愿意在向国际法庭申请告诉的费用方面提供援助。郑美兰表示,我方"政府"已向日本政府严正表达"我国"的立场与决心,日本方面也有善意响应,虽然没有明显答复,但由于我方维护钓鱼台主权的决心,我"外交部"应力促日本政府派员与我方协商,以和平方式解决钓鱼台问题。今天上午的会议有来自全省三十九个区渔会的理事长、常务监事、总干事及省渔会理、监事等一百五十余人参加,并有"外交部"、"国防部"、保七总队相关官员以及民意代表列席。另一方面,台湾省渔会也拟派七人小组在今天下午二时代表全体渔民前往"外交部"、"内政部"、"国防部"、"行政院农业委员会"、"亚东关系协会"、"日本交流协会"递送《渔民对钓鱼台处理之声明书》,声明书意见如下:一、请"外交部"继续透过管道促请日本与"我国"签订渔业协议,在双方签订渔业协议前不得干扰我方在钓鱼台海域作业渔船。二、请"内政部"早日颁布实施《"中华民国"领海及邻接区法》及《"中华民国"专属经济海域及大陆礁层法》,并请警政署加强指派保七总队经常赴钓鱼台附近海域执行护渔任务。三、请"国防部"派遣军舰、飞机在钓鱼台外巡视,以保障渔民作业安全。四、请"行政院农委会"重视渔船在钓鱼台海域作业的安全,积极协商各有关单位加强海上护渔及制订两百浬专属经济海域,俾早日实施。五、请"亚东关系协会"协助请求日本政府重视钓鱼台海权争议,以和平协商解决,避免冲突,使"中日"双方继续共同开发钓鱼台海域资源。六、请日本交流协会惠予转达我方立场,并促请日本政府继续派员来台协商钓鱼台海域渔业协议及两百浬专属经济海域事宜,俾继续维持良好关系。台湾省渔会在书面声明中指出,日本青年社七月十四、十五日在钓鱼台设立灯塔,以及日本于七月廿日片面宣布将钓鱼台划入两百浬经济海域,这种突如其来的举动,已严重伤害我渔民权益。钓鱼台海域是台湾北部苏澳、头城、基隆与金山、万里、贡寮等地区渔船传统作业的渔场,每年有一万艘以上渔船在这个海域作业,渔获量达数万吨,产值为新台币三亿余万元。

10. 宜兰县长建议"中央"对钓鱼台纷争慎重行事

1996-08-13

("中央社"记者林钦铭宜兰县十三日电)目前在日本考察的宜兰县长游锡堃,今天针对"国内"有媒体报导,日本七人代表团与"我国"代表已有基本共识,将在钓鱼台群岛与台湾领土之间,划分中间线作为彼此专属经济海域的认定基准,游锡堃表示,若这项报导属实,等于放弃主权,并将严重影响宜兰县渔民在钓鱼台附近海域作业的权益。对于这项报导,宜兰县政府今天也表示严重关切,并建请"中央政府",要慎重行事。游锡堃今天透过宜兰县政府发布的新闻稿指出,钓鱼台海域是宜兰县渔民传统作业渔场,不论从历史、地理角度观察,主权都属于我方所有,宜兰县政府除一再呼吁"中央政府"与日方协商不应影响宜兰县渔民在这处海域的作业权益,也建请中央在钓鱼台群岛主权争议未厘清之前,应秉持共同开发、共同使用的原则,让争议各方的渔民都能在这处海域作业。游锡堃日前率团前往美国与日本考察有关国际会议中心兴建与观光事业事宜。今天游锡堃已抵达日本访问,针对国内有媒体刊载有关"日方代表团与我方代表已有共识"的报导,特别电请宜兰县政府秘书室发布以上看法。

11. "国民大会"通过钓鱼台主权案送请"政府"参考

1996-08-30

("中央社"记者纪锦玲台北三十日电)"国民大会"今天上午讨论一般提案,通过中国国民党籍"国代"林明昌、郑美兰等所提钓鱼台主权案,请"政府"与日本交涉,拆除在岛上兴建的灯塔与其他建筑,以维护"我国"领土主权;这个案子将送请政府研究办理。林明昌等提案指出,钓鱼台列屿是"我国"疆域,属于台湾省宜兰县行政辖区,日本青年社在岛上兴建灯塔,严重侵犯"我国"领土,请政府积极向日本交涉,自行拆除,以维护"我国"领土主权。讨论过程中,新党籍"国代"曲兆祥提修正案,要求政府交涉日本,拆除岛上所有建筑物,处理结果,应由"政府"相关单位向"立法院"报告。随后,"国民大会"依照修正案通过,送请"政府"研究参考。

12. 傅昆成吁"政府"采具体行动伸张钓鱼台主权

1996-09-07

("中央社"记者黄贞贞台北七日电)钓鱼台主权争议再起,"政府"究竟应如何因应?国际法专家傅昆成说,"政府"应与日本一样采取相对措施,也就是"远距封锁",出动保七船舰护渔,并鼓励民间自由表达对钓鱼台主权的意志与看法。傅昆成批评"政府"目前处理钓鱼台主权争议的行动不够积极,他建议"政府"在避免冲突的前提下务必展现坚定决心,仿效日本在远距离即封锁日本船只,出动海上警力保护渔民作业权益,如果日本拉布条驱离我方渔船,我方也可以采取同样的措施。另外,日本政府"纵容"右翼人士在钓鱼台上搭建灯塔、竖立国旗等举动,傅昆成认为,"政府"也一样可以加以鼓励,使日方了解台湾民众维护钓鱼台主权的坚定立场,如此将有利"政府"与日本交涉与谈判。专研国际海洋法的傅昆成认为,日本政府八月初来华就渔业水域划分问题进行谈判,主要是担心宜兰县渔民依计划大批前往钓鱼台伸张主权的缘故,否则日本仍将是不闻不问。他强调,坚实的民意才是"政府"与日本谈判的有利筹码。他分析,有关钓鱼台主权争议日本方面无意造成冲突,保安厅巡逻艇也不可能无故对手无寸铁的渔船开火攻击。为确保我们对主权的坚定立场,"政府"有必要展现强烈的企图心,不能保持缄默不予因应。

13. "中华民国保钓联盟筹备会"成立誓言保钓

1996-09-08

("中央社"记者纪锦玲台北八日电)"中华民国保钓联盟筹备会"今天宣布成立,联盟以新党精神领袖许历农为召集人,集合四十多位民意代表、学者誓言保护钓鱼台领土。保钓人士表示,将在九月十八日到"日本交流协会"提出严正抗议。保钓联盟筹备会今天上午在台大校友会馆举行记者会,推举许历农为召集人,并发表筹备会成立声明。声明表示,钓鱼台主权属于台湾,早在明、清时代就有文献证明,二次大战《开罗宣言》,决定日本应归还台湾给中国,自然包括钓鱼台主权;美军在一九七二年将琉球移交日本,声称一并将钓鱼台"行政权"移交日本,但行政权与"主权"不能混为一谈,谁也不能抹杀钓鱼台主权属于中国的事实。他们呼吁,"政府"领导阶层能用行动证明保钓决心,"中华民国"是有尊严的,是不容日本人欺侮的。新党籍"立委"李庆华表示,日本政府表现蛮横,渔民遭喷漆、喷水,含着眼泪回来,我钓鱼台主权被侵犯,国人应有具体行动,团结国内同胞、海外侨胞,向日本表达抗议行动。"中华民国统一联盟"代表、世新学院教授王晓波表示,他们九月十八日将率众到日本交流协会抗议日本侵犯我国领土钓鱼台。空中大学校长、新党籍"国代"陈义扬批评,保护钓鱼台,两岸政府都没有宣示主权的行动,只谈渔业权,显示中国积弱与两岸不合,削弱了保钓行动力量。新党籍"立委"傅昆成指出,日本的策略是和台湾谈渔权、和大陆谈主权,日本认为,只要将台湾渔民安抚好了,台湾不抗议,将来国际谈判主权时,情势就对日本有利。他主张,用一万个台湾啤酒瓶,内装钓鱼台主权声明,放流到日本等地区,向世界宣示"我国"对钓鱼台的主权。新党籍"立委"周阳山指出,他们希望这次保钓行动能成为全民行动。除表达捍卫钓鱼台主权的决心外,应包括其他行动,例如五十多年前台籍日本兵被征召赴东南亚战场,为他们的权益,"政府"应向日本交涉,要求合理补偿。发起保钓联盟筹备会人士包括许历农、新党籍"立委"郁慕明、周阳山、冯定国、傅昆成、朱高正、朱惠良、李庆华、周荃、陈一新、新党籍"国代"李炳南、林忠山、纪欣、陈义扬、曲兆祥、赖士葆、邱建勇、汤绍成、潘怀宗、吴沧海、冯沪祥、台北市议员庞建国、璩美凤、作家司马中原、世新学院教授王晓波等人四十多人。

保钓联盟发起人以新党人士为主，名单中只有一位宜兰县国民党籍"国代"林明昌及国民党十四全党代表彭业萍。另外，国民党籍、政大政治系教授马起华也出席今天筹备会。新党是否跨党派邀请其他党派人士，以扩大参与活动，李庆华表示，他们希望能够组成跨党派联盟，各党派捐弃成见，共同展开保钓行动。

14. 省文献会考据钓鱼台岛主权为"我国"所有

1996-09-11

("中央社"记者王鸿国中兴新村十一日电)"中日两国"关系因钓鱼台主权归属问题而日趋紧张,根据台湾省文献会考据史料记载,早在明朝嘉靖年间钓鱼台就属于中国领土,"我国政府"也已于"民国"六十年间宣布钓鱼台列屿归宜兰县政府管辖。台湾省文献委员会主任委员谢嘉梁今天表示,根据史料记载,远在明朝嘉靖三十四年间,奉派到日本宣谕的郑舜功就在他所著的《日本一鉴》书中记载"钓鱼屿属于小东岛之小屿",而小东岛即现在的台湾。他说,由此可见钓鱼台在明朝时期即属于台湾所管辖。此外,在清朝康熙廿二年时,清军入台并打败郑成功,台湾重归清朝版图时,就订定台湾的辖区北至钓鱼台列屿。谢嘉梁并指出,在民国廿九年至三十年,当时台湾还处于日本统治时期,琉球的冲绳县和台北州就曾经为了争取钓鱼台管辖权在东京法庭打了一场官司,最后终于判决归属台北州,所有数据均足以证明钓鱼台列屿应该是属于"中华民国"版图。

15. 郑美兰支持"政府"处理钓鱼台问题四原则

1996-09-12

　　("中央社"记者林钦铭宜兰县十二日电)"副总统兼行政院长"连战批示"政府"处理钓鱼台问题,以坚持拥有主权、理性处理争议、渔民权益优先等,台湾省渔会理事长郑美兰表示支持,她希望渔民们支持"政府"政策,让钓鱼台问题经由和平协商方式解决。至于有渔船计划在近日组队前往钓鱼台抗议,郑美兰则希望渔民们能够冷静理性面对。如果渔船非到钓鱼台抗议不可时,她则吁请渔民们不要将渔船驶进钓鱼台列屿十二浬以内海域,以避免不必要的纠纷发生。"行政院新闻局"今天发布"政府处理钓鱼台四项原则"——坚持拥有主权、理性处理争议、不与中共合作、渔民权益优先。经媒体报导后,宜兰县籍的台湾省渔会理事长郑美兰接受记者访问时,作以上表示。郑美兰指出,"政府"在处理钓鱼台问题时,仍能把握渔民权益优先的原则,她感到十分欣慰,她对连战的决定表示支持。郑美兰希望"全国"渔民拥护"政府"的政策,让钓鱼台问题能够经由和平协商方式获得解决。

16. 保钓民气可用涉及海权战略宜严正以对

1996-09-17

　　("中央社"记者苏文彬高雄十七日电)"九一八事变"六十五周年前夕,国内"保钓"运动正风起云涌,蔚成一股"抗日"的凛然民气。海洋学者认为,这波社会运动不仅涉及维护我渔业作业权,更攸关海权战略的军国大计,必须严正以对,绝不可等闲视之。近来,台、港两地,甚至中国大陆的中国人,无不同仇敌忾,签名、静坐、拒用日货、焚烧日本国旗等抗议行动,正方兴未艾在各地不断出现。钓鱼台,这一蕞尔小岛,面积仅四点三平方公里,距离基隆约一百多海里,不久前日本右翼团体"青年社"悄悄到岛上建立灯塔,掀起海内外中国人如潮水般的同声谴责。"国立中山大学"海洋政策研究室召集人胡念祖认为,这次的钓鱼台事件绝不会如同廿年前的"保钓运动"昙花一现,可预见地,势必会延续下去,除非中日双方达成某种彼此都可接受的解决方案,否则问题不可能凭空销声匿迹。他解释说,日本参与签署联合国一九八二年海洋法公约,赋予沿海国十二浬领海国家主权、两百浬专属经济海域及陆地领土延伸的大陆架自然资源主权与管辖权,日本政府据此执行,不可能无视其国家利益,一遭遇他国抗议即半途而废。日本是一岛国,对海权的重视自是不在话下。胡念祖进一步指出,从较早日本与苏联争夺北方的色丹、齿舞、择捉、国后四岛,到稍近的与南韩争夺竹岛,以至于现今的钓鱼台事件,一连串的对外领土主权争端,似乎隐含某种势力扩张的企图,不能不令我们心怀警觉。国人近来反日情绪升高,着眼点包括确保渔业作业权及领土主权,但是,钓鱼台的海权战略地位更是事关重大。胡念祖指出,一旦日本拥有钓鱼台的领土主权,则其可引用联合国海洋公约第一百廿一条,将整个琉球群岛以直线基线法划入领海基线内,并以钓鱼台及宜兰东方六十浬的与那国岛最西外缘为基点,向外主张两百浬专属经济区及陆地自然延伸的大陆架,与台湾间采"等距中线"划界,则"我国"向东、向北可主张的海域就仅有三十浬至五十浬。他说,果真如此,台湾北、东两向的海上通路,一踏出不远,就会撞上一堵无形的"日本围墙",后果难以想象。虽然,"国内"民气沸腾,但"政府"各有关单位无不极力设法降温,所顾忌的应是避免扩大国际争端。但是,胡念祖认为,民气可用,政府反而顾虑太多。他指出,当年日本与苏联争夺北方四岛,双方剑拔弩张;为了维护竹岛主权,南韩甚至不惜举行军事演习;结果,彼此间外交关系至今并未因此倒退,更未引发军事冲突。更早的冰岛与英国两度"鳕鱼战争",双方出动舰艇四十多艘对阵,小国冰岛维护国家海域权益的强硬决心,终于迫使"树大招风"的英国退让,不敢轻启战端。自从上个月以来,国人护土心切,也曾经激发迫近钓鱼台屿的行动,但都是民间船只打前锋,结果不出所料,一艘艘铩羽而归;胡念祖认为,如果动用"政府"船只,日方的态度也许就不敢如此蛮横;中共的海洋探测船在钓鱼台外围海域逡巡,日方低调回应就可见端倪。或许,中共介入,我政府难免投鼠忌器,不过,胡念祖指出,钓鱼台早已划属宜兰县辖,而宜兰县的"中央政府"自然是"中华民国政府",归属十分明确。有关这一点,胡念祖赞同"外交部长"章孝严说的"钓鱼台事件与中共无关"。

17. 钓鱼台群岛地主未准许日本青年社建灯塔

1996-09-19

("中央社"东京十九日路透电)"拥有"钓鱼台群岛其中四个小岛的栗原国起说，他的家人并未准许"日本青年社"前往设置灯塔，并驳斥设置灯塔可保护航行该海域船只的说法。但他拒绝说明是否会对该右翼团体采取任何行动。现年五十四岁的栗原，过去廿年来与其弟妹共同拥有五个无人岛中的四个小岛。他最近接受路透社访问时表示，他约于廿年前以三十日圆（依现行汇率约合廿七美分）代价自一位友人处购得这些小岛。日本青年社的负责人上周表示，日本青年社与栗原之间存有"默契"。栗原在提及此事时说："这和我完全无关。我从未曾想到它竟然会引发轩然大波。"中国大陆和台湾谴责日本青年社在钓鱼台群岛上兴建灯塔并要求立即拆除。中共并指控日本政府纵容该右翼团体。栗原指责日本政府未能明确向国际社会宣示拥有钓鱼台群岛主权。他说："除非日本政府采取坚定立场，否则我们对该群岛的拥有权将遭到危害。我们不能放弃该群岛，若如此，我们将变成日本的叛国贼。"日本宣称于一八九五中日甲午战争击败中国后取得台湾及其他领土时即拥有钓鱼台群岛主权，中共则称在数世纪前即已拥有该群岛主权。台湾方面也表示拥有钓鱼台群岛主权，属宜兰县管辖。日本于一九七二年自美国手中取得钓鱼台群岛的控制权。美国自二次世界大战结束后即接管琉球及钓鱼台群岛。栗原拥有五个无人岛中的最大岛，他的弟妹拥有另外三座小岛。当地政府的文件纪录证实栗原家族拥有这些小岛。第五个小岛隶属日本大藏省，但大藏省如何取得该小岛仍不清楚。询及为何能以如此低价取得这些小岛时，栗原回答说："这些小岛远比厄瓜多的加拉巴戈斯群岛孤立。"

18. 林丰正明向"立院"项目报告钓鱼台问题

1996-09-20

　　("中央社"记者罗广仁台北廿日电)"内政部长"林丰正明天将向"立法院内政委员会"项目报告钓鱼台问题，分别从从地理环境、历史证据、使用现况、法理依据强调"我国"对钓鱼台的主权，并呼吁"立院"通过领海法、专属经济海域及大陆礁层法，维护权益。"内政部"完成林丰正钓鱼台项目报的幕僚作业，据指出，报告内容主要强调"我国"拥有钓鱼台列屿主权的论据，并从地理环境、历史证据、使用现况和法理依据来宣扬钓鱼台"为中华民国"领土的主张。另外，林丰正也将报告"内政部"过去和现在对钓鱼台问题的处理情况，例如"内政部"主管的"标准地图"就一直强调钓鱼台为我"中华民国"的领土，并特别记载钓鱼台为台湾省宜兰县所管辖。林丰正明天并将为正在"立法院"审议的《"中华民国"领海暨临接区法》、《"中华民国"专属经济海域及大陆礁层法》催生，如果"立法院"能尽速通过以上两个法案，将使"我国"在保护领土和维护权益上有法源的依据。"内政部"处理钓鱼台问题的立场，完全是依据"行政院"处理钓鱼台问题四项原则为基础，希望透过和平、理性的谈判来解决国际争议，并将谈判着重在渔业权、捕鱼权的问题上。"中日两国"将于十月初在日本进行第二回合渔业谈判，"内政部"认为，"中日"谈判将以渔业为主，不会涉及主权争议，因为涉及主权的问题，不容易处理也难有结果。

19. 香港保钓行动会同台湾保钓会今晚出海

1996-09-22

（"中央社"记者黄旭升台北县廿二日电）台港两地保钓行动联盟决定今天晚上十时从深澳渔港出海，赴钓鱼台"勘察地形"，为香港方面登陆钓鱼台搜集相关地形资料。台北县议员金介寿表示，虽然会找机会登陆，但会视情况避免引起冲突。港澳地区保钓代表团昨天晚上与台北县议员金介寿等人会合并且研商今晚出海登陆钓鱼台相关事宜。金介寿日前到香港参加保钓活动时，虽然已经说明过钓鱼台的相关情形及当初企图闯关的经过，但港方并不完全了解，决定今晚继续前往"勘察"。金介寿已经租用海钓船计划今晚会同港澳方面人士一起出海到钓鱼台。金介寿日前出海到钓鱼台时遭到日本海上保安厅船舰驱逐，他形容这次的行动是为了"观察敌情、搜索目标"。虽然，今晚的行动计划有机会时登上钓鱼台，但是，如果又发生日舰前来驱逐的情形，台港人士将不会与日方发生激烈冲突。据了解，港台双方保钓人士预定今晚十时出海，单程六小时，来回要十四小时以上。

20. 港台保钓活动国际媒体重视采访人数众多

1996-09-23

("中央社"记者黄旭升台北县廿三日电)由港台澳三地发起的保钓护土行动,第一次前往钓鱼台"勘察地形",引起国际媒体重视,包括"中央社"、美联社、路透社等国际性重要通讯社都参与采访,日本朝日新闻则临时取消行程,未赴钓鱼台。这次行动是台港方面第一次连手赴钓鱼台,由于保钓行动牵涉到台湾、香港、澳门、日本和中国大陆,因此备受各界注目,也吸引国际以及台、港两地文字、摄影记者六十多人采访。在通讯社方面包括"中央通讯社"、美联社、路透社都派员采访,电视媒体方面包括国内的三家无线电视台,还有卫星电视包括香港无线卫星、传讯电视、超级电视、华人卫星等媒体,广播公司则有中国广播公司派员采访。在平面媒体方面,包括国内的联合报系、中时报系、自立报系、台湾日报以及香港的东方日报、天天日报、南华早报、信报、苹果日报、新华报等报社派文字以及摄影记者参加。部分电子媒体更租用民间航空公司在钓鱼台上空采访,有些则自行租海钓船出海。值得重视的是,引起这次冲突的日本方面,一向低调处理的日本媒体,原来朝日新闻包括翻译坚持要派出四人的采访团,但是,昨晚登船之前却爽约等不到人,台北县议员金介寿猜测可能是受到某方面的敏感压力。由于钓鱼台距离台湾有一百海里,单程顺洋流逆风需要六个小时,回程逆洋流顺风需要七小时,加上双方在海上对峙的时间,记者这次采访一共有十六个小时在风浪中飘摇。虽然采访过程相当辛苦,由于海象不佳,在船舱中多数记者都晕船吐得反胃、甚至呕出胆汁,还要饱受日晒及六级风浪摇晃的危险,有些摄影记者一面吐、一面拍照,不放过每一个精彩镜头,敬业的精神令人印象深刻。部分文字记者还要趁空档奋笔疾书发稿,摄影记者则担心受到海风侵袭的摄影器材保养困难。不过,普遍的情形当我方海钓船逼近钓鱼台甚至亲自看到灯塔时,相当激动。部分香港媒体甚至忘情融入保钓行动中。在高昂的情绪中,看到近在咫尺的钓鱼台却无法登岸,记者都感到相当遗憾。

21. 香港立法局议员何俊仁吁两岸重视保钓

1996-09-23

("中央社"记者黄旭升钓鱼台外海廿三日电)率领这次港台两地保钓勘察钓鱼台行动的香港立法局议员何俊仁表示,对于今天的行动表示满意,他表示计划十月五日再度号召港方保钓行动委员会前往钓鱼台,拆除日本青年社所搭建的灯塔。虽然今天的"勘察地形"行动并未亲自登上钓鱼台,但是,相关保钓人士已经熟记当地的海岸地形以及日本海上保安厅的围堵策略与武器装备,做为下一次"攻坚"的参考。香港立法局议员何俊仁强调,希望民间的保钓行动引起两岸政府重视钓鱼台事件。下一次行动预计在十月五日发动船只前往钓鱼台,一定要拆除象征军国主义的钓鱼台灯塔。在今天的抗议行动中,何俊仁不断以广东话以及英语向日方舰艇喊话,要求退出他们中国的领土。何俊仁呼吁港、台、澳三地同胞一起响应保钓运动。他说"保卫国土是两岸政府的共同责任,不妥善处理钓鱼台事件,两岸政府对不起中华民族"。两次前往钓鱼台的台北县议员金介寿,为了防止不可知的意外以及唯恐日方会上船逮捕人,他还带着护照与日本签证出海。金介寿表示,对于这次行动比起第一次在九海里外就被驱离,今天能够逼近到距离钓鱼台只有七十公尺的海域,可谓是一大突破。他有信心下一次可以顺利登上钓鱼台,并且拆除岛上的灯塔与日本国旗。他说,顺利登上钓鱼台的三项条件是船要多、小快艇要多、登岸的人也要多,具备三项条件就可以因应日本的人海战术。金介寿表示,多次的民间保钓行动都是作为"政府"将来谈判的筹码,也感受到已经对"政府"产生压力以正视钓鱼台事件,他认为今天的抗议行动是成功的。至于今天负责"攻坚"一马当先的"新长春号"船长杨万金则心有余悸地表示,对于这次能够突破包围逼近到钓鱼台七十公尺处,感到相当惊险、刺激与欣慰,不过,由于一艘海钓船要值新台币一千余万元,他也担心地形不熟而触礁搁浅。这次出海保钓护土,港台两地保钓人士以及媒体,以每艘新台币六万元租用海钓船前往。

22. 港台澳保钓行动船只首次逼近钓鱼台沿海

1996-09-23

("中央社"记者黄旭升钓鱼台外海廿三日电)由港台澳三地保钓行动委员会组成的保钓护土行动,今天在日本保安厅舰艇的柔性包围下,首度以迂回策略逼近钓鱼台沿岸七十公尺,由于担心触礁,加上风浪太大,没有小艇,登岛行动无功而返。为了围堵台湾出发的七艘海钓船,日本海上保安厅特地调集十二艘大型舰艇与五艘橡皮艇、一艘快艇一共十八艘大小船只包夹台港澳保钓人士与媒体的海钓船。空中还有轻航直升机监控。出动的船舰与人数是保钓运动以来,日方调动人数最多的一次。但是,明显与以往不同的是,舰上的日本保警除了不断喊话之外,多是采取大范围包夹策略,虽然一度有橡皮艇企图登上"攻坚"的新长春号,引起小冲突,但是,大体而言比起以往多次的驱离我方船只行动,这次显得比较柔性。由台北县议员金介寿以及香港立法局议员何俊仁率领的保钓船只新长春、航海家、长隆十六号,与媒体租用的船只一共七艘,是在昨天深夜十一点在台北县瑞芳番仔澳渔港出发。高呼"三党大团结、打倒日本军国主义"抗议声中,出了鼻头角以七十五度方位,顶着六级风浪全速前往钓鱼台。今天清晨五点廿分新长春号一马当先进入钓鱼台十海里处,日方舰艇虽然闪灯示警,但是,海钓船依旧全速前进。在晨曦中隐约可以见到钓鱼台列屿,船上保钓人士显得相当兴奋。七点开始,编号 PL121 与 PM78 日本舰艇尾随新长春号与航海家号,远方并且可以见到大批日本大型舰艇一共十二艘,分别从各地包夹。金介寿与何俊仁分别用国语、英语、粤语广播喊话,双方各自要求对方退出领海。新长春号与友信十六号则有默契的与日艇展开追逐战,不理会日方的鸣笛警告。七点廿五分,在金介寿一声令下,新长春号船长杨万金一马当先,往钓鱼台冲刺,在距离钓鱼台二百公尺时日方以五艘橡皮艇以及一艘快艇包夹,新长春号一度距离钓鱼台七十公尺,钓鱼台列屿北小岛的灯塔与木制日本国旗目视清晰可见。这是港台保钓行动以来,我方船只距离钓鱼台最近的一次,上次金介寿议员率船只在九海里外海就遭驱离。七点五十分,六艘我方海钓船陆续会合,在钓鱼台沿海聚集,并且燃放天灯表示抗议。由于日舰艇拦阻,加上装备不足,金介寿等人认为已经达到抗议目的,于对峙一小时后,在上午八点四十五分回航。日舰艇尾随监控到钓鱼台十二海里外海才离开。这次保钓护土行动七十余人在下午三点四十分,人船平安返回瑞芳渔港。金介寿与何俊仁都认为抗议行动成功,并扬言已经熟悉地形与海象,下次将突击强行登陆拆除灯塔与日本国旗。下一次还有三波前往钓鱼台进行护土行动,包括十月五日由香港保钓行动委员会进行的保钓,以及十月廿五日由台北县议员金介寿、永和市代表汪小龙发起的保钓行动、台北县议会通过由民主进步党县议员张孟育,新党县议员金介寿一起号召的保钓行动。三波行动是否能够顺利拆除钓鱼台灯塔,备受注目。

23. "中华民国保钓会"将技术性拆除钓鱼台灯塔

1996-09-24

　　("中央社"记者黄旭升台北县廿四日电)由台北县议员金介寿以及香港立法局议员何俊仁率领的"钓鱼台地形勘察团"昨天返回台湾之后,今天已经针对下一波的登陆钓鱼台行动展开企画,并且研拟相关出海与抢滩的技术性问题。由于日本今天在联合国重申钓鱼台是"日本领土",中共对于日本也仅止于"口头告诫"的层次,对此,台湾的保钓人士相当不满,更加深拆除日本右翼团体"青年社"所建立钓鱼台灯塔的决心。香港立法局议员何俊仁与台北县议员金介寿、永和市代表汪小龙昨天率保钓人士前往钓鱼台,并且一度进逼距离钓鱼台列屿北小岛只有七十公尺处。由于装备不足以及风浪过大,昨天的行动无功而返。参与昨天保钓行动的核心人士今天根据"攻守策略"指出,顺利登上钓鱼台的三项条件是,船要多、小快艇要多、登岸的人也要多。具备三项条件就可以因应日本的人海战术,相关保钓人士已经熟记当地的海岸地形以及日本海上保安厅船舰的围堵策略与武器装备,作为下一次突击强行登陆拆除灯塔与日本国旗的"攻坚"参考。据了解,台北县前往钓鱼台的行动还有三波,包括十月五日陪同香港保钓行动委员会前往,十月廿五日由台北县议员金介寿发起的保钓行动,台北县议会县议员张孟育与金介寿一起号召的保钓行动。三波行动是否能够顺利拆除钓鱼台灯塔,备受注目。不过,核心人士今天指出,愈晚行动受到东北季风以及海潮影响,愈不利行动。在技术性方面,已经联系七艘快艇将在外海与海钓船会合,由大船拖往钓鱼台作为攻坚抢滩的利器。至于是在哪一波行动中拆灯塔,目前暂时不对外透露。

24. 新闻分析:钓鱼台风云的日本观点

1996-09-27

("中央社"译东京路透社特稿)香港"全球华人保钓大联盟"总召集人陈毓祥昨天在钓鱼台列屿海域跳水罹难,为海内外华人的保钓运动掀起了新一波高潮,而日本政府在连日来风起云涌的钓鱼台主权争议中,已陷入了外交泥淖。日本政治分析家表示,无人居住的钓鱼台列屿主权争议,已有愈演愈烈的趋势,昨天甚至发生了第一起伤亡事件,日本当局目前除了宣示主权的立场、并且静待各地的示威抗议平息之外,已别无他法。香港保钓领袖陈毓祥昨天从香港各界租用的保钓船上纵身于大海怒涛之中,不幸牺牲,他的英勇行为纯是为了抗议日本宣称对钓鱼台拥有主权,日本人将钓鱼台列屿称之为尖阁诸岛。东京近郊东海大学的政治学者秋月评论钓鱼台主权争议说:"日本无法采取有效的外交措施,来平息情绪高涨的示威抗议。"钓鱼台主权争议沉寂良久,此番卷土重来再度爆发,系由于日本右翼青年于七月间登上该岛竖立灯塔,此举在香港、澳门、台湾、中国大陆,引发了反日的示威抗议。日本外相池田行彦本周三于纽约联合国总部会晤中共外长钱其琛时,也试图化解钓鱼台的主权争议,池田告知钱其琛,东京当局将不容许日本右翼分子对该岛采取进一步的行动。东京东海大学的秋月教授说,除了日本战时侵华的史实而外,中国人以及华人后裔由来已久的反日情绪,可以远溯至中—日关系纷扰不安的历史长河。秋月教授说,中国人先入为主的传统观点,就是中华文化远比日本文化优越。秋月说:"但是日本——战时侵华的侵略者,经济的发展现在领先群伦,这是'中国'并不乐见的。"东京青山学院大学的渡边教授表示,钓鱼台主权争议近期内没有解决的可能。渡边教授说,唯一可行的解决之道,就是由声称拥有主权的各国,基于彼此相互的利益,联合监管和开发这些岛屿。另一位政治分析家森田说,由于日本方面缺乏解决这起纷争的外交技巧,钓鱼台主权争议业已升高至鼎沸的程度。森田分析说:"尖阁诸岛的问题已将日本推向一个外交危机。"森田警告说,钓鱼台的主权争议可能进一步扩大,影响在中国大陆、台湾、香港作生意的日本企业。森田说:"日本必须严肃思考日本厂商被逐出这些国家的可能性。"东京当局宣称,日本对尖阁诸岛的主权上溯至一八九五年的甲午战争,当时日本击败清廷,台湾及其他一些领土割让日本。而"中国"也声称,几世纪以来即拥有钓鱼台列屿的主权。台湾政府也声称拥有钓鱼台的主权,台湾方面表示,钓鱼台属台湾省东北的宜兰县管辖。美国于一九七二年将钓鱼台的行政权,随着琉球一齐归还日本,美国自二次大战之后托管琉球,不过美国当局此次表明,任何特殊的领土主权争议,应该由相关各边齐力解决。

25. 马起华教授发表钓鱼台属于"中华民国"论文

1996-10-06

("中央社"记者黄旭升台北县六日电)政治大学东亚研究所教授马起华今天随保钓人士前往钓鱼台,行前以历史、地质、生态观点,发表"钓鱼台属于中华民国"论文指出,"我国"从来没有宣布放弃钓鱼台,也不承认日本视钓鱼台为琉球附属岛。身兼中华会长的马起华在今天台港澳保钓人士第三波登陆钓鱼台行动誓师大会时,发表这篇论文,同时预计在明天清晨到达钓鱼台时宣读,并且将论文放在瓶子中投放在钓鱼台水域,象征宣示主权。论文指出,钓鱼台是观音山脉向东延伸入海底的突出部分,与琉球之间有深达两千公尺的海沟。百年来台湾渔民前往作业、下碇避风、整网、休息,琉球渔民很少前往捕鱼。钓鱼台是明朝人最早发现的,不是日本人发现的,同时是明清的领土、使臣往返琉球的航路指标,一八九三年慈禧太后曾经把钓鱼台赏给盛宣怀采灵药,可见钓鱼台是有主岛,不是无主岛,日本人不能说"先占取得钓鱼台"。马起华也以一八八五年(明治十八年)由日本外务卿井上馨写给内务卿山县有朋的一份亲展密件指出,冲绳县令当时计划在钓鱼台兴建国标,由于中国清朝已经对附近岛屿取有固定名称,因此行动不宜揭载官报与报纸。论文说,根据历史、地理与生态环境,过去的官方文书以及私人著作,说钓鱼台是台湾附属岛屿的很多,却从来没有人说钓鱼台是日本琉球的附属岛屿。可见钓鱼台是中国的领土,不因为日本自称"先占取得"而受影响,也不因为美国将钓鱼台的行政权还给日本而受影响。中华民国在一九四五年接收台湾后,便顺理成章接收了钓鱼台,钓鱼台也明令隶属于宜兰县。一九五五年,石觉将军所辖的舟山部队撤退时,曾在钓鱼台驻扎。同年三月,曾经炮轰驱离靠近钓鱼台海域的日本船舶。一九五五年九月廿日,"国大"代表组钓鱼台列屿视察团,搭乘省水产试验所海宪号试验船赴钓鱼台视察。

26. 保钓行动传出成功登陆钓鱼台插上"国旗"

1996-10-07

("中央社"记者黄旭升台北县七日电)保钓护土行动船队今天清晨四时许进入钓鱼台附近海域,同时有一艘海钓船透过船队的相互支持,突破日本船舰的包围,成功登陆钓鱼台,并且插上"中华民国国旗"。目前四十艘船队正返航中。根据透过无线电线上的友台经由在宜兰太平山上无线电的监听联系,初步获知已经有一艘保钓船只在清晨六时廿分登陆钓鱼台北小岛本岛,并且在六时三十五分插上"中华民国国旗"。据指出,包括台北县议员金介寿一共有四人登陆钓鱼台。在这一次抢滩登陆行动中,虽然曾经发生船只碰撞,但是,并没有人员伤亡。目前船队正陆续返航中,预计下午二时许可以回到台湾的蕃仔澳渔港以及万里龟吼、玛鍊、东澳渔港。由于钓鱼台列屿距离台湾基隆有一百零二海里,通讯相当困难,对于这次保钓行动的安全与是否成功登陆,各界都相当关心。一群关心保钓事件的无线电友台,特地到宜兰县太平山上架设无线电通讯器材,并且获知台港澳三地的保钓船队,在今天清晨六时廿分突破日本船舰的封锁,顺利登陆钓鱼台,并且插上"中华民国国旗"。目前,基隆渔业电台以及苏澳渔业电台都无法与船队的船只联系上,对于各界询问的电话,渔业电台虽然利用无线电呼叫保钓船队,但是并没有人回答。这次"中华民国灾难救援协会"也随保钓船只出海,并且准备有救生橡皮艇,据了解,今天清晨登陆钓鱼台北小岛就是利用橡皮艇抢滩登陆。根据无线电友台的监听了解,保钓船队在清晨进入钓鱼台十二海里海域时,曾经遭到日本舰艇拦阻,但是,船队依照计划"声东击西"的策略,成功登陆。

27. 宋楚瑜表示省府支持民间各项保钓作法

1996-10-08

("中央社"记者王鸿国雾峰八日电)民间"保钓"闯关插旗宣示主权的作法,引起台湾省议会的热烈讨论,而台湾省长宋楚瑜在答复有关质询时表示,国际领土争端仍以和平理性的作法为宜,省府对于民间各项"保钓"的行为均表示支持。保卫钓鱼台列屿的风气逐渐炽热,并在七日的登岛插国旗的活动中达到最高峰,但是政府的态度却是多数省议员质询的焦点。中国国民党籍省议员周锡玮(台北县)就指出,钓鱼台虽归宜兰县头城镇公所管辖,但是所有地籍、地目等测量数据均付之阙如,他要求省政府以空中或其他方式进行测量并建立地籍数据。新党籍省议员赵良燕(高雄县)说,此次保钓风波,透过国际媒体报导得知日方动员众多军舰围堵"我国"民间保钓船只,已使国际误认为政府默认日本拥有钓鱼台的主权。民主进步党籍省议员林宗男(南投县)则认为,把中共五星旗插上,是"要钓鱼台、不要台湾"的作法,希望所有保钓人士的保钓行动在作法上要审慎考虑。台湾省长宋楚瑜表示,钓鱼台有邮政编码但是没有地籍数据的问题,省府将建议"中央"处理,但是国际间的领土争端仍以和平理性的作法为宜,其他如出动军队等问题,"中央"自有其考虑。至于抵制日货、排除日商参与省府公共工程或采购案招标的问题,宋楚瑜也表示,省府愿意配合这项要求进行检讨与执行,以进一步提醒日本注意台湾人民对其反感的情形,因此,若民间有任何主动的保钓作法,省府也愿表示支持。

28. 马英九指"政府"仍在与日本谈判钓鱼台争议

1997-04-02

("中央社"记者林钦铭宜兰二日电)"行政院政务委员"马英九今天表示，钓鱼台争议，不但是法律问题，也是事实问题。他也强调，"政府"与日本谈判钓鱼台主权与渔权正缓慢进行。马英九也指出，一九六八年自己曾参加保钓运动，直到现在钓鱼台争议仍是台湾、大陆、日本三方的焦点。他希望钓鱼台问题能经由学术的讨论，研究提交国际法庭裁判的可能性。马英九今天以贵宾身份，出席由宜兰县政府主办的钓鱼台国际法研讨会，致词时作以上表示。

29. 马英九说钓鱼台是台湾领土任何国民不能放弃

2002-09-26

("中央社"记者黄淑芳台北廿六日电)前"总统"李登辉在接受日本媒体访问时指钓鱼台为日本领土,曾经参与保钓运动的台北市长马英九今天说,钓鱼台列屿毫无疑问是中国领土,是台湾省宜兰县领土,"任何国民都应该认同自己的领土,不能轻言放弃"。一九七一年开始关心钓鱼台问题的马英九,博士论文写的就是钓鱼台主权问题,也曾出版《从新海洋法论钓鱼台列屿与东海划界问题》、《钓鱼台列屿与主权争议:回顾与展望》两本专书讨论钓鱼台主权,保钓立场一向积极;但他昨天被问及对于李登辉此说的意见时态度低调,只说外交部应该会对外说明。今天马英九终于做了进一步说明,但仍保持不批评李登辉个人的一贯立场。他说,钓鱼台毫无疑问是中国领土,是台湾省宜兰县领土,也编有邮政编码,他相信没有人会放弃自己的领土。马英九强调,钓鱼台是台湾领土,这是无可置疑的事,不论是从历史、地理、地质、国际法或使用面来看都是如此;虽然现在由日本占领,但不表示它是日本领土。任何国民都应该认同自己的领土,不应轻言放弃。

30. 李登辉指钓鱼台属日本国民党团说真是见到鬼

2002-10-21

（"中央社"记者张铭坤台北廿一日电）前"总统"李登辉昨天在一场研讨会中重申钓鱼台主权属于日本，中国国民党中央政策委员会副执行长郑逢时今天上午表示，钓鱼台属于台湾省宜兰县，"行政院长"游锡堃担任宜兰县长还曾送区运圣火去钓鱼台，李登辉的话"真是见到鬼"，话不能乱讲。

31. "内政部"强调钓鱼台列屿主权属于"中华民国"所有

2002-10-21

("中央社"记者黄明兴台北廿一日电)"内政部"今天发布新闻数据指出,"中华民国行政院"为有效处理钓鱼台主权争议,已责成"外交部"邀集相关"部会",成立项目小组专责处理,以免损及主权或造成无谓牺牲,根据项目小组的议决,钓鱼台列屿主权属于"中华民国"所有,"内政部"则出版标准舆图载明钓鱼台列屿属台湾省宜兰县管辖。

32. 李登辉指钓鱼台属日游揆说尊重个人言论自由

2002-10-22

("中央社"记者方旭台北廿二日电)李登辉前"总统"提及钓鱼台主权属于日本的谈话,引发各方瞩目,"行政院长"游锡堃今天在"立法院"答询时表示,钓鱼台主权及领土属于"中华民国",社会上人士不同看法,不愿意去评论,他也表示,李登辉已经卸任,也是"中华民国"公民,因此尊重每个国民的言论自由。游揆并强调,虽然李登辉是卸任"元首",但这也不会因此影响"中华民国"对钓鱼台主权的拥有。游揆今天是在"立法院"答复亲民党籍立委孙大千(桃园县)的质询时,作了以上表示。他强调,钓鱼台主权及领土属于"中华民国",行政管辖权在宜兰县,过去高雄市举办区运时,他也以宜兰县长身份,率领圣火传递队,靠近钓鱼台六海浬海域。此外,孙大千也质疑"政府"是否将停发前往大陆定居的荣民生活就养金?游揆则表示,"行政院"没有删除就养金的规划,"退辅会主委"杨德智也强调,目前的政策,到大陆定居的荣民一样照发就养金。

33. "外交部":民间租借钓鱼台有困难

2003-01-14

("中央社"记者黄明兴台北十四日电)部分立委建议由民间集资向政府承租方式来宣示钓鱼台列屿的主权,"外交部"今天表示,"国有财产局"迄今未对钓鱼台列屿完成登录,租借的可行性与相关手续仍需由主管机关即"内政部"来进行审慎评估,现阶段,"外交部"仍将透过外交途径来捍卫"中华民国"对钓鱼台的主权。

34. 游揆："台日"及中共应和平理性共同开发钓鱼台

2003-02-18

（"中央社"记者廖真翊台北十八日电）"行政院长"游锡堃今天接见琉球台湾商工协会成员，提及"台日"间长久以来的钓鱼台主权争议，游揆强调，在双方解决这项主权争议前，台湾、日本及中共应以和平理性的态度共同开发钓鱼台、共享钓鱼台资源，才能创造多赢局面。

35. 日外务省要求台湾取消钓鱼台地籍登记

2004-04-15

（"中央社"记者黄菁菁东京十五日专电）日本政府对于台湾宜兰县政府最近完成钓鱼台列岛的地籍登记表示关心，日本外务省表示，"交流协会台北办事处"已向台湾"外交"单位提出书面照会，盼台湾能早日取消钓鱼台列岛的地籍登记。

36. "外交部"盼以理性和平态度解决钓鱼台问题

2004-04-15

("中央社"记者李佳霏台北十五日电)有关钓鱼台列岛地籍登记问题,引起日本政府高度关切,"外交部"重申钓鱼台列岛是"中华民国"固有领土,地籍登记属主权行为的行使,"外交部"希望台、日能以理性和平态度解决钓鱼台列岛问题。

37. 钓鱼台主权争议 宜县府：尊重"中央"决定

2004-04-16

("中央"社记者沈如峰宜兰县十六日电)宜兰县政府完成钓鱼台列岛地籍登记作业，正式把土地所有权登记在台湾名下，引起日本关切，并要求尽速取消登记。宜兰县政府今天表示，钓鱼台列岛地籍登记是依"内政部"的计划办理，引发的争议涉及国际主权问题，一切尊重"中央"的决定。

38. 马英九：与日只谈渔权不谈钓鱼台主权失策

2005-06-21

("中央社"记者陈妍君台北廿一日电)"国防部"今天派军舰巡弋台湾经济海域，"立法院长"王金平、"国防部长"李杰都随舰出海。台北市长马英九表示，基本肯定这次护渔行动，也肯定王金平与李杰登舰参加，但过去台湾与日方在渔权议题上，只谈渔权，不谈钓鱼台主权，很失策。

39. 宣示主权 王金平:路线和李登辉根本不同

2005-06-21

("中央社"记者方旭海军凤阳军舰东北海域廿一日电)"立法院长"王金平今天登上海军凤阳军舰出海至台湾东北海域护渔,表示"无法苟同"前"总统"李登辉"钓鱼台是日本领土"的说法,路线"和李登辉根本不一样";李登辉走"制宪、正名、建立新国家",他"坚持中华民国的存在"。王金平说,他"本来就没有走李登辉的路线";他坚持维护"国统纲领"的有效性,以及"国家统一委员会"的体制,坚持"中华民国宪法"不可废,坚持中国国民党党名不可改;如果有气氛,"国统纲领""该运作就应运作"。至于媒体质疑,此举是否企图切割与李登辉路线间的关系,王金平说,他只是把事实说出来,他的主张与李登辉路线根本不同。王金平今天在军舰巡弋折返点,航程最接近钓鱼台时对媒体表示,他"与李先生主张钓鱼台是日本领土"的看法完全不一样。钓鱼台列岛无论从历史、地理、法律等各角度来看,毫无疑问是"中华民国"的领土,一向是"中华民国"主权管辖的地区。他强调,距离台湾本岛一百廿海里的钓鱼台,隶属宜兰县政府管辖,邮递区域是"290";钓鱼台是"中华民国"的领土,捍卫主权完整是神圣不可侵犯且不可能妥协。一同出海的苏澳区渔会常务监事黄镇来说,"台日"渔捞纠纷不断,渔民叫苦连天,才被迫和日舰对抗。"政府"出动军舰护渔只是宣示主权、为渔民争生存,不是作秀,希望持续下去,让渔民安心。

40. 马英九吁陈"总统"宣示钓鱼台是"中华民国"领土

2005-06-22

("中央社"记者林沂锋台北廿二日电)"立法院长"王金平昨天到钓鱼台附近海域宣示主权及护渔决心,台北市长马英九今天肯定王金平参与军舰护渔。他希望陈水扁"总统"以"总统"身份,公开宣示钓鱼台是"中华民国"的领土,而且是台湾的属岛。

41. 马英九：先巩固钓鱼台主权 再谈渔权

2005-10-23

("中央社"记者沈如峰宜兰县廿三日电）中国国民党主席马英九今天表示，政府对钓鱼台主权的态度必须坚定，先巩固主权，渔权才有希望。

42. 保钓人士钓鱼台附近海域施放汽球宣示主权

2006-08-17

（"中央社"记者卞金峰基隆市十七日电）前往钓鱼台宣示主权的台湾保钓人士搭乘渔船，今天清晨六时开抵距离钓鱼台十五浬处，遭日本多艘巡防舰艇跟随，还有侦查机及直升机空中监视，日方除警告渔船返航，还进行包抄拦截，保钓人士施放写着钓鱼台隶属台湾的汽球及玻璃瓶后离开，中午平安返回深澳渔港。五名台湾保钓人士黄锡麟（永和市民代表）、张春明、赵德申、徐政辉及张钦德等人，为抗议日本首相小泉纯一郎参拜靖国神社及日本长期打压"我国"渔民，昨天晚间带着写上"钓鱼台隶属台湾宜兰县"的大、小汽球等出发前往钓鱼台，以宣示主权。由于事涉敏感，五人出发前，除台湾媒体外，还吸引日本媒体采访，因为保钓人士搭乘的"全家福"娱乐渔业渔船，只能航行台湾本岛廿四浬，由于"海巡署"强调执法立场，加上违法将遭处罚三至十五万元，为此，保钓人士赵德申还数度表达不满，甚至打算跳海抗议，还追打现场采访的日本记者，现场一度混乱。最后，在海巡人员点名后，于十一时十分让搭载着保钓人士及部分媒体的"全家福"出海。今天中午十二时三十分左右返回深澳港。黄锡麟说，今天凌晨四时多，船只出海四十多浬后，就遇上四艘日本保安厅的舰艇尾随，到五时多，日方舰艇更增加到七艘，并出动侦查机一路监视，上午六时左右，他们的船只距离钓鱼台约十五浬，日本保安厅的船只发出警告，并以跑马灯方式要求保钓人士的船只返航，甚至一度企图登船拦检。随行的记者指出，当时，两艘日本保安厅巡防舰冲出来拦截，还以包抄及夹击的方式，意图冲撞他们，最后，船上人员丢掷玻璃瓶后，全家福就返航，同时保钓人士立即施放写字的汽球；他们说，日本方面，共派出八艘舰艇、两架侦查机及一架直升机。全家福渔船，于中午十二时三十分返回深澳渔港；黄锡麟强调，这次活动只是小规模的暖身，年底将会结合台、港、澳及中国的保钓人士，一起再到钓鱼台向日方宣示主权。

43. "总统府"声明坚持钓鱼台主权 对日严正抗议

2008-06-12

("中央社"记者黄瑞弘台北十二日电)针对台湾联合号渔船遭日本巡逻船舰撞沉事件,"总统府"今天发表声明表示,钓鱼台列屿是"中华民国"领土,"政府"坚持维护钓鱼台主权的决心从未改变,也绝不改变;"对于日本政府船舰在我国的领海,撞沉我国的渔船,扣留我国的船长,我们要提出严正抗议"。

44. "外交部":坚定拥有钓鱼台主权

2012-05-01

("中央社"记者苏龙麒台北1日电)"外交部"报告指出,"政府"坚定主张拥有钓鱼台列屿立场,不卑不亢全力捍卫"国家"领土完整,无论日本政府称钓鱼台任何岛屿为"国有地"或"私有地",无法改变"中华民国"对钓鱼台主权。

("中央社"中文新闻数据库,台湾"中央研究院"图书馆藏)

附录:近代相关条约和声明

1.《北京专条》

(一八七四年十月三十一日,同治十三年九月二十二日,
明治七年十月三十一日,北京。)

大清钦命总理各国事务和硕恭亲王,军机大臣大学士管理工部事务文,军机大臣协办大学士吏部尚书宝,吏部尚书毛,户部尚书董,军机大臣兵部尚书沈,工部尚书崇,头品顶戴兵部左侍郎崇,理藩院右侍郎成,三品顶戴通政使司副史夏;

大日本全权办理大臣参议兼内务卿大久保;

为会议条款互立办法文据事:照得各国人民有应保护不致受害之处,应由各国自行设法保全,如在何国有事,应由何国自行查办。兹以台湾生番曾将日本国属民等妄为加害,日本国本意为该番是问,遂遣兵往彼,向该生番等诘责。今与中国议明退兵并善后办法,开列三条于后:

一、日本国此次所办,原为保民义举起见,中国不指以为不是。

二、前次所有遇害难民之家,中国定给抚恤银两,日本所有在该处修道、建房等件,中国愿留自用,先行议定筹补银两,别有议办之据。

三、所有此事两国一切来往公文,彼此撤回注销,永为罢论。至于该处生番,中国自宜设法妥为约束,以期永保航客不能再受凶害。

同治十三年九月二十二日
明治七年十月三十一日

会议凭单

　　大清钦命总理各国事务和硕恭亲王,军机大臣大学士管理工部事务文,军机大臣协办大学士吏部尚书宝,吏部尚书毛,户部尚书董,军机大臣兵部尚书沈,工部尚书崇,头品顶戴兵部左侍郎崇,理藩院右侍郎成,三品顶戴通政使司副史夏;

　　大日本全权办理大臣参议兼内务卿大久保;

　　为会议凭单事:台番一事,现在业经英国威大臣同两国议明;并本日互立办法文据。日本国从前被害难民之家,中国先准给抚恤银十万两。又日本退兵在台地方所有修道、建房等件。中国愿留自用,准给费银四十万两,亦经议定,准于日本国明治七年十二月二十日,中国同治十三年十一月十二日,日本国全行退兵,中国全数付给,均不得愆期。日本国兵未经全数退尽之时,中国银两亦不全数付给。

　　立此为据,彼此各执一纸存照。

　　同治十三年九月二十二

　　明治七年十月三十一

　　(王铁崖编:《中外旧约章汇编》(第一册),北京:三联书店,1957年版,第342-344页。)

2.《马关新约》

(一八九五年四月十七日,光绪二十一年三月二十三日,
明治二十八年四月十七日,马关。)

大清帝国大皇帝陛下及大日本帝国大皇帝陛下为订定和约,俾两国及其臣民重修平和,共享幸福,且杜绝将来纷纭之端。

大清帝国大皇帝陛下特简大清帝国钦差头等全权大臣太子太傅文华殿大学士北洋通商大臣直隶总督一等肃毅伯爵李鸿章,大清帝国钦差全权大臣二品顶戴前出使大臣李经方;

大日本帝国大皇帝陛下特简大日本帝国全权办理大臣内阁总理大臣从二位勋一等伯爵伊藤博文,大日本帝国全权办理大臣外务大臣从二位勋一等子爵陆奥宗光;

为全权大臣。彼此较阅所奉谕旨,认明均属妥善无阙,会同议定各条款,开列于左:

第一款　中国认明朝鲜国确为完全无缺之独立自主,故凡有亏损独立自主体制,即如该国向中国所修贡献典礼等,嗣后全行废绝。

第二款　中国将管理下开地方之权并将该地方所有堡垒、军器工厂及一切属公物件,永远让与日本:

一、下开划界以内之奉天省南边地方:从鸭绿江口溯该江以抵安平河口,又从该河口划至凤凰城、海城及营口而止,画成拆线以南地方。所有前开各城市邑皆包括在划界线内。该线抵营口之辽河后,即顺流至海口止,彼此以河中心为分界。

辽东湾东岸及黄海北岸在奉天省所属诸岛屿,亦一并在所让境内。

二、台湾全岛及所有附属各岛屿。

三、澎湖列岛,即英国格林尼次东经百十九度起至百二十度止,及北纬二十三度起至二十四度之间诸岛屿。

第三款　前款所载及粘附本约之地图所划疆界,俟本约批准互换之后,两国应各选派官员二名以上,为会同划定疆界委员,就地踏勘,确定划界。若遇本约所订疆界,于地形或治理所关有碍难不便等情,各该委员等当妥为参酌

更定。

各该委员等当从速办理界务，以期奉委之后，限一年竣事。但遇各该委员等有所更定划界，两国政府未经认准以前，应据本约所定划界为正。

第四款　中国约将库平银贰万万两交与日本，作为赔偿军费；该款分作八次交完。第一次伍千万两，应在本约批准互换后六个月内交清，第二次伍千万两应在本约批准互换后十二个月内交清。余款平分六次递年交纳，其法列下：第一次平分递年之款，于两年内交清，第二次于三年内交清，第三次于四年内交清，第四次于五年内交清，第五次于六年内交清，第六次于七年内交清，其年分均以本约批准互换之后起算。又第一次赔款交清后，未经交完之款应按年加每百抽五之息。但无论何时，将应赔之款或全数、或几分，先期交清，均听中国之便。如从条约批准互换之日起三年之内，能全数清还，除将已付利息或两年半、或不及两年半，于应付本银扣还外，余仍全数免息。

第五款　本约批准互换之后，限二年之内，日本准中国让与地方人民愿迁居让与地方之外者，任便变卖所有产业，退去界外。但限满之后尚未迁徙者，酌宜视为日本臣民。

又台湾一省，应于本约批准互换后，两国立即各派大员至台湾，限于本约批准互换后两个月内，交接清楚。

第六款　中日两国所有约章，因此次失和，自属废绝。中国约俟本约批准互换之后，速派全权大臣与日本所派全权大臣会同订立通商行船条约及陆路通商章程。其两国新订约章，应以中国与泰西各国现行约章为本。又本约批准互换之日起，新订约章未经实行之前，所有日本政府官吏、臣民及商业工艺、行船船只、陆路通商等，与中国最为优待之国，礼遇护视，一律无异。中国约将下开让与各款，从两国全权大臣画押盖印日起，六个月后，方可照办：

第一、现今中国已开通商口岸之外，应准添设下开各处，立为通商口岸，以便日本臣民往来侨寓，从事商业、工艺、制作。所有添设口岸均照向开通商海口或向开内地镇市章程一体办理，应得优例及利益等亦当一律享受：

一、湖北省荆州府沙市。

二、四川省重庆府。

三、江苏省苏州府。

四、浙江省杭州府。

日本政府得派遣领事官于前开各口驻扎。

第二、日本轮船得驶入下开各口,附搭行客,装运货物:

一、从湖北省宜昌溯长江以至四川省重庆府。

二、从上海驶进吴淞江及运河以至苏州府、杭州府。

中日两因未经商定行船章程以前,上开各口行船,务依外国船只驶入中国内地水路现行章程照行。

第三、日本臣民在中国内地购买经工货件,若自生之物,或将进口商货运往内地之时,欲暂行存栈,除勿庸输纳税钞派征一切诸费外,得暂租栈房存货。

第四、日本臣民得在中国通商口岸城邑,任便从事各项工艺制造,又得将各项机器任便装运进口,只交所订进口税。

日本臣民在中国制造一切货物,其于内地运送税、内地税、钞课、杂派,以及在中国内地沽及寄存饯房之益,即照日本臣民运入中国之货物一体办理,至应享优例豁除,亦莫不相同。

嗣后如有因以上加护之事应增章程、规条,即载入本款所称之行船通商条约内。

第七款 日本军队现驻中国境内者,应于本约批准互换之后三个月内撤回,但须照次款所定办理。

第八款 中国为保明认真实行约内所订条款,听允日本军队暂行占守山东省威海卫。又于中国将本约所订第一、第二两次赔款交清,通商行船约章亦经批准互换之后,中国政府与日本政府确定周全妥善办法,将通商口岸关税作为剩款并息之抵押。日本可允撤回军队。倘中国政府不即确定抵押办法,则未经交清末次赔款之前,日本应不允撤回军队。但通商行船约章未经批准互换以前,虽交清赔款,日本仍不撤回军队。

第九款 本约批准互换之后,两国应将是时所有俘虏尽数交还,中国约将由日本所还俘虏,并不加以虐待,若或置于罪戾。

中国约将认为军事间谍或被嫌逮系之日本臣民,即行释放。并约此次交仗之间,所有关涉日本军队之中国臣民概予宽贷,并饬所司不得为逮系。

第十款 本约批准互换日起应按兵息战。

第十一款 本约奉大清帝国大皇帝陛下及大日本帝国大皇帝陛下批准之后,定于光绪二十一年四月十四日,即明治二十八年五月初八日,在烟台互换。

为此两国全权大臣署名盖印,以昭信守。

大清帝国钦差头等全权大臣太子太傅文华殿大学士北洋通商大臣直隶总

督一等肃毅伯爵李鸿章,大清帝国钦差全权大臣二品顶戴前出使大臣李经方。

大日本帝国全权办理大臣内阁总理大臣从二品勋一等伯爵伊藤博文

大日本帝国全权办理大臣外务大臣从二位勋一等子爵陆奥宗光

光绪二十一年三月二十三日

明治二十八年四月十七日

订于下之关,缮写两分

另　约

第一款　遵和约第八款所订暂为驻守威海卫之日本国军队,应不越一旅团之多,所有暂行驻守需费,中国自本约批准互换之日起,每一周年届满,贴交四分之一,库平银五十万两。

第二款　在威海卫应将刘公岛及威海卫口湾沿岸,照日本国里法五里以内地方,约合中国四十里以内,为日本国军队驻守之区。

在距上开划界,照日本国里法五里以内地方,无论其为何处,中国军队不宜逼近或驻扎,以杜生衅之端。

第三款　日本国军队所驻地方治理之务,仍归中国官员管理。但遇有日本国军队司令官为军队卫养、安宁、军纪及分布、管理等事必须施行之处,一经出示颁行,则于中国官员亦当责守。

在日本国军队驻守之地,凡有犯关涉军务之罪,均归日本国军务官审断办理。

此另约所定条款,与载入和约其效悉为相同。为此两国全权大臣署名盖印,以昭信守。

光绪二十一年三月二十三日

明治二十八年四月十七日

订于下之关,缮写两分

附注:本新约日文本称为《媾和条约》;一般称为《马关条约》。

本新约等于一八九五年五月八日在烟台交换批准。

(王铁崖编,《中外旧约章汇编》(第一册),北京:三联书店,1957年版,第614－619页。)

3.《中美英三国开罗宣言》

(1943 年 12 月 1 日)

三国军事方面人员,关于今后对日作战计划,已获得一致意见,我三大盟国表示决心以不松弛之压力,从海陆空诸方面加诸残暴的敌人。此项压力已经在增长之中。

我三大盟国此次进行战争之目的,在于制止及惩罚日本之侵略。三国决不为自身图利,亦无拓展领土之意。三国之宗旨在剥夺日本自 1914 年第一次世界大战开始以后在太平洋所夺得或占领之一切岛屿,在使日本所窃取于中国之领土,例如满洲、台湾、澎湖群岛等,归还中华民国。日本亦将被逐出于其以暴力或贪欲所攫取之所有土地,我三大盟国轸念朝鲜人民所受之奴役待遇,决定在相当期间,使朝鲜自由独立。

我三大盟国抱定上述之各项目标并与其他对日作战之联合国家目标一致,将坚持进行为获得日本无条件投降所必要之重大的长期作战。

(世界知识出版社编,《国际条约集(1934—1944)》,北京:世界知识出版社,1961 年版,第 407 页。)

4.《苏美英三国关于日本的协定》(《雅尔塔协定》)

(1945年2月11日订于雅尔塔)

苏美英三大国领袖同意,在德国投降及欧洲战争结束后两个月或三个月内苏联将参加同盟国方面对日作战,其条件为:

1. 外蒙古(蒙古人民共和国)的现状须予维持。

2. 由日本1904四年背信弃义进攻所破坏的俄国以前权益须予恢复,即:

甲、库页岛南部及邻近一切岛屿须交还苏联;

乙、大连商港须国际化,苏联在该港的优越权益须予保证,苏联之租用旅顺港为海军基地须予恢复;

丙、对担任通往大连之出路的中东铁路和南满铁路应设立一苏中合办的公司以共同经营之;经谅解,苏联的优越权益须予保证而中国须保持在满洲的全部主权。

3. 千岛群岛须交予苏联。

经谅解,有关外蒙古及上述港口铁路的协定尚须征得蒋介石委员长的同意。根据斯大林大元帅的提议,美总统将采取步骤以取得该项同意,三强领袖同意,苏联之此项要求须在击败日本后毫无问题地予以实现。

苏联本身表示准备和中国国民政府签订一项苏中友好同盟协定,俾以其武力协助中国达成自日枷锁下解放中国之目的。

斯大林
罗斯福
丘吉尔

(世界知识出版社编,《国际条约集(1945—1947)》,北京:世界知识出版社,1959年版,第8-9页。)

5.《中美英三国促令日本投降之波茨坦公告》

(1945 年 7 月 26 日于波茨坦)

一、余等：美国总统、中国民国政府主席及英国首相代表余等亿万国民，业经会商，并同意对日本应予以一机会，以结束此次战事。

二、美国、英帝国及中国之庞大陆海空部队，业已增强多倍，其由西方调来之军队及空军，即将予日本以最后之打击，彼此之武力受所有联合国之决心之支持及鼓励，对日作战，直至其停止抵抗为止。

三、德国无效果及无意识抵抗全世界激起之自由人之力量，所得之结果，彰彰在前，可为日本人民之殷鉴。

此种力量当其对付抵抗之纳粹时，不得不将德国人民全体之土地工业及其生活方式摧残殆尽。但现在集中对付日本之力量则较之更为庞大，不可衡量。

吾等之军力，加以吾人之坚决意志为后盾，若予以全部实施，必将使日本军队完全毁灭，无可逃避，而日本之本土亦必终归全部残毁。

四、现时业已到来，日本必须决定一途，其将继续受其一意孤行计算错误，使日本帝国已陷于完全毁灭境地之军人之统制，抑或走向理智之路？

五、以下为吾人之条件，吾人决不更改，亦无其他另一方式。犹豫迁延，更为吾人所不容许。

六、欺骗及错误领导日本人民使其妄欲征服世界之威权及势力，必须永久剔除。盖吾人坚持非将负责之穷兵黩武主义驱出世界，则和平安全及正义之新秩序势不可能。

七、直至如此之新秩序成立时，及直至日本制造战争之力量业已毁灭，有确定可信之证据时，日本领土上经盟国指定之地点，必须占领，俾吾人在此陈述之基本目的得以完成。

八、开罗宣言之条件必将实施，而日本之主权必将限于本州、北海道、九州、四国及吾人所决定其他小岛之内。

九、日本军队在完全解除武装以后，将被允许返其家乡，得有和平及生产生活之机会。

十、吾人无意奴役日本民族或消灭其国家,但对于战罪人犯,包括虐待吾人俘虏在内,将处以法律之严厉制裁。

日本政府必将阻止日本人民民主趋势之复兴及增强之所有障碍予以消除,言论宗教及思想自由以及对于基本人权之重视必须建立。

十一、日本将被许维持其经济所必需及可以偿付货物赔款之工业,但可以使其获得原料,以别于统制原料,日本最后参加国际贸易关系当被准许。

十二、上述目的达到及依据日本人民自由表示之意志成立一倾向和平及负责之政府以后,同盟国占领军队当即撤退。

十三、吾人通告日本政府立即宣布所有日本武装部队无条件投降,并以此种行动诚意实行予以适当及充分之保证,除此一途,日本即将迅速完全毁灭。

(世界知识出版社编:《国际条约集(1945—1947)》,北京:世界知识出版社,1959年版,第77-78页。)

6.《日皇裕仁宣告投降敕书》

(民国三十四年八月十四日)

我忠良之臣民乎！吾人于深切考虑世界一般情势以及今日之我帝国之实际情况之下，已决定以非常措施解决当前情势，吾人已命令我政府向中美英苏四国政府致送照会，谓我帝国接受彼等联合宣言之条款，为一切国家之共同繁荣与快乐以及我国臣民之安全与福利而奋斗，乃我帝国列祖列宗流传之神圣义务，亦为吾人所衷心关切者。吾人对美英宣战，确系诚心希望保证日本之自卫以及东亚之安定，吾人并未思及妨害其他国家之主权或扩展领土。然目前战争已将及四载，虽则吾人已尽最大努力——陆海军之英勇作战，我国家公仆之辛勤励勉以及我一亿民众之尽心竭力，战局之发展，却未必于日本有利，世界之一般情势更均与日本之利益相违，况"敌人"已开始使用一种最残酷之新炸弹，其造成损害之威力，的确难以估计，在此种情况之下，吾人将何以挽救亿万臣民，在我帝国列祖列宗之灵前更何以自赎，此即吾人所以下令接受四国联合宣言条款之理由也。吾人在东亚之各盟国，曾不断与帝国合作解救东亚，吾人对于彼等唯有表示最深切之遗憾，吾人每一念及在疆场殉身之将士及其他人员在岗位上殉职，以及死于非命者，以及彼等之孤儿寡妇，诚不禁五内如焚，伤者及饱受战争荼毒者，以及丧失其家庭与生计之福利者，乃吾人深切悬念之问题，此后我国行将遭遇之国难与痛苦，必极重大，吾人深知汝等臣民之内心情绪，然由于时间与命运之逼迫，吾人已决定忍受所有不能忍受者，为后代子孙之全盘和平开阔途径，吾人既然保全帝国之机构，即可与我忠良之臣民永远共处，倚赖汝等之真诚，汝等应抑制任何感情之勃发，盖此举可能产生不必要之纠纷，亦应防止任何阋墙之争，以免造成混乱，令汝等误入歧途，失去举世之信心。愿我全国世世代代继续为一家，坚定其对于神圣土地不可毁灭之信心，牢记其责任重负，以及未来之漫长途程，团结汝等之全部力量，致力于未来之建设，开拓真正之途径，养成高贵之精神，以决心从事工作，俾能增进帝国固有之光荣，并与世界之进步并驾齐驱。

(秦孝仪主编：《中华民国重要史料初编——对日抗战时期〈第二编 作战经过(三)〉》，中国国民党中央委员会党史委员会出版，1981年版，第608-609页。)

7.《日本投降书》

(1945年9月2日签于东京湾)

(一)余等兹对合众国、中华民国及大英帝国各国政府首脑于1945年7月26日在波茨坦宣布及尔后由苏维埃社会主义共和国联盟参加之宣言条款,根据日本天皇、日本帝国政府及日本帝国大本营之命令,代表接受。上述四国以下简称为同盟国。

(二)余等兹宣布:日本帝国大本营与所有之日本国军队以及日本国支配下任何地带之一切军队,对同盟国无条件投降。

(三)余等兹命令:无论何地之一切日本帝国军队及日本臣民,即刻停止敌对行为,保存所有船舶飞机及军用民用财产;防止损毁,并服从同盟国最高司令官或在其指挥下之日本国政府各机关所课之一切要求。

(四)余等兹命令:日本帝国大本营对于任何地区之一切日本国军队及由日本支配下之一切军队之指挥官,立即发布使彼等自身及其支配下之一切军队无条件投降之命令。

(五)余等兹对所有官厅、陆军及海军之职员,命令其服从及施行同盟国最高司令官为实施投降条款,认为适当而由其自己发布或根据其权力委任发布之一切布告、命令及指示;并命令上述职员,除由同盟国最高司令官或根据其权力委任被解除任务者外,均应留于各自原有岗位,继续执行各自之非战斗任务。

(六)余等为天皇、日本国政府及其继者承允忠实履行波茨坦宣言之条款,发布为实施该宣言之联合国最高司令官及其他同盟国指令代表所要求之一切命令及一切措置。

(七)余等兹命令:日本帝国政府及日本帝国大本营立即解放现在日本控制下之一切联合国俘虏及被拘平民,并负责采取对彼等之保护、照顾、给养及即速运输至指定地点之措置。

(八)天皇及日本国政府统治国家之权力,应置于为实施投降条款而采取其所认为适当步骤之同盟国最高司令官之下。

1945年9月2日午前9时4分于东京湾签字。

重光葵——受命于并代表日本天皇及日本政府

梅津美治郎——受命于并代表日本大本营

麦克阿瑟——同盟国军最高司令官、代表中、苏、美、英及所有对日作战国家接受。

美国代表　C·W·尼米兹

中国代表　徐永昌

英国代表　布鲁斯·福莱塞

苏联代表　德雷维扬库

澳大利亚代表　T·A·布拉梅

加拿大代表　穆尔·科斯格雷夫

法兰西共和国临时政府代表勒克莱

荷兰代表　D·E·L·赫尔弗里克

新西兰代表　伦纳德·艾西特

（世界知识出版社编:《国际条约集(1945—1947)》,北京:世界知识出版社,1959年版,第112-114页。）

8.《对日和约》

（1951年9月8日订于旧金山）

各盟国及日本决定，他们此后之关系将是有主权的平等国家间之关系，在友好的结合下进行合作，以便促进他们共同的福利及维持国际和平与安全。因此，愿缔结和约，借以解决一切由于他们之间存在之战争状态所引起而尚未解决的问题。

日本方面申述其志愿：请求加入联合国及在一切情形下遵守联合国宪章之原则；致力于世界人权宣言的目的之实现；设法在日本国内造成安定及福利条件，一如联合国宪章第五十五条及第五十六条所规定，并已由投降后日本立法所创造者；并在公私贸易及商业方面，遵守国际上通行的公正惯例。

各盟国对于上节所述日本之志愿表示欢迎。

因此，各盟国及日本决定缔结本和平条约，为此各派签名于后之全权代表，经将其所奉全权证书提出校阅，认为妥善，议定下述条款：

第一章　和平

第一条

甲、日本与每一盟国间之战争状态，依照本条约第二十三条之规定，自日本与该盟国间所缔结之本条约生效时起，即告终止。

乙、各盟国承认日本人民对于日本及其领海有完全的主权。

第二章　领土

第二条

甲、日本承认朝鲜之独立，并放弃对朝鲜包括济州岛、巨文岛及郁陵岛在内的一切权利、权利根据与要求。

乙、日本放弃对台湾及澎湖列岛的一切权利、权利根据及要求。

丙、日本放弃对千岛群岛及由于1905年9月5日《朴茨茅斯条约》所获得主权之库页岛一部分及其附近岛屿之一切权利、权利根据与要求。

丁、日本放弃与国际联盟委任统治制度有关之一切权利、权利根据与要求，并接受1947年4月2日联合国安全理事会将托管制度推行于从前委任日本统治的太平洋各岛屿之措施。

戊、日本放弃对于南极地域任何部分的任何权利、权利根据或利益之一切要求，不论其是由于日本国民之活动、或由于其他方式而获得的。

已、日本放弃对南威岛及西沙群岛之一切权利、权利根据与要求。

第三条

日本对于美国向联合国提出将北纬二十九度以南之南西诸岛（包括琉球群岛与大东群岛）、孀妇岩岛以南之南方诸岛（包括小笠原群岛、西之岛与琉璜列岛）及冲之鸟岛与南鸟岛置于联合国托管制度之下，而以美国为唯一管理当局之任何提议，将予同意。在提出此种建议，并对此种建议采取肯定措施以前，美国将有权对此等岛屿之领土及其居民，包括其领海，行使一切及任何行政、立法与司法权力。

第四条

甲、日本及其民在第二条所指区域内的财产及对于此等区域之现在行政当局及居民（包括法人）的要求，包括债务之处理，以及此等行政当局及居民在日本的财产及此等行政当局与居民对日本及其国民要求，包括债务之处理，应由日本及此等行政当局商订特别处理办法。任一盟国或其国民在第二条所指区域内之财产，若尚未归还，应由行政当局依其现状予以归还（本条约所称"国民"一词，包括法人在内）。

本款应受本条乙款规定之限制。

乙、日本承认，美国军政府对日本及其国民在第二条及第三条所指任何区域内财产之处理、或根据美国军政府指令对该财产所作处理为有效。

丙、为日本所有之连接日本与依照本条约脱离日本统治的领土间的海底电线应平均分配。

日本保留在日本之终点与其相联电线之一半，该脱离之领土保留其余电线之一半及其相联之终点设备。

第三章　安全

第五条

甲、日本接受联合国宪章第二条所定的义务，特别是下列各项义务：

（一）应以和平方法解决国际争端，俾免危及国际和平、安全及正义；

（二）在其国际关系上不得使用威胁或武力，或以与联合国宗旨不符之任何其他方法，侵害任何国家之领土完整或政治独立；

（三）对于联合国依据宪章规定而采取之行动，应尽力予以协助，并于联合国对于任何国家采取防止或执行行动时,对该国家不得给予协助。

乙、各盟国确认在其对日关系上,将以联合国宪章第二条之原则为准绳。

丙、各盟国方面承认日本以一个主权国家资格,具有联合国宪章第五十一条所提及的单独或集体自卫之自然权利,并得自愿加入集体安全协定。

第六条

甲、各盟国所有占领军,应于本条约生效后尽早撤离日本,无论如何,其撤离不得迟于本条约生效后九十日之期。但本款规定并不妨碍外国武装部队依照或由于一个或一个以上的 盟国与日本业已缔结或将缔结之双边或多边协定,而在日本领土上驻扎或留驻。

乙、1945年7月26日《波茨坦宣言》第九条关于遣送日本军事部队回国的规定之尚未完全实施者,应实施之。

丙、所有曾供占领军使用、并于本条约生效时仍为占领军所占有尚未予补偿之日本财产,除相互协定订有其他办法外,均应于本条约生效后九十日内归还日本政府。

第四章　政治及经济条款

第七条

甲、各盟国在本条约对于该国及日本相互间生效后一年内,通知日本,其在战前与日本所订之双边条约,何者愿予继续有效或恢复。经此通知后之条约,除仅应予以必要之修正,俾与本条约相符外,应继续有效或恢复。经此通知后之条约,自通知之日起三个月后应视为继续有效或已恢复,并应向联合国秘书处登记。所有未经依照上述方法通知日本之条约,应认为业已废止。

乙、依照本条甲款所作之任何通知中,得将由通知国所负有国际关系责任之任何领土,置于某一继续实施的或恢复的条约之效力范围以外。倘愿停止该项除外时,则自通知日本之 日起,三个月以后停止。

第八条

甲、日本承认盟国现在或今后为结束自1939年9月1日开始之战争状态而缔结之一切条约以及盟国为恢复和平或关于恢复和平而订之任何其他协定之完全效力。日本并接受为结束前国际联盟及国际常设法庭所订之各项协定。

乙、日本放弃其作为签字国由1919年9月10日《圣日耳曼公约》,1936年7月20日《蒙得娄海峡协定》,以及1923年7月14日洛桑《土耳其和约》第十六条所取得之一切权利及利益。

丙、日本放弃其由下列各协定所取得之一切权利、权利根据及利益并解除由各该协定所发生之一切义务：1930年1月20日德国与各债权国间之协定及其附件，包括1930年5月17日之信托协定，1930年1月20日关于国际清算银行之协定及国际清算银行规程。日本将于本条约生效后六个月内将其放弃本项所称之权利、权利根据及利益一事通知巴黎外交部。

第九条

日本将与愿意谈判之盟国迅速进行关于规定或限制公海捕鱼及保护与发展公海渔业之双边及多边协定之谈判。

第十条

日本放弃在中国之一切特权与利益，包括由于1901年9月7日在北京签订之最后议定书及其所有附件、补充照会与文件所产生之一切利益与特权，并同意就日本方面而言，该议定书及其所有附件、照会与文件概行作废。

第十一条

日本接受远东国际军事法庭与其他在日本境内或境外之盟国战罪法庭之判决，并将执行各该法庭所科予现被监禁于日本境内之日本国民之处刑。对此等人犯赦免、减刑与假释之权，除由每一案件科刑之一个政府或数个政府之决定并由日本之建议外，不得行使。如该项人犯系由远东国际军事法庭所判决，该项权利除由参加该法庭之多数政府之决定并由日本之建议外，不得行使。

第十二条

甲、日本宣布准备立即与各盟国进行缔结条约或协定之谈判，借以将其贸易、船业及其他商务关系置于稳固与友好的基础上。

乙、在有关条约或协定尚未缔结之前，日本将在本条约生效之时起四年期内：

（一）对于各盟国及其国民、货物及船舶给与以下各项待遇：

（甲）在关税、捐税、限制及适用于有关进出口货物或其他规章方面，给与最惠国待遇；

（乙）关于船运、航行及进口货物以及关于自然人与法人及其利益给予国民待遇。该项待遇包括关于赋课、征税、诉讼、订立及执行契约、财产权（有形和无形的）、参加依照日本法律所设立之法团以及一般的从事各种商业及职业的活动。

（二）保证日本国营贸易企业之对外采购及销售，应仅基于商业上的考虑。

丙、但无论任何事项，日本所给予某一盟国之国民待遇或最惠国待遇应仅以该有关盟国关于同一事项所给予日本之国民待遇或最惠国待遇之程度为限。上文所包含之互惠原则，其涉及某一盟国任何本部以外领土之产品、船舶与法团，及在该领土内有住所之人民，及涉及某一具有联邦制度之盟国之任何一州或一省之法团及在该州或省有住所之人民者，应依照在该领土、州或省所给予日本之待遇决定之。

丁、在适用本条时，如果某项差别待遇办法系基于引用该项办法一方之商约中所通常规定之一项例外，或基于保护该方之对外财政地位或支付平衡之需要（除涉及船运及航行者外）或基于维护切要的安全利益之需要，则此等差别待遇办法，不得视为对于国民待遇或最惠国待遇有所损害。但以该项办法适合于情况，而非出以武断或不合理之方式为限。

戊、本条所规定之日本义务，不得因本条约第十四条所规定任何盟国权利之行使而有所影响。本条各项规定，亦不得了解为限制日本在本条约第十五条下所承担之义务。

第十三条

甲、日本遇有任何一盟国或数盟国请求缔结关于国际民用航空运输之双边或多边协定时，应立即与该盟国举行谈判。

乙、在未缔结该项协定以前，日本将在本条约生效之时起四年期内，给予该盟国以不低于在本条约生效时，该盟国等所先例之航空运输权利及特权之待遇，并应在经营及发展空运业方面，给予完全平等之机会。

丙、日本在未依照《国际民用航空公约》第九十三条之规定，加入该公约之前，对于该公约内所适用于国际航空交通之条款，应予施行，并对于依照该公约条款作为附件规定的标准、办法及手续，亦应予以施行。

第五章 要求及财产

第十四条

甲、兹承认，日本应对其在战争中所引起的损害及痛苦给盟国以赔偿，但同时承认，如欲维持可以生存的经济，则日本的资源目前不足以全部赔偿此种损害及痛苦，并同时履行其他业务。因此：

（一）日本愿尽速与那些愿意谈判而其现有领土曾被日军占领并曾遭受

日本损害的盟国进行谈判,以求将日本人民在制造上、打捞上及其他工作上的服务,供各盟国利用,作为协助赔偿各该国修复其所受损害的费用。此项办法应避免以增加的负担加诸其他盟国。当需要制造原料时,应由各该盟国供给,借免以任何外汇上的负担加诸日本。

(二)(甲)在受下列(乙)项各规定的限制下,每一盟国应有权扣押、扣留、清算或以其他方法处置下列一切财产、权利及利益。

(子)属于日本及其国民者。

(丑)属于日本或其国民的代理人或代表人者;及(寅)属于为日本或其国民所有的或控制的团体,而该项财产在本条约生效时即受该盟国管辖者。本项所规定的财产、权利及利益应包括现在由盟国敌产管理当局封存、处理、占有或管制者,而这些财产、权利及利益在由敌产管理当局加以管制之时是属于上列(子)(丑)(寅)各目所述任何个人或团体所有或代表个人或团体保管或管理者。

(乙)以下各目不在上列(甲)项所规定的权利之内:

(子)在战争期内,经有关政府准许,在未经日本占领的盟国领土内居住之日本自然人之财产,但在战争期内受到限制而在本条约生效时仍受此种限制的财产,则不在此列。

(丑)属于日本政府所有并为外交或领事目的使用的一切不动产、家具与固定设备、私人家具与设备,以及其他非投资性质的、且为执行外交与领事职务所经常必需的、日本外交及领事人员所有的私人财产。

(寅)属于宗教团体或私人慈善机构,并纯为宗教或慈善目的使用的财产。

(卯)有关国家因在1945年9月2日以后与日本恢复贸易及财产关系而归该国管辖的财产、权利及利益,但由于违反有关盟国的法律的交易而获得者,不在此列。

(辰)日本或其国民的债务,对于日本境内有形财产的任何权利、权利根据或利益,对于依照日本法律所组织的企业的利益,或任何有关的书面证据,但此项例外应仅适用于日本及其国民以日本货币计算之债务。

(丙)以上(子)目至(辰)目的例外所提及财产应予归还,但为保存及管理此项财产而支出的合理费用得予扣除。如任何此限财产已被清算,则应归还其清算所得之款。

（丁）以上（子）目所规定之扣押、扣留、清算或以其他方式处理财产的权利，应依照有关的盟国之法律行使之，该所有人应仅具有那些法律所给予他的权利。

（戊）各盟国同意对日本商标及其文学上与艺术上的财产权利，予以依每一盟国情形许可范围内的优遇。

乙、除本条约另有规定者外，各盟国兹放弃其一切赔偿要求，盟国及其国民对由日本及其国民在作战过程中所采行动而产生的其他要求，以及盟国对于占领的直接军事费用的要求。

第十五条

甲、各盟国及其国民，自1941年12月7日至1945年9月2日间之任何期间，所有在日本之有形及无形财产及一切权利或任何种之利益，经于日本与有关盟国间的本条约生效后九个月内提出者，日本应自请求之日起六个月内归还之，但为所有人未经胁迫或诈欺而业已自由处理者不在此列。此项财产应予归还，并免除因战争所加予之负担与费用，归还时亦不需任何费用。所有人或其代理人或其政府在规定期间内未请求发还之财产，日本政府得自行决定处理。如此项财产于1941年12月7日系在日本境内而不能归还或已因战争而遭损害或毁坏者，则当依不低于日本内阁于1951年7月13日通过的盟国财产赔偿法草案所规定的条件赔偿之。

乙、关于在战时遭受损害之工业财产权利，日本对于盟国及其国民将继续给予不少于1949年9月1日生效之内阁命令第三〇九号，1950年1月28日生效之命令第十二号及1950年2月1日生效之命令第九号及各该命令之所有修正所给予之利益，但以此项国民曾在规定之期限内请求此种利益者为限。

丙、（一）日本承认在1941年12月6日存在于日本境内有关盟国及其国民已出版或未出版之文学或艺术作品的财产权利，在该日以后继续有效，并承认在该日以后由于日本在该日仍为缔约国之任何公约或协定之效力而在日本产生的权利，或若不是因为战争而可能产生的权利，不论此类公约或协定在战争爆发时或以后曾否由日本或有关盟国以国内法予以废止 或暂停其效力。

（二）不待权利所有人申请及缴纳任何费用或履行任何其他手续，自1941年12月7日至日本与有关盟国间的本条约生效日之期间应自其权利正常继续期间计算中减除之；此项期间，并另加六个月期间，应自一文艺作品为获得在日本之翻译权利而必须译成日文之期限内减除之。

第十六条

为对盟国武装部队人员在为日本战俘期间所受过分之痛苦表示赔偿之愿望起见,日本允将在战时中立之国家或与任何盟国作战之国家内的日本及其国民所有资产或由其所选择的此类资产之等价物称交红十字国际委员会,由其清理此项资产,并将所得资金,依其所认为公平之基础,分配予前战俘及其家属。但本条约第十四条甲(二)(乙)(丑)至(辰)各目所述各类资产,及在本条约最初生效时不住在日本的日本自然人的资产,不在移交之列。并了解,本条关于移交之规定,不适用于现为日本金融机关所有之国际清算银行一万九千七百七十股份。

第十七条

甲、日本政府经任一盟国之请求,对于日本捕获审检所涉及盟国国民所有权之案件所作之判决或命令,应依国际法原则予以复核及修正,并提供此项案件记录之全部文件抄本,包括所作判决及所颁布之命令,如该复核或修正显示必须恢复权利时,则第十五条之规定应该适用于该有关之财产。

乙、日本政府应采取一切必要措施,以便任一盟国国民在日本有关盟国间的本条约生效之日起一年内之任何时期,得向日本有关当局提请复核从 1941 年 12 月 7 日起至本条约生效之日期内所作之任何判决,而在该案任何程序中,该国民未能以原告或被告之身份为充分之陈述者,如该国民因此项判决而受损害,日本政府应设法使其能恢复在未作判决前之地位,或获得依其情形公允平衡之救济。

第十八条

甲、兹承认,由于战争状态存在前已有之义务与契约(包括有关公债者)及已取得之权利所产生,而系日本政府或其国民应付予任何一盟国政府或其国民,或系任何一盟国政府或其国民应付予日本政府或其国民的金钱债务之偿付义务,并不因战争状态之介入而受影响。对于因为在战争状态介入以前发生之财产的丧失或损害或个人的受伤或死亡而由任一盟国 政府向日本政府或由日本政府向任何盟国政府提出或再提出之要求,应就其案情予以考虑之义务,亦不得视为因战争状态之介入而受影响。本款之规定并不妨碍本条约第十四条所授与之权利。

乙、日本承认对战前日本国家的外债及随后宣布由日本国家承担之法人组织之债务负有义务,并表示愿早日与债权人就恢复偿付债务一事进行谈判;

关于其他战前的要求及债务之谈判予以鼓励；并对于由此而发生之款项的拨汇亦予以便利。

第十九条

甲、日本放弃日本及其国民对盟国及其国民因战争状态之存在所采行动而发生的一切要求，并放弃其由于本条约生效以前任何盟国军队或当局在日本领土内之留驻，军事行动或其他行动而产生的一切要求。

乙、上述的放弃包括对因任何盟国自 1939 年 9 月 1 日至本条约生效之日对日本船舶所采取行动而产生的任何要求，并包括因在盟国拘留下的战俘及平民所产生的任何要求与债务在内，但任何盟国自 1945 年 9 月 2 日以后制定的法律所承认的日本之要求，则不在包括之列。

丙、在相互声明放弃的条件下，日本政府代表日本政府及日本国民声明放弃其对德国国民的一切要求（包括债务在内），包括政府与政府间的要求及为战时所受损失或损害之要求在内，但下列两项要求除外：（一）与在 1939 年 9 月 1 日以前所订契约及所取得的权利有关的要求，及（二）由于在 1945 年 9 月 2 日以后德国及日本间的贸易与金融关系而产生的要求。此项放弃声明应不妨碍根据本条约第十六条及第二十条而采取的行动。

丁、日本承认在占领期间由于或在占领当局指令之下或由当时日本法律所授权而造成的行为与不行为的效力，而且不应采取行动使盟国的国民担负由于此等行为或不行为而产生的民事的或刑事的责任。

第二十条

日本将采取必要措施，保证依照 1945 年柏林会议的议定书中有权处分德国在日本资产之各国所已决定或可能决定的对该等资产之处分得以实施。又日本在该等资产未作最后处分之前，将负保存及管理之责。

第二十一条

虽有本条约第二十五条的规定，中国仍得享有第十条及第十四条甲款二项所规定的利益；朝鲜得享有本条约第二条，第九条及第十二条所规定的利益。

第六章　争议之解决

第二十二条

倘本条约之任何一方认为业已发生有关本条约的解释及执行而未能提出于特别要求法庭或以其他协议方法解决的争议时，该项争议应在当事任何一方的请求下，提交国际法院裁决之。日本及尚非国际法院规约组成国之各盟国，在其各别批准本条约时，均将依照联合国安全理事会 1946 年 10 月 15 日之决议，向国际法院书记官长递送一概括宣言，声明对于有关具有本条所提及的性质之一切争议，一般的接受国际法院的管辖权，而毋须另订特别规定。

第七章　最后条款

第二十三条

甲、本条约应由包括日本在内的签字国批准，并应于日本及包括作为主要占领国的美国在内之下列过半数国家，即澳大利亚、加拿大、锡兰、法国、印度尼西亚、荷兰王国、新西兰、巴基斯坦、菲律宾共和国、大不列颠和北爱尔兰联合王国及美利坚合众国业已交存其批准书后，对各该批准国发生效力。对于其后批准的国家，本条约即于各该国家交存其批准书之日起，发生效力。

乙、如本条约在日本交存其批准书九个月后尚未生效，任何批准国得为此目的，于日本交存批准书之日起三年内，以通知给日本政府及美国政府，使本条约在该国与日本间发生效力。

第二十四条

所有批准书应交存美利坚合众国政府，美利坚合众国政府将以上述交存情况，依照第二十三条甲款本条约生效之日期以及依照第二十三条乙款规定所作的通知，通知所有签字国。

第二十五条

本条约所称盟国应为曾与日本作战之国家，或任何以前构成第二十三条中所指的国家的领土一部分之国家，假如各该有关国家系已签署及批准本条约者。除第二十一条之规定外，本条约对于非本条所指盟国之任何国家，不给予任何权利、权利根据及利益；本条约之任何规定也不得有利于非本条所指盟国而废弃或损害日本之任何权利、权利根据或利益。

第二十六条

日本准备与任何签署或加入 1942 年 1 月 1 日联合国宣言，且对日本作战而非本条约签字国之国家，或以任何以前构成第二十三条中所指的国家的领土的一部分而非本条约签字国之国家订立一与本条约相同或大致相同之双边条约，但日本之此项义务，将于本条约最初生效后三年届满时终止，倘日本与任何国家成立一媾和协议或战争赔偿协议，给予该国以较本条约规定更大之利益时，则此等利益应同样给予本条约之缔约国。

第二十七条

本条约应存放于美利坚合众国政府档案库。美利坚合众国政府应以本条约之认证副本一份送致每一签字国。

后面签署的各全权代表签字在本条约上以资证明。

1951年9月8日订于旧金山,用同等有效的英文、法文和西班牙文以及日文写成。

阿根庭　澳大利亚　比利时　波利维亚　巴西　柬埔寨　加拿大　锡兰　智利　哥伦比亚　哥斯达黎加　古巴　多米尼加　厄瓜多尔　埃及　萨尔瓦多　埃塞俄比亚　法国　希腊　危地马拉　海地　洪都拉斯　印度尼西亚　伊朗　伊拉克　老挝　黎巴嫩　利比里亚　卢森堡大公国　墨西哥　荷兰　新西兰　尼加拉瓜　挪威　巴基斯坦　巴拿马　巴拉圭　秘鲁　菲律宾　沙特阿拉伯　叙利亚　土耳其　南非联邦　英国　美国　乌拉圭　委内瑞拉　越南　日本

(世界知识出版社编:《国际条约集(1950—1952)》,北京:世界知识出版社,1959年版,第333-350页。)

9.《美日安全条约》

（1951年9月8日订于旧金山）

日本已于本日和盟国签订和约。该和约生效以后，日本将无有效工具来行使它自卫的自然权利，因为它的武装已被解除。

在这种情况下，日本会遭到危险，因为不负责任的军国主义还没有从这个世界中驱逐出去。因此，日本希望与美利坚合众国签订一个安全条约，并与日本和美利坚合众国签订的和约同时生效。

和约承认作为主权国的日本有权参加集体安全的协定，同时联合国宪章承认一切国家具有单独和集体自卫的自然权利。

为行使这种权利，日本希望美利坚合众国在日本国内和及周围驻扎其武装部队，以防止对日本的武装进攻，作为日本防御的临时办法。

美利坚合众国为了和平与安全的利益，目前愿意在日本国内周围驻扎其相当数量的武装部队，但同时希望日本自己能逐渐增加承担其对直接和间接侵略的自卫责任，经常避免任何可以成为进攻的威胁或不按联合国宪章的宗旨与原则以促进和平与安全的军备扩张。

为此，两国达成协议如下：

第一条

在和约和本条约生效之日，由日本授予、并由美利坚合众国接受在日本国内及周围驻扎美国陆、空、海军之权利。此种军队得用以维持远东的国际和平与安全和日本免受外来武装进攻之安全，包括根据日本政府的明显要求，为镇压由于一个或几个外国之煽动和干涉而在日本引起的大规模暴动和骚乱所给予的援助。

第二条

在第一条所述之权利被行使期间，未经美利坚合众国事先同意，日本不得将任何基地给予任何第三国，亦不得将基地上或与基地有关之任何权利、权力或权限，或陆、空、海军驻防、演习或过境之权利给予任何第三国。

第三条

美利坚合众国之武装部队驻扎日本国内及周围的条件应由两国政府之间

的行政协定决定之。

第四条

美利坚合众国和日本政府一经认为已有联合国之办法或其他单独或集体安全的布置,可由联合国或其他方面圆满维持日本地区之国际和平与安全时,本条约即应停止生效。

第五条

本条约应由美利坚合众国和日本批准,在两国于华盛顿互换本条约之批准书以后开始生效。

下列全权代兹于本条约签字,以昭信守。

本条约以英文和日文写成两份,1951年9月8日于旧金山城。

美利坚合众国代表： 日本代表：

迪安·艾奇逊 吉田茂

约翰·福斯特·杜勒斯

亚历山大·维利

斯太尔斯·布里奇斯

(《国际条约集(1950—1952)》,世界知识出版社1959年版,第393－394页。)

10.《"中日"和平条约》

("民国"四十一年四月二十八日签订)

"中华民国"与日本国,鉴于两国由于历史文化关系及领土邻近而产生之相互睦邻愿望;了解两国之密切合作,对于增进其共同福利及维持世界和平与安全,均觉重要;均认由于两国间战争状态之存在而引起之各项问题,亟待解决;爰经决定缔结和平条约,并为此各派全权代表如左:

"中华民国":叶公超

日本国政府:河田烈

各该全权代表经将其所奉全权证书提出互相校阅,认为均属妥善,爰议定条款如左:

第一条 "中华民国"与日本国间之战争状态,自本条约发生效力之日起,即告终止。

第二条 兹承认依照公历一千九百五十一年九月八日在美利坚合众国金山市签订之对日和平条约(以下简称金山和约)第二条,日本国业已放弃对于台湾及及澎湖群岛以及南沙群岛及西沙群岛之一切权利、名义与要求。

第三条 关于日本国及其国民在台湾及澎湖之财产及其对于在台湾及澎湖台"中华民国"当局及居民所作要求(包括债权在内)之处置,及该"中华民国"当局及居民在日本国之财产及其对于日本国及日本国国民所作要求(包括债权在内)之处置应由"中华民国"政府与日本国政府间另商特别处理办法。本约任何条款所用"国民"及"居民"等名词,均包括法人在内。

第四条 兹承认"中华民国"与日本国间在"中华民国"三十年即公历一千九百四十一年十二月九日以前所缔结之一切条约、专约及协定,均因战争结果而归无效。

第五条 兹承认依照金山和约第十条之规定,日本国业已放弃在中国之一切特殊权利及利益。包括由纪元前十一年即公历一千九百零一年九月七日在北京签订之最后议定书,与一切附件及补充之各换文暨文件所产生之一切利益与特权;业已同意就关于日本国方面废除该议定书、附件、换文及文件。

第六条 (甲)"中华民国"与日本国在其相互关系上,愿各遵联合国宪章

第二条之各项原则。(乙)"中华民国"与日本国愿依联合国宪章之原则彼此合作,并特愿经由经济方面之友好合作,促进两国之共同福利。

第七条 "中华民国"与日本国愿尽速商订一项条约或协定,藉以将两国贸易、航业及其他商务关系,置于稳定与友好之基础上。

第八条 "中华民国"与日本国愿尽速商订一项关于民用航空运输至协定。

第九条 "中华民国"与日本国愿尽速缔结一项为规范或限制捕鱼,及保存暨开发公海渔业之协定。

第十条 就本约而言,"中华民国"国民应认为包括依照"中华民国"在台湾及澎湖所已施行或将来可能施行之法律规章,而具有中国国籍之一切台湾及澎湖居民,及前属台湾及澎湖之居民及其后裔。"中华民国"法人,应认为包括依照"中华民国"在台湾及澎湖所已施行或将来可能施行之法律规章所登记之一切法人。

第十一条 除本条约及其补充文件另有规定外,凡在"中华民国"与日本国间,因战争状态存在之结果,而引起之任何问题,均应依照金山和约之有关规定予以解决。

第十二条 凡因本约的解释或适用可能发生之任何争执,应以磋商或其他和平方式解决之。

第十三条 本约应予批准,批准文件应尽速在台北互换。本约应自批准文件互换之日起发生效力。

第十四条 本约应分缮中文、日文及英文。遇有解释不同,应以英文本为准。

为此,双方全权代表各于本约签字盖印,以昭信守。

本约共缮二份,于"中华民国"四十一年四月二十八日,即日本国昭和二十七年四月二十八日、即公历一千九百五十二年四月二十八日订于台北。

中华民国代表:叶公超(签字)

日本国代表:河田烈(签字)

议定书

署名于后之双方全权代表,于本日签署"中华民国"与日本国间和平条约(以下简称本约)时,议定左列各条款,各该条款应构成本约内容之一部分,计开：

（一）本约第十一条之实施，应以下列各项了解为准：

（甲）凡在《金山和约》内有对日本国所负义务或承担而规定时期者，该项时期，对于"中华民国"领土之任一地区而言，应于本条约一经适用于该领土之该地区之时，开始计算。

（乙）为对日本人民表示宽大与友好之意见起见，"中华民国"自动放弃根据《金山和约》第十四条甲项第一款日本国所应供应之服务之利益。

（丙）《金山和约》第十一条及第十八条不在本约第十一条实施范围之内。

（二）"中华民国"与日本国间之商务及航业应以下列方法为准绳：

（甲）双方将互相以左列待遇给予对方之国民、产品及船舶；

（子）关于关税、规费、限制及其他施行于货物之进口及出口或与其有关之规章，给予最惠国待遇。

（丑）关于船运、航行及进口货物，及关于自然人与法人及其利益，给予最惠国待遇；该项待遇包括关于征收捐税、起诉及应诉、订立及执行契约、财产权（包括无形财产权但矿业权除外）、参加法人团体，及通常关于除金融（包括保险）业及任何一方专为其国民所保留之各种职业活动以外之各种商业及职业活动行为之一切事项。

（三）关于本项（甲）款（丑）节所载之财产权、参加法人团体及商业及职业活动之行为，凡遇任何一方所给予彼方之最惠国待遇，在事实上臻于国民待遇之程度时，则该方对于彼方，并无给与较诸彼方依照最惠国待遇所给待遇更高待遇之义务。

（四）国营贸易企业之对外购买及出售，应谨以商务考虑为基础。

（五）在适用本办法时，双方了解：

（子）"中华民国"之船舶应认为包括依照"中华民国"在台湾及澎湖所已施行或将来可能施行之法律规章所登记之一切船舶；"中华民国"之产品应认为包括发源于台湾及澎湖之一切产品。

（丑）如某项差别待遇办法，系基于适用该项办法一方之商约中所通常规定之一项例外，或基于保障该方之对外财政地位，或收支平衡之需要（除涉及船运及航行者外），或基于其保持其主要安全利益，又如该项办法系随情势推移，且不以独断或不合理之方式适用者，则该项差别待遇办法不得视为对于以上规定所应给予之各待遇有所减损。

本项所规定之办法,应自本约生效之日起,一年之期限内继续有效。

本协定书共缮二份,于"中华民国"四十一年四月二十八日即日本昭和二十七年四月二十八日即公历一千九百五十二年四月二十八日订于台北。

(秦孝仪主编:《中华民国重要史料初编——对日抗战时期〈第七编 战后中国(四)〉》,中国国民党中央委员会党史委员会出版,1981年版,第1062-1066页。)

11.《日本和美利坚合众国共同合作和安全条约》[①]

(1960年1月19日订于华盛顿)

日本和美利坚合众国,

希望加强两国之间一向存在的和平和友好关系并且维护民主、个人自由和法治的原则,同时希望进一步鼓励两国间更加密切的经济合作和促进两国经济稳定和福利的条件,重申两国对联合国宪章的宗旨和原则的信念以及两国要同各国人民和政府和平相处的愿望,认识到两国具有联合国宪章所确定的进行单独或集体自卫的固有权利,考虑到两国都关心维持远东的国际和平和安全,决定缔结一项共同合作和安全条约,因此协议如下:

第一条

缔约国保证按照联合国宪章的规定,用和平方法并以不致危及国际和平、安全和正义的方式解决可能涉及两国的任何国际争端,而且在两国的国际关系方面,对任何国家的领土完整或政治独立,都避免以武力相威胁或者使用武力,或者采取任何同联合国宗旨不符的其他方式。

缔约国将同爱好和平的其他国家共同努力加强联合国,以便联合国可以更有效地履行它维持国际和平和安全的任务。

第二条

缔约国将通过加强两国的各种自由制度,通过更好地了解这些制度所根据的原则,并且通过促进稳定和福利的条件,对进一步发展和平和友好的国际关系作出贡献。两国将设法消除在它们国际经济政策中的矛盾,并且将鼓励两国之间的经济合作。

第三条

缔约国将单独地和互相合作,通过继续不断的和有效的自助和互助,在遵循各自宪法规定的条件下来维持并且发展它们抵抗武装进攻的能力。

第四条

缔约国将随时就本条约的执行问题进行协商,并且将在日本的安全或远

[①] 本条约1960年6月23日生效。

东的国际和平和安全受到威胁时，应任何一方的请求进行协商。

第五条

缔约国的每一方都认识到：对在日本管理下的领土上的任何一方所发动的武装进攻都会危及它本国的和平和安全，并且宣布它将按照自己的宪法规定和程序采取行动以应付共同的危险。

任何这种武装进攻和因此而采取的一切措施，都必须按照联合国宪章第五十一条的规定立刻报告联合国安全理事会。在安全理事会采取了为恢复和维持国际和平和安全所必需的措施时，必须停止采取上述措施。

第六条

为了对日本的安全以及对维持远东的国际和平和安全作出贡献，美利坚合众国的陆军、空军和海军被允许使用在日本的设施和地区。

关于上述设施和地区的使用以及美国驻在日本的武装部队的地位，应由另一项代替1952年2月28日根据美利坚合众国和日本安全条约第三条在东京签订的并经修改的行政协定的协定，以及两国可能商定的其他安排加以规定。

第七条

本条约对缔约国根据联合国宪章所享有的权利和承担的义务，对联合国维持国际和平和安全的责任都不产生任何影响；而且不应作产生那种影响的解释。

第八条

本条约应经日本和美利坚合众国按照各自的宪法程序予以批准，并且将从两国在东京交换批准书之日起生效。

第九条

1951年9月8日在旧金山市签署的日本和美利坚合众国的安全条约在本条约生效时即告失效。

第十条

本条约在日本政府和美利坚合众国政府认为联合国就维持日本地区的国际和平和安全作出令人满意的规定的安排已经生效以前一直有效。

但是，在本条约生效十年以后，缔约国的任何一方都可以把它想要废除本条约的意图通知另一方，在那种情况下，本条约在上述通知发出以后一年即告失效。

下列全权代表在本条约上签字，以资证明。

1960年1月19日订于华盛顿,一式两份,用日文和英文写成,两种文本具有同等效力。

日本代表:　　　　　美利坚合众国代表:

岸信介　　　　　　克里斯琴·阿·赫脱

藤山爱一郎　　　　道格拉斯·麦克阿瑟第二

石井光次郎　　　　杰·格雷姆·帕森斯

足立正

朝海浩一郎

(《国际条约集(1960—1962年)》,商务印书馆1975年版,第27-30页。)

12.《共同合作和安全条约所附的协议记录》

(1960年1月19日订于华盛顿)

日本全权代表：

虽然在条约谈判的过程中没有把美利坚合众国根据对日和约第三条而管理的岛屿的地位作为讨论的主题，但是，由于日本对这些岛屿拥有剩余主权，我想强调日本政府和人民对这些岛上人民的安全的深切关怀。如果这些岛屿遭到武装进攻或者遭到武装进攻的威胁，两国当然要根据共同合作和安全条约第四条密切地进行协商。假如发生武装进攻，日本政府打算同美国一起探讨它为了那些岛上居民的安宁或许能够采取的措施。

美国全权代表：

假如上述岛屿遭到武装进攻，美国政府将立刻同日本政府进行协商，并且打算采取为保卫这些岛屿所必需的措施，并将竭尽全力去保障这些岛上居民的安宁。

1960年1月19日于华盛顿

岸、赫（草签）

换文

一、岸信介给赫脱的照会

阁下：

我愿提到今天签署的日本和美利坚合众国之间的共同合作和安全条约。根据该条约第四条的规定，两国政府将随时就该条约的实施问题进行协商，并且将在日本的安全或远东的国际和平和安全受到威胁的时候，应任何一方的请求进行协商。根据条约第六条而进行的换文具体规定了某些事项是同日本政府进行事先协商的主题。

这样的协商将由两国政府通过各种适当的途径进行。但是，同时，我认为，组成一个可供两国政府在进行这些协商时适当使用的特别委员会，将会是非常有益的。只要任何一方提出要求，这个委员会就将随时举行会议，并可以考虑形成安全问题的基础以及同这个问题有关的任何事项，这将会增进两国政府之间的了解并且有助于加强两国在安全方面的合作关系。

根据这项建议,日本和美利坚合众国政府于 1957 年 8 月 6 日组成的"日美安全委员会"将为这个新委员会所代替。这个新委员会可以称为"安全协商委员会"。我还建议:这个新委员会的组成人员将和"日美安全委员会"的一样,这就是说,日本方面除了任日方主席的外务大臣以外,还由防卫厅长官参加;美国方面除了任美方主席的美国驻日本大使以外,还由太平洋地区总司令参加,他将是这位大使的军事和防御问题的首席顾问。驻日美军司令可以代理太平洋地区总司令。

如蒙将你对这个问题的看法见告,我将不胜感激。

岸信介

1960 年 1 月 19 日

二、赫脱给岸信介的照会

阁下:

我已收到你今日交来的建议组成"安全协商委员会"的来照。我完全赞成你的建议,并且同意你的看法,即这样的委员会有助于加强两国在安全方面的合作关系。我还同意你提出的关于这个委员会的组成人员的建议。

赫脱

1960 年 1 月 19 日

(《国际条约集(1960—1962 年)》,商务印书馆 1975 年版,第 34-35 页。)

13.《中华人民共和国外交部关于日美签订军事同盟条约的声明》

(1960年1月14日)

日本首相岸信介不顾日本人民的坚决反对,不顾中国人民和全世界爱好和平的各国人民的一再警告,决定于本月16日赴美,19日在华盛顿以修改日美安全条约为名,同美国政府签订日美军事同盟条约。这是日本反动派和美帝国主义互相勾结,准备新的侵略和战争,威胁亚洲和世界和平的一个极其严重的步骤。

中国人民一向关心日本人民争取独立、民主、和平和中立、反对日本军国主义复活的斗争。自从岸信介登台以来,中国政府更不断指出日本反动派在美帝国主义扶植下积极复活日本军国主义和对外进行扩张的危险性。现在,中国政府不能不严正指出,这种危险性已经成为现实的了,日美军事同盟条约的签订,标志着日本军国主义的复活,标志着日本已经公然参加美国的侵略性的军事集团。这不能不引起亚洲各国人民的严重警惕。

为了防止日本军国主义的复活和日本侵略的再起,同盟国家在第二次大战期间和日本投降以后曾经缔结过一系列国际协定,美国政府负有义务遵守这些协定。美日军事同盟条约是同这些庄严的国际协定完全违反的。

由于以苏联为首的社会主义阵营和爱好和平的国家和人民的共同努力,目前的国际局势出现了一定程度的和缓。美国统治集团也标榜和平,并且不断作出愿意和缓国际紧张局势的姿态。但是,正是在这个时候,美国和日本签订军事同盟条约,这就又一次证明了,美国的目的是侵略和战争,所谓和缓和和平,不过是它准备战争的掩护。

中华人民共和国政府坚决反对日美军事同盟条约。我们相信,日本人民将进行坚持不懈的斗争,为挫败美日反动派的阴谋而努力。时代已经变了,不管美日反动派如何猖獗,他们奴役日本人民、威胁亚洲各国人民的罪恶阴谋是注定要失败的。

(田桓主编:《战后中日关系文献集(1945—1970)》,中国社科出版社1997年版,第478页。)

附录:近代相关条约和声明 233

14.《日本国与美利坚合众国关于琉球诸岛及大东诸岛的协定》

（1971年6月17日华盛顿和东京同时签订）

美利坚合众国和日本国注意到美利坚合众国总统和日本国总理大臣于一九六九年十一月十九日、二十日、二十一日就琉球诸岛和大东诸岛（即同年十一月二十一日发表的总统和总理大臣的联合声明中所说的"冲绳"）的地位所进行的商讨，以及关于为把这些岛屿早日"归还"日本国而达成具体协定问题，同意美利坚合众国政府和日本国政府直接进行协商的事实，并注意到两国政府经过这次协商已再次确认要在上述联合声明的基础上把这些岛屿"归还"日本国。

作为美利坚合众国，考虑到希望根据一九五一年九月八日在旧金山市签署的《旧金山和约》第三条的规定，把琉球诸岛和大东诸岛的一切权利和利益放弃给日本，并认为据此对该条约规定的所有权利和利益放弃完毕，而日本国考虑到为了行使对琉球诸岛和大东诸岛的领域及其居民在行政、立法和司法方面的一切权利，希望接受完全的权能和责任。据此，双方达成如下协定：

第一条

1. 根据一九五一年九月八日在旧金山市签署的《旧金山和约》之第三条规定，自本协定生效之日起，美利坚合众国将把第二条规定所指的关于琉球诸岛、大东诸岛的一切权利和利益放弃给日本。同一天起，日本国为行使对这些的领域及其居民在行政、立法和司法方面的一切权利，接受完全的机能和责任。

2. 本协定的适用范围，所谓"琉球诸岛、大东诸岛"是指根据《旧金山和约》第三条规定美利坚合众国所给与的全部领土和领水范围内，日本有权行使行政、立法和司法方面的一切权利。这种权利不包括根据一九五三年十二月二十四日和一九六八年四月五日美利坚合众国和日本国分别签署的关于奄美诸岛的协定和关于南方岛屿及其他岛屿的协定中已归还日本的部分。

第二条

双方确认，自本协定生效之日起，以往美利坚合众国和日本国之间缔结的条约及其他协定,其中包括一九六零年一月十九日在华盛顿签署的《美日安保条约》及此有关的协定,一九五三年四月二日在东京签署的《美日友好通商航海条约》,还不仅仅限于这些条约和协定,均适用于琉球诸岛、大东诸岛。

第三条

1. 根据一九六零年一月十九日在华盛顿签署的《美日安保条约》及此有关的协定,日本国同意自本协定生效之日起让美利坚合众国使用在琉球诸岛、大东诸岛上的设施和区域。

2. 关于美利坚合众国根据本条第一项规定,得以自本协定生效之日起使用琉球诸岛、大东诸岛的设施和区域事项,当应用一九六零年一月十九日签署的《美日安保条约第六条规定的有关设施、区域以及驻日美军地位的协定》第四条规定,同条第一项中所谓"那些提供给美利坚合众国军队时的状态"是指该有关设施和区域最初为美利坚合众国军队使用时的状态,而同条第二项中的所谓"改良"应理解为包括在本协定生效之日加以改良之意。

第四条

1. 日本国对在本协定生效以前,在琉球诸岛、大东诸岛上由于美利坚合众国军队或当局的存在,由于履行职务或采取行动,或对这些岛屿带来影响的美利坚合众国军队或当局的存在,对其履行职务或采取行动而产生的日本国及其国民要求美利坚合众国及其国民以及这些岛屿现任当局的一切要求赔偿权,均予放弃。

2. 但是,本条第一项规定的放弃并不包括琉球诸岛、大东诸岛在美利坚合众国施政期间适合的美利坚合众国法令,或根据这些岛屿的现行法令特别认可的日本国民的赔偿要求。为了在本协定生效后根据同日本政府在协议上规定的手续处理并解决那种赔偿要求问题,美利坚合众国政府同意在琉球诸岛、大东诸岛安置授以正当权限的职员。

3. 凡是琉球诸岛、大东诸岛上的土地在美利坚合众国政府当局于一九五零年七月一日前使用期间内遭受损失,并对于一九六一年六月三十日后本协定生效前解除使用的土地所有者,美利坚合众国政府将自愿付款使之恢复土地的原状。而这一付款与一九六七年高级专员发布的第六十号命令中规定的对一九五零年七月一日前所受损失而于一九六一年七月一日前解除使用的土地所支付的款项相比较要以不失平衡为宜。

4. 日本国将根据琉球诸岛、大东诸岛在美利坚合众国施政期间由美利坚合众国当局或现任当局制订的指令或其结果行事,承认当时法令许可的一切作为和不作为的效果,而对于美利坚合众国国民和这些岛屿居民因这些作为和不作为产生的民事和刑事责任,决不采取任何与之相抵触的行动。

第五条

1. 日本国承认在琉球诸岛、大东诸岛的任何法院于本协定生效前作出的民事案件的最后裁决,只要不反对公共秩序和良好风格,一律有效,并使之得到完全地继续有效。

2. 日本国决不在任何意义上损害诉讼当事者的实际权利和地位。在本协定生效之日,将对属于在琉球诸岛、大东诸岛上的任何法院裁决中的民事案件继续行使裁判权,并使其继续进行裁判和执行。

3. 日本国决不在任何意义上损害被告人或嫌疑者的实际权利和地位。在本协定生效之日,将对属于在琉球诸岛、大东诸岛上的任何法院,或在本协定生效之日前正属于向这些法院开始办理手续即将进行诉讼的刑事案件,继续行使裁判权,继续办理手续并得以开始诉讼。

4. 日本国将能继续执行在琉球诸岛、大东诸岛上的任何法院对刑事案件作出的最后裁决。

第六条

1. 自本协定生效之日,琉球电力公司、琉球自来水公司、琉球开发金融公司的财产将交给日本政府。同日起,日本政府还将按本国法令继续行使这些公司的权利和义务。

2. 此外,自本协定生效之日,在琉球诸岛、大东诸岛上的一切美利坚合众国政府的财产,而且是存在于根据第三条规定提供的设施和区域之外的,同日将全部移交给日本政府。但是,自本协定生效前已归还给原土地拥有者的土地上的财产,以及美利坚合众国政府得到日本国政府同意于同日以后置办并继续拥有的财产不受此限。

3. 美利坚合众国政府在琉球诸岛、大东诸岛围垦的土地和在这些岛屿取得的其他围垦地,至本协定生效之日止仍属该政府所有的,同日起成为日本政府的财产。

4. 在本协定生效前,美利坚合众国根据本条第一项和第二项规定向日本国政府移交财产的所在地上发生的任何变化,对日本国和日本国民不负有补偿的义务。

第七条

日本国政府考虑到美利坚合众国的财产将根据第六条的规定移交给日本国政府;考虑到美利坚合众国将如一九六九年十一月二十一日联合声明第八项规定在不违背日本国政府政策的前提下把琉球诸岛、大东诸岛"归还"日本,还考虑到美利坚合众国政府愿意在归还后分担余下的费用等事实,自本协定生效之日起的五年内,将向美利坚合众国政府支付总额三亿两千万美元。日本国政府在本协定生效后的一星期内先支付一亿美元,余额平均分四次在本协定生效后的每年六月间等额支付。

第八条

日本国政府和美利坚合众国政府根据两国政府之间缔结的协定,同意自协定生效后的五年内继续在冲绳岛经营美国之音电台的转播。两国政府还就本协定生效两年后冲绳岛的美国之音电台的经营问题达成了协议。

第九条

本协定须经批准,批准书将在东京相互交换。本协定在互换批准书后的两个月生效。

作为上述归还冲绳协定的证据,下列签字者各受本国政府的正式委托在本协定上签字。

本协定于一九七一年六月十七日在华盛顿和东京同样用英文和日文缮写成两份。

日本国代表　　　　　　爱知揆一
美利坚合众国代表　　　威廉·皮尔斯·罗杰斯

(Agreement between Japan and the United States of America Concerning the Ryukyu Islands and the Daito Islands①,田中明彦研究室:http://www.ioc.u-tokyo.ac.jp/~worldjpn/documents/texts/docs/19710617.T1E.html。)

---

① 注:据英文原文翻译。

Agreement between Japan and the United States of America Concerning the Ryukyu Islands and the Daito Islands

June 17, 1971, Tokyo, Wasington

Japan and the United States of America,

Noting that the Prime Minister of Japan and the President of the United States of America reviewed together on November 19, 20 and 21, 1969 the status of the Ryukyu Islands and the Daito Islands, referred to as "Okinawa" in the Joint Communique between the Prime Minister and the President issued on November 21, 1969, and agreed that the Government of Japan and the Government of the United States of America should enter immediately into consultations regarding the specific arrangements for accomplishing the early reversion of these islands to Japan; Noting that the two Governments have conducted such consultations and have reaffirmed that the reversion of these islands to Japan be carried out on the basis of the said Joint Communique;

Considering that the United States of America desires, with respect to the Ryukyu Islands and the Daito Islands, to relinquish in favor of Japan all rights and interests under Article 3 of the Treaty of Peace with Japan signed at the city of San Francisco on September 8, 1951, and thereby to have relinquished all its rights and interests in all territories under the said Article; and Considering further that Japan is willing to assume full responsibility and authority for the exercise of all powers of administration, legislation and jurisdiction over the territory and inhabitants of the Ryukyu Islands and the Daito Islands;

Therefore, have agreed as follows:

Article I

1. With respect to the Ryukyu Islands and the Daito Islands, as defined in paragraph 2 below, the United States of America relinquishes in favor of Japan all rights and interests under Article 3 of the Treaty of Peace with Japan signed at the city of San Francisco on September 8, 1951, effective as of the date of entry into force of this Agreement. Japan, as of such date, assumes full responsibility and authority for the exercise of all and any powers of administration, legislation and jurisdiction over the territory and inhabitants of the said islands.

2. For the purpose of this Agreement, the term "the Ryukyu Islands and the Daito Islands" means all the territories and their territorial waters with respect to which the right to exercise all and any powers of administration, legislation and jurisdiction was accorded to the United States of America under Article 3 of the Treaty of Peace with Japan other than those with respect to which such right has already been returned to Japan in accordance with the Agreement concerning the Amami Islands and the Agreement concerning Nanpo Shoto and Other Islands signed between Japan and the United States of America, respectively on December 24, 1953 and April 5, 1968.

Article II

It is confirmed that treaties, conventions and other agreements concluded between Japan and the United States of America, including, but without limitation, the Treaty of Mutual Cooperation and Security between Japan and the United States of America signed at Washington on January 19, 1960 and its related arrangements and the Treaty of Friendship, Commerce and Navigation between Japan and the United States of America signed at Tokyo on April 2, 1953, become applicable to the Ryukyu Islands and the Daito Islands as of the date of entry into force of this Agreement.

Article III

1. Japan will grant the United States of America on the date of entry into force of this Agreement the use of facilities and areas in the Ryukyu

Islands and the Daito Islands in accordance with the Treaty of Mutual Cooperation and Security between Japan and the United States of America signed at Washington on January 19, 1960 and its related arrangements.

2. In the application of Article VI of the Treaty of Mutual Cooperation and Security between Japan and the United States of America, regarding Facilities and Areas and the Status of United Sates Armed Forces in Japan signed on January 19, 1960, to the facilities and areas the use of which will be granted in accordance with paragraph 1 above to the United States of America on the date of entry into force of this Agreement, it is understood that the phrase "the condition in which they were at the time they became available to the United States armed forces" in paragraph 1 of the said Article IV refers to the condition in which the facilities and areas flrst came into the use of the United States armed forces, and that the term "improvements" in paragraph 2 of the said Article includes those made prior to the date of entry into force of this Agreement.

Article IV

1. Japan waives all claims of Japan and its nationals against the United States of America and its nationals and against the local authorities of the Ryukyu Islands and the Daito Islands, arising from the presence, operations or actions of forces or authorities of the United States of America in these islands, or from the presence, operations or actions of forces or authorities of the United States of America having had any effect upon these islands, prior to the date of entry into force of this Agreement.

2. The waiver in paragraph 1 above does not, however, include claims of Japanese nationals specifically recognized in the laws of the United States of America or the local laws of these islands applicable during the period of United States administration of these islands. The Government of the United States of America is authorized to maintain its duly empowered officials in the Ryukyu Islands and the Daito Islands in order to deal with and settle such claims on and after the date of entry into force of this Agreement in accordance with the procedures to be established in consultation with the

Government of Japan.

3. The Government of the United States of America will make ex graita contributions for restoration of lands to the nationals of Japan whose lands in the Ryukyu Islands and the Daito Islands were damaged prior to July 1, 1950, while placed under the use of United States authorities, and were released from their use after June 30, 1961 and before the date of entry into force of this Agreement. Such contributions will be made in an equitable manner in relation to the payments made under High Commissioner Ordinance Number 60 of 1967 to claims for damages done prior to July 1, 1950 to the lands released prior to July 1, 1961.

4. Japan recognizes the validity of all acts and omissions done during the period of United States administration of the Ryukyu Islands and the Daito Islands under or in consequence of directives of the United States or local authorities, or authorized by existing law during that period, and will take no action subjecting United States nationals or the residents of these islands to civil or criminal liability arising out of such acts or omissions.

Article V

1. Japan recognizes the validity of, and will continue in full force and effect, final judgments in civil cases rendered by any court in the Ryukyu Islands and the Daito Islands prior to the date of entry into force of this Agreement, provided that such recognition or continuation would not be contrary to public policy.

2. Without in any way adversely affecting the substantive rights and positions of the litigants concerned, Japan will assume jurisdiction over and continue to judgment and execution any civil cases pending as of the date of entry into force of this Agreement in any court in the Ryukyu Islands and the Daito Islands.

3. Without in any way adversely affecting the substantive rights of the accused or suspect concerned, Japan will assume jurisdiction over, and may continue or institute proceedings with respect to, any criminal cases with which any court in the Ryukyu Islands and the Daito Islands is seized as of

the date of entry into force of this Agreement or would have been seized had the proceedings been instituted prior to such date.

4. Japan may continue the execution of any final judgments rendered in criminal cases by any court in the Ryukyu Islands and the Daito Islands.

Article VI

1. The properties of the Ryukyu Electric Power Corporation, the Ryukyu Domestic Water Corporation and the Ryukyu Development Loan Corporation shall be transferred to the Government of Japan on the date of entry into force of this Agreement, and the rights and obligations of the said Corporations shall be assumed by the Government of Japan on that date in conformity with the laws and regulations of Japan.

2. All other properties of the Government of the United States of America, existing in the Ryukyu Islands and the Daito Islands as of the date of entry into force of this Agreement and located outside the facilities and areas provided on that date in accordance with Article III of this Agreement, shall be transferred to the Government of Japan on that date, except for those that are located on the lands returned to the landowners concerned before the date of entry into force of this Agreement and for those the title to which will be retained by the Government of the United States of America after that date with the consent of the Government of Japan.

3. Such lands in the Ryukyu Islands and the Daito Islands reclaimed by the Government of the United States of America and such other reclaimed lands acquired by it in these islands as are held by the Government of the United States of America as of the date of entry into force of this Agreement become the property of the Government of Japan on that date.

4. The United States of America is not obliged to compensate Japan or its nationals for any alteration in made prior to the date of entry into force or this Agreement to the lands upon which the properties transferred to the Government of Japan under paragraphs 1 and 2 above are located.

Article VII

Considering, inter alia, that United States assets are being transferred to the Government of Japan under Article VI of this Agreement, that the Government of the United States of America is carrying out the return of the Ryukyu Islands and the Daito Islands to Japan in a manner consistent with the policy of the Government of Japan as specified in paragraph 8 of the Joint Communique of November 21, 1969, and that the Government of the United States of America will bear extra costs, particularly in the area of employment after reversion, the Government of Japan will pay to the Government of the United States of America in United States dollars a total amount of three hundred and twenty million United States dollars (U. S. $320,000,000) over a period of five years from the date of entry into force of this Agreement. Of the said amount, the Government of Japan will pay one hundred million United States dollars (U. S. $100,000,000) within one week after and the remainder in four equal annual installments in June of each calendar year subsequent; to the year in which this Agreement enters into force.

Article VIII

The Government of Japan consents to the continued operation by the Government of the United States of America of the Voice of America relay station on Okinawa Island for a period of five years from the date of entry into force of this Agreement in accordance with the arrangements to be concluded between the two Governments. The two Governments shall enter into consultation two years after the date of entry into force of this Agreement on future operation of the Voice of America on Okinawa Island.

Article IX

This Agreement shall be ratified and the instruments of ratification shall be exchanged at Tokyo. This Agreement shall enter into force two months after the date of exchange of the instruments of ratification.

IN WITNESS WHEREOF, the undersigned, being duly authorized by their respective Governments, have signed this Agreement.

DONE at Tokyo and Washington, this seventeenth day of June, 1971, in duplicate in the Japanese and English languages, both equally authentic.

For Japan:
Kiichi Aichi
For the United States of America:
William P. Rogers

15.《中华人民共和国政府日本国政府联合声明》

(1972年9月29日)

日本国内阁总理大臣田中角荣应中华人民共和国国务院总理周恩来的邀请,于1972年9月25日至9月30日访问了中华人民共和国。陪同田中角荣总理大臣的有大平正芳外务大臣、二阶堂进内阁官房长官以及其他政府官员。

毛泽东主席于9月27日会见了田中角荣总理大臣。双方进行了认真、友好的谈话。

周恩来总理、姬鹏飞外交部长和田中角荣总理大臣、大平正芳外务大臣,始终在友好气氛中,以中日两国邦交正常化问题为中心,就两国间的各项问题,以及双方关心的其他问题,认真、坦率地交换了意见,同意发表两国政府的下述联合声明:

中日两国是一衣带水的邻邦,有着悠久的传统友好的历史。两国人民切望结束迄今存在于两国间的不正常状态。战争状态的结束,中日邦交的正常化,两国人民这种愿望的实现,将揭开两国关系史上新的一页。

日本方面痛感日本国过去由于战争给中国人民造成的重大损害的责任,表示深刻的反省。日本方面重申站在充分理解中华人民共和国政府提出的"复交三原则"的立场上,谋求实现日中邦交正常化这一见解。中国方面对此表示欢迎。

中日两国尽管社会制度不同,应该而且可以建立和平友好关系。两国邦交正常化,发展两国的睦邻友好关系,是符合两国人民利益的,也是对缓和亚洲紧张局势和维护世界和平的贡献。

(一)自本声明公布之日起,中华人民共和国和日本国之间迄今为止的不正常状态宣告结束。

(二)日本国政府承认中华人民共和国政府是中国的唯一合法政府。

(三)中华人民共和国政府重申:台湾是中华人民共和国领土不可分割的一部分。日本国政府充分理解和尊重中国政府的这一立场,并坚持遵循波茨坦公告第八条的立场。

(四)中华人民共和国政府和日本国政府决定自1972年9月29日起建

立外交关系。两国政府决定,按照国际法和国际惯例,在各自的首都为对方大使馆的建立和履行职务采取一切必要的措施,并尽快互换大使。

(五)中华人民共和国政府宣布:为了中日两国人民的友好,放弃对日本国的战争赔偿要求。

(六)中华人民共和国政府和日本国政府同意在互相尊重主权和领土完整、互不侵犯、互不干涉内政、平等互利、和平共处各项原则的基础上,建立两国间持久的和平友好关系。

根据上述原则和联合国宪章的原则,两国政府确认,在相互关系中,用和平手段解决一切争端,而不诉诸武力和武力威胁。

(七)中日邦交正常化,不是针对第三国的。两国任何一方都不应在亚洲和太平洋地区谋求霸权,每一方都反对任何其他国家或国家集团建立这种霸权的努力。

(八)中华人民共和国政府和日本国政府为了巩固和发展两国间的和平友好关系,同意进行以缔结和平友好条约为目的的谈判。

(九)中华人民共和国政府和日本国政府为进一步发展两国间的关系和扩大人员往来,根据需要并考虑到已有的民间协定,同意进行以缔结贸易、航海、航空、渔业等协定为目的的谈判。

中华人民共和国	日本国
国务院总理	内阁总理大臣
周恩来	田中角荣
(签字)	(签字)
中华人民共和国	日本国
外交部长	外务大臣
姬鹏飞	大平正芳
(签字)	(签字)

1972年9月29日于北京

(田桓主编:《战后中日关系文献集(1971—1995)》,中国社科出版社1997年版,第110-111页。)

16.《中华人民共和国和日本国和平友好条约》

(1978年8月12日)

中华人民共和国和日本国满意地回顾了自1972年9月29日中华人民共和国政府和日本国政府在北京发表联合声明以来,两国政府和两国人民之间的友好关系在新的基础上获得很大的发展;确认上述联合声明是两国间和平友好关系的基础,联合声明所表明的各项原则应予严格遵守;确认联合国宪章的原则应予充分尊重;希望对亚洲和世界的和平与安定作出贡献;为了巩固和发展两国间的和平友好关系;决定缔结和平友好条约,为此各自委派全权代表如下:

中华人民共和国委派外交部长黄华;

日本国委派外相园田直。

双方全权代表互相校阅全权证书,认为妥善后,达成协议如下:

第一条

一、缔约双方应在互相尊重主权和领土完整、互不侵犯、互不干涉内政、平等互利、和平共处各项原则的基础上,发展两国间持久的和平友好关系。

二、根据上述各项原则和联合国宪章的原则,缔约双方确认,在相互关系中,用和平手段解决一切争端,而不诉诸武力和武力威胁。

第二条

缔约双方表明:任何一方都不应在亚洲和太平洋地区或其他任何地区谋求霸权,并反对任何其他国家或国家集团建立这种霸权的努力。

第三条

缔约双方将本着睦邻友好的精神,按照平等互利和互不干涉内政的原则,为进一步发展两国之间的经济关系和文化关系,促进两国人民的往来而努力。

第四条

本条约不影响缔约各方同第三国关系的立场。

第五条

一、本条约须经批准,自在东京交换批准书之日起生效。本条约有效期为10年。10年以后,在根据本条第二款的规定宣布终止以前,将继续有效。

二、缔约任何一方在最初 10 年期满时或在其后的任何时候,可以在一年以前,以书面预先通知缔约另一方,终止本条约。

双方全权代表在本条约上签字盖章,以昭信守。

本条约于 1978 年 8 月 12 日在北京签订,共两份,每份都用中文和日文写成,两种文本具有同等效力。

中华人民共和国全权代表　　　日本国全权代表

黄华　　　　　　　　　　　园田直

(签字)　　　　　　　　　　(签字)

本条约自 1978 年 10 月 23 日起生效。

(田桓主编:《战后中日关系文献集(1971—1995)》,中国社科出版社 1997 年版,第 228 - 229 页。)

索 引

A

啡嘣哂　1,2,4,5,13
爱知揆一　236
澳洲　81,82,128

B

八重　52,60,61,122
保钓运动　128,165,171,172,175,
　　180,181
北美司　110-113
北小岛　118,140,172,174,178
北洋大臣　33,63,64,68
波茨坦公告　205,244
伯德令　4,5
捕鱼权　116,118,136,145,168

C

蔡璋　110,111,115
察度　40
长崎　65,72,92,113,129
朝日新闻　170
朝鲜　32,35,40,42-44,46-55,57,59,
　　62-64,88-90,92,93,106,120,199,
　　203,210,218
陈孟铃　149
陈水扁　192
陈毓祥　175
冲绳县　50,65,71,163,177

D

大久保利通　28,29,36
大陆礁层　107-109,143,156,168
大陆礁层公约　108,109
大陆新版护照　133-135
岛津　61,65,91
地籍登记　187-189
第二次世界大战　120
钓鱼岛　118,142
钓鱼台列屿　120,129,131,135,136,138,
　　140-147,159,163,164,168,172,
　　174-179,181,183,185,195,196
"钓鱼台邮票"　124
钓鱼台主权案　159
东北四省　89
东海和平倡议　135,136,144-146
东京　33,38,41,42,48,66,67,82,91,
　　107,108,131,139-142,144,163,

167,175,187,208,228,233,234,
236,246

东南亚　161

东洋　5,9,66

独岛　124

杜勒斯　222

对马岛　90,92,105

F

法国　15,16,18,20,29,74,81,219,220

藩司　1,2,4-9,11,15,16,28,55

菲律宾　74,81,95-98,100,125,128,
131,133,135,219,220

咈囒哂　9

福建　1,4,5,8,13,15,16,19,21,25,26,
53,55,129

福州　4,8,55,57,73

釜山浦　45,48

副岛　17,20,23,41

G

高丽　42,68,69,72

格兰忒　40,66

宫古群岛　60,61

购岛　140,142,143,145

姑米　6,7,52

顾维钧　86,87

广东　1,2,12,14,17,53,95-98,171

归还冲绳协定　236

国际法　129,131,138,141,142,145,153,
155,160,180,181,217,219,245

国际法庭　119,153,155,156,180

国际仲裁　153

国民党　110,116,120,147,159,162,179,

182,191,193,207,226

国台办　134

国有化　129,138,142-145

H

哈火马溢群岛　88,90-92

韩国　88,90,92,108,124

汉城　40,42-45,47

何如璋　32,35-38,40

《横滨新报》　17,20

胡锦涛　142

胡念祖　165,166

护渔　148,151,155-157,160,190-192

华盛顿　74,82,144,222,227,229,230,
232-234,236

黄锡麟　194

J

基隆　157,165,178,194

吉田茂　222

济州岛　90,104,210

甲午战争　120,167,176

尖阁诸岛　175

蒋介石　204

金山和约　223-225

井上馨　38,40,42,177

旧金山和约　233

军国主义　74-77,171,172,221,232

K

开罗宣言　89,93,161,203,205

柯琳顿　144

库页岛(桦太)　89,90,94,106,204,210

L

喇嚌呢　2,5,9
李保东　143
李登辉　116,117,152,181,182,184,191
李鸿章　17,26,28-30,199,202
立法院　110,116,117,119,123,124,126,127,130,132,135,137,146,150,153,159,168,184,190-192
连战　120,164
联合国　75-77,79,80,82,139,142,143,145,153,155,165,174,175,203,205,208,210-212,219,222,227,228
联合国海洋法公约　136
联合国宪章　210-212,221,223,224,227,228,245,246
联合号渔船　137,195
联合号渔船事件　122
林丰正　168
领海基线　129,131,143,165
刘韵珂　1,2,4-7,9,17
琉球革命同志会　110-114
琉球难民　17,18,20,23-27
《琉球之现状及我应采态度之研究》报告　115
伦敦　72
罗斯福　204

M

《马关条约》　120-122,202
马尼剌公报　96
马起华　162,177
马英九　180,181,190,192,193
麦克阿瑟　74,209,229

美国之音　236
美利坚合众国　74,81-83,87,219-223,227-231,233-236
美日安保条约　130,234
盟军总部　88,89,91
咪唎坚　12
莫斯科外长会议　74,81
牡丹社　24-27

N

南京　86,97,99,100,106
（南西）群岛　90
南小岛　118,140

P

澎湖列岛　89,199,210

Q

耆英　2,3,5,9
千岛群岛　88,90-92,106,204,210
钱复　150
全球华人保钓大联盟　175

R

日本青年社　157,159,167,171
《日本投降书》　208
日本新报　17
《日本新报》　20
宍户　37-42,62,69,71

S

萨峒马　17,18,20,21
山谷惠理子　141
山群岛　60,61,91

索　引

尚泰　6,11,13,15
盛宣怀　177
石原慎太郎　131,140
示威活动　142,143
宋楚瑜　179
苏联　86,90,92,94,106,165,166,204,
　　　209,232
苏松太道　17,27,72

T

台湾　17-21,23,24,26-28,31,36,42,
　　　52,61,64-66,69,70,89,95-100,
　　　108-110,115,116,118-123,125,
　　　126,128,129,131,133,134,136,138-
　　　140,144,146,147,150-153,155-
　　　161,163-165,167-170,172,174-
　　　183,186,187,189-192,194-197,
　　　199,200,203,210,223-225,244
台湾省文献会　163
台湾土民　17,20,23
太平洋　36,65,88-90,94,99,115,139,
　　　144,203,210,231,245,246
同盟国委员会　82,83
托管　92,94,120,121,176,210,211

W

外交部　1,2,86,87,94-100,106-115,
　　　122,131,134-137,141,142,145,
　　　147,150,153,155,156,166,181,183,
　　　185,188,196,213,232,244-246
王金平　190-192
王人杰　153
无人岛　118,167

X

香港　17,18,21,42,66,140,141,144,
　　　169-175
向德宏　50-52,54-57,73
小笠原群岛　88,90,94,103,211
小泉纯一郎　194
新长春号　171,172
徐广缙　6,7,10,11
徐继畲　1,4
玄叶光一郎　144,145

Y

烟台　37,68,69,201,202
奄美群岛　102
杨洁篪　143,144
杨友旺　24,26
野田　138,139,142,144
叶公超　223,224
叶名琛　11,12,14
伊藤博文　38,66,199,202
宜兰县　131,138,147,149-153,155,
　　　156,158-160,162-164,166-168,
　　　176-184,187,189,191,193,194
邮政　120,124,179,181
游锡堃　151,153,156,158,182,184,186
渔权　136,145,161,180,190,193
渔业会谈　136,137,145,146
渔业协议　136,156,157
元山津　46-48
远东委员会　74,75,78-83,86,87
越南　50-53,55,70,133,135,220

Z

张廷铮　89

郑成功　163
郑美兰　156,159,164
郑舜功　163
中俄新约　32,35
中华民国　74,83,87,89,96-99,107-110,112,116,118,120-122,124-131,133-135,137,138,149,153,156,161,163,166,168,174,177,178,183-185,188,191,192,195,196,203,207,208,223-226
中华民国保钓联盟筹备会　161
中日北京专约　28
中信局　111-113
竹岛　90,124,142,165,166
总理衙门　15,28,32,42,50,55,68
最高统帅　74-79

图书在版编目(CIP)数据

"中研院"藏档 / 殷昭鲁,刘奕,屈胜飞编. — 南京:
南京大学出版社,2016.6
(钓鱼岛问题文献集 / 张生主编)
ISBN 978-7-305-17151-2

Ⅰ.①中… Ⅱ.①张… Ⅲ.①钓鱼岛问题—史料
Ⅳ.①D823

中国版本图书馆 CIP 数据核字(2016)第 138940 号

项目统筹　杨金荣　官欣欣
装帧设计　清　早
印制监督　郭　欣

出版发行　南京大学出版社
社　　址　南京市汉口路 22 号　　邮　编　210093
出 版 人　金鑫荣
丛 书 名　钓鱼岛问题文献集
主　　编　张　生
书　　名　"中研院"藏档
编　　者　殷昭鲁　刘　奕　屈胜飞
责任编辑　肖自强　　　　　　编辑热线　025-83685720
照　　排　南京南琳图文制作有限公司
印　　刷　南京爱德印刷有限公司
开　　本　718×1000　1/16　印张 17.75　字数 290 千
版　　次　2016 年 6 月第 1 版　2016 年 6 月第 1 次印刷
ISBN 978-7-305-17151-2
定　　价　158.00 元

网址:http://www.njupco.com
官方微博:http://weibo.com/njupco
官方微信号:njupress
销售咨询热线:(025) 83594756

* 版权所有,侵权必究
* 凡购买南大版图书,如有印装质量问题,请与所购
　图书销售部门联系调换